Friedrich Hebbel, Karl Zeiss

Hebbels Werke

Friedrich Hebbel, Karl Zeiss

Hebbels Werke

ISBN/EAN: 9783744613767

Hergestellt in Europa, USA, Kanada, Australien, Japan

Cover: Foto ©Thomas Meinert / pixelio.de

Weitere Bücher finden Sie auf **www.hansebooks.com**

Hebbels Werke,

Dritter Band.

Meyers Klassiker-Ausgaben.

Hebbels Werke.

Herausgegeben

von

Dr. Karl Zeiß.

Kritisch durchgesehene und erläuterte Ausgabe.

Dritter Band.

Leipzig und Wien.

Bibliographisches Institut.

Die Nibelungen.

Ein deutsches Trauerspiel in drei Abteilungen.

Einleitung des Herausgebers.

Die Wiederentdeckung des mittelhochdeutschen Nibelungenliedes, das jahrhundertelang so gut wie vergessen war, erfolgte um die Mitte des vorigen Jahrhunderts. 1757 veröffentlichte Bodmer die zweite Hälfte des Liedes, ein Vierteljahrhundert später gab Myller das ganze Lied zum erstenmal heraus. Die Art, wie man von da ab Stellung zu dem Werke nahm, ist charakteristisch für alle Litteraturepochen, die nun einander ablösten. Die Aufklärung wußte nichts mit ihm anzufangen. Friedrich der Große schrieb dem Professor Myller, der ihm seine Ausgabe überreichte: „In meiner Büchersammlung würde ich dergleichen elendes Zeug nicht dulden, sondern herausschmeißen" (Brief vom 22. Februar 1784). Aber schon Joh. v. Müller, der Geschichtschreiber der Schweizer Eidgenossenschaft, meinte, „das Nibelungenlied könnte die deutsche Ilias werden", und Joh. H. Voß las es schon 1782 mit seinen Schülern in Eutin. Im zweiten Jahrzehnt des neuen Jahrhunderts wurde es bereits an vielen Universitäten erklärt. In der klassischen Litteraturperiode ist vor allem die Stellung Goethes zu dem Liede bemerkenswert. Wenn dieser, dem es Myller 1782 zusandte, es zunächst auch unberücksichtigt ließ, so nannte er es doch schon 1817 „das köstliche Werk". Seine Teilnahme wuchs in den Jahren, wo er sich der für das Historische so empfänglichen Romantik näherte, zusehends. Als 1827 Simrocks Übersetzung erschien, äußerte er: „Die Kenntnis dieses Liedes gehört zu einer Bildungsstufe der Nation." Die wirksamste Teilnahme und Förderung brachte dem Nibelungenlied aber erst die Romantik selber und die aus ihr hervorwachsende wissenschaftliche Erforschung der altdeutschen Litteratur.

Nachdem das Nibelungenlied einmal wieder bekannt geworden, konnte es nicht ausbleiben, daß die wuchtigen Gestalten der Dichtung auch auf die poetische Schöpferkraft anregend wirkten. Vor allem die dramatische Produktion bemächtigte sich seit dem Beginn des Jahrhunderts des Stoffes[1], und es ist bezeichnend, daß Ludwig Uhland, in

---

[1] Über die dramatische Bearbeitung der Nibelungensage ist schon viel, aber wenig Gründliches geschrieben worden. Eine größere abschließende Arbeit fehlt noch.

1*

dem sich der Dichter und der gelehrte Germanist vereinigten, sich zuerst
in der neueren Zeit an den schwierigen Versuch wagte, das Epos in die
dramatische Form umzugießen. Freilich ist seine 1817 begonnene Dich=
tung nicht über den Entwurf hinausgekommen. Unter dem Gesamt=
titel „Die Nibelungen" hat er die vollständigen, nach Aufzügen und
Szenen eingeteilten Entwürfe zweier fünfaktiger Trauerspiele: „Sieg=
frieds Tod" und „Kriemhildens Rache", hinterlassen. Wenige Jahre
danach gab Rudolf Hermann, ein Schüler des Germanisten v. d. Hagen,
eine Trilogie: „Die Nibelungen", heraus (Leipzig 1819). Von da ab
verging kein Jahrzehnt, in dem nicht einer oder mehrere Versuche, das
Nibelungenlied für die Bühne zu gewinnen, gemacht worden wären.
Die meisten dieser Dichter beschränkten sich darauf, nur einen Teil des=
selben dramatisch zu gestalten, und rückten eine der großen Figuren, vor
allem Brunhild und Kriemhild, energisch in den Vordergrund.

Neben der in dem mittelhochdeutschen Epos niedergelegten Fassung
war aber schon früh (Herder hatte bereits darauf hingewiesen) auch die
skandinavische Gestalt der ursprünglich auf deutschem Boden entstan=
denen Sage dramatisch bearbeitet worden oder hatte doch Einfluß auf
die sich in erster Linie an die oberdeutsche Dichtung haltenden Dar=
stellungen gewonnen. Das einzige, wenigstens litteraturgeschichtlich be=
achtenswerte Werk dieser Dichtung ist „Der Held des Nordens" vom
Romantiker de la Motte=Fouqué, das 1808—10 erschien. Die in
einzelne Abenteuer eingeteilte Trilogie („Sigurd der Schlangentöter",
„Sigurds Rache", „Aslauga") hält sich stofflich eng an die nordischen
Quellen. — Von den wenigen Versuchen, den gesamten Stoff der ober=
deutschen Sagenform dramatisch zu bewältigen, ist nicht wegen seines
poetischen Wertes, der sehr gering ist, sondern wegen seiner erfolgreichen
Bühnengeschichte und einer äußeren Beziehung zu Hebbel Raupachs
Werk „Der Nibelungenhort" (Tragödie in 5 Aufzügen mit einem Vor=
spiel, Hamburg 1835) zu erwähnen. Dem Vorspiel liegt das aus dem
16. Jahrhundert überlieferte, aber auf alte Spielmannslieder des 13.
Jahrhunderts zurückgehende Seyfriedslied zu Grunde, der Stoff des

---

Hier sei nur hingewiesen auf K. Meyer, „Die dramatischen Bearbeitungen der Nibe=
lungensage" („Deutsche Vierteljahrsschrift", 1870, S. 140); R. Rehorn, „Die deutsche
Sage von den Nibelungen in der deutschen Poesie" (Frankfurt 1876 und 1877); H.
v. Wolzogen, „Der Nibelungenmythos in Sage und Litteratur" (1878); T. Stamm=
hammer, „Die Nibelungendramen seit 1850" (Leipzig 1878); A. Stein, Die Nibe=
lungensage im deutschen Trauerspiel" (Mülhausen 1882 und 1883); Weitbrecht, „Die
Nibelungen im modernen Drama" (Zürich 1892).

Hauptteils ist aber dem Nibelungenlied entnommen. Doch ist Raupach äußerst willkürlich damit verfahren. So hat er den ganzen zweiten Teil des Liedes in einen Akt zusammengedrängt. Hat er es sich technisch sehr leicht gemacht, wobei es ihm auf eine grobe Verstümmelung nicht ankam, so hat er in der Charakterzeichnung alles gethan, um die großen Gestalten zu trivialisieren, in das Rohe und Lächerliche herabzuziehen. In seiner Behandlung wird der Stoff zu einer ganz gewöhnlichen Familiengeschichte, in der alles Unglück von ein paar keifenden Weibern herkommt. Man braucht nur, um die ganze Roheit der Mache zu ermessen, an seines Siegfrieds freudigen Ausruf zu erinnern:

„Haha! nun gibt es einen lustigen Kampf
Mit einer schönen Maid bei dunkler Nacht." (Akt I, Szene 8.)

Das Stück, das das Geschick Siegfrieds zum erstenmal auf die moderne Bühne brachte, ist heute nur ein Beweis für den Verfall des deutschen Theaters in den vierziger und fünfziger Jahren unseres Jahrhunderts.

Raupachs Werk ist es gewesen, das Friedrich Hebbel zur dramatischen Gestaltung des Nibelungenstoffes angeregt hat. Wie er seinem Freunde Karl Werner später einmal auf einem Spaziergang im Wiener Prater erzählte, sah er in seiner ersten Wiener Zeit (1845—46) eines Abends Raupachs „Nibelungenhort" im Burgtheater. Was die Schauspielkunst großen Stils aus einem minderwertigen Stücke machen kann, erfuhr er damals, als er zum erstenmal seine spätere Frau, Christine Enghaus, in der Rolle der Rächerin Kriemhild auf der Bühne erblickte.[1] An jenem Abend wurde ihm, wie er im Prolog zu seiner Trilogie sagt, sein Jugendtraum lebendig, alle Nibelungen traten an ihn heran, als wär' ihr Grab gesprengt.

Denn das alte Lied war ihm schon seit 1835 vertraut. Als er im Frühling dieses Jahres nach Hamburg gekommen war, fiel ihm bei dem ersten Besuch bei seiner Gönnerin Amalie Schoppe das Nibelungenlied in die Hände.[2] Ihm war, als säße er selbst am Zauberborn und die grauen Nixen ergössen ihm alle irdischen Schauer durch das Herz. Nun, viele Jahre später, führte ihm die Kunst einer großen Schauspielerin den Jugendtraum wieder herauf, und der Versuch, den poetischen Schatz, der im alten Epos ruhte, zu heben, erwachte in ihm mit neuer Stärke.

Zunächst freilich trat dieser Gedanke vor der poetischen Arbeit an

[1] Vgl. auch die Briefe an Engländer vom 23. Februar 1863 und an Tingelstedt vom 3 März 1861, sowie das Tagebuch vom 29. August 1847.
[2] Vgl. Tagebuch vom 18. Februar 1857.

einer Reihe anderer großer Dramen zurück, und erst im Oktober 1855
begann er, angeregt durch den befreundeten Friedrich Uhl[1], im eigent=
lichen Sinne das Werk. Sein Tagebuch und seine Briefe an Bam=
berg, Dingelstedt und Üchtritz ermöglichen, die Entstehung des Werkes
Schritt für Schritt zu verfolgen. Am Ende dieses Jahres waren zwei
Akte fertig. Aber noch war sein Vertrauen nicht stark; er zweifelte noch,
ob er fortfahren werde. Nicht mit blinder Begeisterung war er in den
Gegenstand hineingerannt[2]; er hatte alles sorgfältig gelesen und studiert,
was gegen ein solides Unternehmen sprach. Vor allem Friedrich Vischers
in den „Kritischen Gängen" geäußerte Bedenken gegen die schwierige Auf=
gabe, den mythischen Grund festzuhalten und doch die Charaktere mensch=
lich nahezubringen, die Bestimmtheit der von allgemeinen Ideen nicht
geleiteten feudalen Zeit zu belassen und doch den modernen Zuschauer
zu fesseln, hatte ihn oft beschäftigt. „Jahrelang", schrieb er, als er
Vischer sein Werk übersandte (1. Juni 1862), „hat sich diese Abhand=
lung, die mir unwiderleglich schien, zwischen mich und meinen Jugend=
wunsch gestellt. Und wenn ich auch auf die Länge nicht widerstand, weil
es in solchen Dingen wohl unmöglich ist, so haben Sie doch auch wieder
bedeutend auf die Ausführung eingewirkt, denn wenn es mir, wie
die Urteile von Schöll, Hettner u. a. mich hoffen lassen, nicht ganz miß=
glückt sein sollte, im Hauptpunkt zwischen dem Zuviel und dem Zuwenig
das rechte Maß zu treffen und den Gestalten unseres großen National=
epos menschliches Eingeweide zu geben, ohne ihnen die riesigen Umrisse
zu nehmen, so muß ich es größtenteils der anfangs abschreckenden, dann
aber befruchtenden Kraft Ihrer Warnungen und Winke beimessen."

Die Arbeit an dem Werk ging dem Dichter nur langsam von statten,
und manchmal schien es ihm, als wolle ihm der Stoff über den Kopf
wachsen. Im Oktober 1856 hatte er den ersten Akt von „Kriemhildens
Leid", wie er damals noch den ersten Teil nannte, so vollendet, wie er
nun bleiben sollte. Er hatte dies dadurch erreicht, daß er die beiden
Akte des vorigen Jahres zu einem einzigen vereinigte. Am Schluß des
Jahres 1856 war nun auch der zweite Akt fertig. Er hatte sie seiner
Frau und seinem besten Freund, Emil Kuh, vorgelesen. Den Eindruck,
den beide von den Gestalten des Werkes empfingen, kennzeichnet Hebbel
mit folgenden Worten im Tagebuch vom 29. Dezember 1856: „Wie die

[1] Vgl. den Aufsatz von R. Werner: „Die Entstehung von Hebbels Nibelungen=
trilogie" („Deutsche Dramaturgie", 1. Jahrgang, S. 246).
[2] Vgl. den Brief an Üchtritz vom 3. Januar 1856.

Kinder", sagte Kuh, „wie die ersten Menschen", sagte meine Frau." In=
zwischen war ihm auch der Mut zu dem gewaltigen Werke mehr und
mehr gewachsen, und er hatte sich auch mit der Notwendigkeit vertraut
gemacht, den Stoff in zwei große Hauptteile zu zerlegen.[1] Mit dem
alten Liede erging es ihm wie dereinst Goethe, der am 25. November
1808 an Knebel schrieb: „Der Wert des Gedichtes erhöht sich, je länger
man es betrachtet"; wie dieser hatte er schon bald nach dem Beginn
der Arbeit gemeint: „Das Nibelungenlied kommt mir jetzt, wo ich mich
viel damit beschäftigen muß, wie ein taubstummes Gedicht vor, das nur
durch Zeichen redet" („Tagebücher", Band 2, S. 425). Am 18. Februar
1857 hatte er nach einem fruchtbaren Winter die erste Abteilung, „Sieg=
frieds Tod", beendet. Damit fand die Arbeit zunächst einen gewissen
Abschluß. Längere Zeit schwankte er, ob er das Werk fortsetzen oder
erst ein neues Drama, den „Demetrius", ausarbeiten solle. So trat
eine zweijährige Pause ein, bis er durch ein Gespräch mit Hettner in
Dresden zu neuem Schaffen wieder angeregt wurde.[2] Seine Be=
denken, daß er durch die Form der Trilogie sein Werk von der deutschen
Bühne ausschließen werde, zerstreute zugleich ein Bühnenfachmann ersten
Ranges, der befreundete Franz Dingelstedt, der Leiter des Weimarer
Hoftheaters, der ihm schrieb: „Die Trilogie muß meines Erachtens
fertig sein, sonst geht das Publikum unbefriedigt heim" (Brief vom 7.
Dezember 1859). Mit dem Beginn des Winters, seiner eigentlichen
Produktionszeit, hatte er sich an die Arbeit des zweiten Teiles, der
dritten Abteilung, gemacht. Von Ende Oktober 1859 bis Anfang März
1860 wurden vier Akte geschaffen. Am 22. März 1860 hieß es im
Tagebuch: „Eben, abends 7 Uhr, schreibe ich die letzten Verse des fünften
Aktes von ‚Kriemhildens Rache' nieder. Draußen tobt das erste Früh=
lingsgewitter sich aus, der Donner rollt, und die blauen Blitze zucken
durch das Fenster, vor dem mein Schreibtisch steht. Beendet, wenn
nicht vollendet."

Nach längeren Verhandlungen mit Dingelstedt fand die Aufführ=
rung des ersten Teiles (Vorspiel und „Siegfrieds Tod") am 31. De=
zember 1861 in Gegenwart des Dichters statt, und zwar mit ganz außer=
ordentlichem Erfolg. Ehe aber dem ersten Teil der zweite folgen konnte,
gab es noch viel zu thun, denn der Dichter mußte ihn, um Dingelstedts

---

[1] Vgl. den Brief an Üchtritz vom 21. November 1856.
[2] Vgl. den Brief an Hettner vom 6. November 1859.

Verlangen nachzukommen, einer durchgreifenden Bühnenbearbeitung
unterziehen, an der er nun schon seit dem Frühjahr 1860 arbeitete.
Nicht nur die Länge von „Kriemhilds Rache", sondern auch der auf=
fallende Stillstand der Handlung in diesem Teil des Werkes verlangte
sie, wie sich der Dichter selbst überzeugte, gebieterisch (Brief an Dingel=
stedt, 27. Oktober 1860). Einzelnes, wie die Szene zwischen Etzel und
Dietrich im vierten Akt, wurde neu hinzugefügt, manches, wie eine
Stelle über Siegfrieds Geburt, mußte fallen. Am 19. März 1861
meldete der Dichter an Dingelstedt: „Ich bin mittlerweile auch nicht
faul gewesen, und:

> ‚Gescheh'n ist die tyrannisch=blutige That,
> Der ärgste Greuel jämmerlichen Mords',

wie es in ‚Richard III.' heißt, nämlich, ich habe den dritten Nibe=
lungenteil behandelt, wie die Grönlandfahrer den harpunierten Wal=
fisch, auf dessen Rücken sie Feuer anmachen, und schicke Dir das behackte
und behauene Monstrum neben diesem Brieflein zu. Die Leistung
meiner Hand oder vielmehr Faust wird Deine kühnsten Erwartungen
übertreffen, denn ich habe nicht weniger als 380 Verse weggebracht und
das lange Stück dadurch in ein so kurzes verwandelt, daß es die Schranken
eines gewöhnlichen Theaterabends um nichts mehr überschreitet."

Die erste Aufführung der Trilogie fand nun am 16. und 18. Mai
statt. Christine Hebbel als Gast spielte die weiblichen Hauptrollen in
beiden Teilen. Ein unbestreitbar großer Erfolg ward nun trotz aller
Befürchtungen auch dem Gesamtwerk zu teil, und Hebbel konnte Zeuge
seines eigenen vollen Triumphes sein.

Die Folge der ruhmreichen That Dingelstedts war die Annahme
des Stückes oder doch wenigstens des ersten Teiles durch eine Reihe
deutscher Bühnen. Im Jahre 1862 folgten zunächst die Hoftheater in
Berlin (15. Dezember 1862) und Schwerin mit der erfolgreichen Dar=
stellung von „Siegfrieds Tod", 1863 Mannheim. Laube, getreu seinem
bisherigen Verhalten unserem Dichter gegenüber, entschloß sich nur
zögernd, und erst, als es unter dem Eindruck der Weimarer und Ber=
liner Aufführungen die Stimme des Wiener Publikums energisch ver=
langte, zu einer Vorstellung des ersten Teiles. So wurde es am 19.
Februar 1863 auf der Bühne des Hofburgtheaters mit nicht enden=
wollendem Jubel begrüßt. Hebbel schrieb ein paar Tage später an
Siegmund Engländer (vom 23. Februar 1863): „Am 19. Februar
gingen die Nibelungen hier in Szene; der Erfolg war groß. Ich sah

das Stück erst den zweiten Abend an; gesteckt volles Haus. Vierzehn-
mal gerufen und nicht einmal gekommen; ist das nicht schändlich vom
Verfasser?" Hebbel wurde durch diese Aufführung mit einem Schlage
der Held des Tages in Wien. Und der Erfolg des Stückes hielt an,
das Haus war jeden Abend ausverkauft; im Juni wurde es schon zum
zehntenmal, und zwar auf Befehl des Hofes zur Eröffnung des Reichs-
rates, gegeben.

Im Druck erschien das Werk zu Beginn des Jahres 1862. Ein
Vorwort war der Dichtung nicht beigegeben, doch hat sich ein solches im
Nachlaß des Dichters gefunden. In diesem sagt der Dichter, daß er
mit seinem Werke beabsichtigt habe, „den dramatischen Schatz des Nibelungenliedes für die reale Bühne flüssig zu machen", und daß er nur
bei den „klaffenden Verzahnungen" auf die älteren Quellen zurück-
gegangen sei.

Hebbel folgt in seiner dramatischen Darstellung dem Nibelungenlied[1] fast Schritt für Schritt. Hochdramatische Stellen des Liedes, wie
den Streit der Königinnen vor dem Münster, läßt er stofflich auch im einzelnen fast unverändert. Was für den Gang der Handlung überflüssig
ist, wie der Sachsenkrieg, der Aufenthalt der Neuvermählten am Nieder-
rhein und die Einladung nach Worms (Abenteuer XI—XIII), läßt er
fallen und knüpft hier das Gewebe enger. Ein andermal führt er ent-
sprechende Stellen des Liedes weiter aus, so die Begrüßung zwischen
Brunhild und Kriemhild. Im Drama haben wir hier eine belebte und
ausführliche, die Personen charakterisierende Unterhaltung. Einiges
hat der Dichter auch, wie erwähnt, aus den nordischen Quellen geschöpft, die er nach dem Stande der damaligen wissenschaftlichen Forschung als die älteren ansah. So ist, um nur auf einiges hinzuweisen,
Hagen bei ihm der Bruder der Burgunderkönige, nicht bloß ihr Verwandter wie im Nibelungenlied. Horterwerbung und Drachenkampf
sind wie im Nordischen miteinander verknüpft, und der nur im Nordischen vorkommende Nibelungenring wird erwähnt. Die Szene zwischen Brunhild und ihrer Amme Frigga und die darauffolgende Wer-
bungsszene zeigen im einzelnen Anklänge an die nordische Sagenform.
Der Flammensee, von dem des öfteren die Rede ist, erinnert an die
nordische Waberlohe. Brunhildens mythische Vorgeschichte, von der
das Nibelungenlied nur dunkle Andeutungen macht, ist breit ausge-

[1] Wie sich aus einigen Namensformen und der Erwähnung des Klosters Lorsch
ergibt, lag ihm wohl Simrods Übersetzung vor.

führt. Doch ist diese wie die sich daran schließende Vision der Walküre,
die ihre Mutter „im Hekla, wo die alten Götter hausen", suchen soll,
sehr stark phantasiemäßig ausgestaltet. Über das Mythische in der Ge=
stalt der Brunhild hat sich der Dichter wie folgt ausgesprochen. Am
21. November 1856 schrieb er an Üchtritz: „Die schwerste Aufgabe war
die Brunhild, die in das Ganze wie eine nur halb ausgeschriebene
Hieroglyphe hineinragt; hier mußte ich auf eine Schöpfung rechnen, und
sie ist mir, zur Belohnung für meinen Mut, auch zur rechten Zeit ge=
kommen. Dabei erlebte ich einen kleinen Triumph. In meinem Bild
flossen Walkyrie und Norne untrennbar zusammen, und das beängstigte
mich, als sich nach dem Rausch die Reflexion wieder einstellte; da fand
ich zu meiner Beruhigung in Grimms ‚Deutscher Mythologie‘, daß
man sich Nornen und Walkyrien auch wirklich in den ältesten Zeiten
als vereinigt gedacht hat."[1]

Das Mythische der nordischen Sage hat Hebbel als poetisches Mit=
tel benutzt. Es sollte daran erinnern, „daß in dem Gedicht nicht die
Sekundenuhr, die das Dasein der Mücken und Ameisen abmißt, sondern
die Stundenuhr schlägt", es sollte „das Rembrandtsche Helldunkel" her=
stellen, das nach seiner Ansicht wesentlich zur Natur des Dramas ge=
hört.[2] Unser Dichter hatte die schwierige Aufgabe zu lösen, die Stim=
mung zu erzeugen, die nötig ist, wenn wir uns dem, was auf der Bühne
geschieht, ohne Rückhalt hingeben sollen. Der vergleichende Verstand des
Zuschauers kann sonst die Menschen, die hinter der Bühne Proben einer
riesenhaften Kraft ablegen, nicht so willig hinnehmen. Besser freilich
als durch die mythisch gefärbten Szenen, die auf der Bühne meist
wirkungslos bleiben, hat der Dichter durch den dramatischen Stil zu er=
reichen verstanden, daß wir mit diesen gewaltigen Gestalten empfinden.
Hier hat Hebbel eine der größten Thaten der neueren dramatischen Kunst
vollbracht. Schon Hettner wies darauf hin, wenn er dem Dichter schrieb:
„Welcher Dichter vermag Ihnen die großen Gestalten Hagens und
Kriemhildens nachzuzeichnen, diese grimme Thatkraft und diese unbändige
Leidenschaft! Auch finde ich die wortarme Klarheit vortrefflich, mit
welcher Sie den alten Nibelungencharakter bewahrt haben; Siegfried
namentlich ist in dieser Beziehung meisterhaft" (vom 28. Dezember
1861), und in neuerer Zeit hat vor allem Bulthaupt, der dem Dichter

---

[1] Ähnlich spricht er sich im Tagebuch unter dem 23. Januar 1863 aus.
[2] Vgl. „Tagebücher", Bd. 2, S. 499, und „Briefwechsel", Bd. 2, S. 290.

sonst nicht immer gerecht wird, treffend bemerkt, daß hier Hebbel in der Mannigfaltigkeit und Energie des Ausdrucks unerreicht ist, und daß wohl auch keiner unserer klassischen Dramatiker nur annähernd so den allein möglichen Stil für die Recken des alten Liedes gefunden hätte wie der kraftvolle und trotzige Holsteiner.

Wichtiger als alles Mythische war auch in dieser Tragödie unserem Dichter das Menschliche. Die Stellen, wo er sich in dieser Richtung hin ausspricht, sind sehr zahlreich. Klar und deutlich ist seine Absicht in einem Brief an Adolf Stern ausgesprochen: „Der Unbefangene wird jedoch hoffentlich finden, daß ich mir jetzt wie immer das Gesetz der Darstellung vom Gegenstand geben ließ, und daß ich trotz des von diesem unzertrennlichen Hintergrundes eine in allen ihren Motiven rein menschliche Tragödie aufzubauen suchte" (vom 6. September 1861). Diese menschlichen Motive seiner dramatischen Handlung sind vielfach verkannt worden. So schrieb unser Dichter (am 25. Oktober 1862) an Üchtritz: „Im allgemeinen überwiegt die Anerkennung bei weitem, doch sind auch wunderliche Dinge zum Vorschein gekommen, so vermißt z. B. Kühne in der ‚Europa' im Charakter der Brunhild die Liebe zu Siegfried, während die ganze Brunhild bei mir nur aus Liebe zu Sieg-fried besteht." Das ist in der That nicht schwer zu erkennen. Der hell-sehende Hagen spricht es noch dazu im Drama des öfteren aus. Brun-hild liegt in Siegfrieds Bann, ein elementares, unwiderstehliches Ge-fühl treibt sie, die letzte Riesin, zum letzten Riesen hin. Er hat sie ver-schmäht, um eine andere zu gewinnen, hat sie sogar, ohne daß es ihm recht zum Bewußtsein kam, verhandelt wie eine Ware. Für diese höchste Schmach, die das Weib treffen kann, muß er sterben. Als er dann aber, der strahlende Held, tot ist, da bricht auch Brunhild zu-sammen. An seinem Sarge kauernd, Thränen im Auge, schließt sie sich mit ihm, der ihr schmerzvollste Liebe schuf, in seine ewige Ruh-statt ein.

So entsteht, wie im Nibelungenlied, ihr Verlangen nach Siegfrieds Tod in erster Linie aus verschmähter Liebe. Dieses Motiv ist stark genug, um ihre Rachethat zu begründen. Von einem Verlassen, einem Treubruch, wie in den Liedern der Edda, ist hier nicht die Rede. Eine Begegnung zwischen Brunhild und Siegfried vor Gunthers Werbung deutet ja das Nibelungenlied nur dunkel an. Hebbel hat jede derartige Andeutung mit Recht gänzlich vermieden.

Außer dem Charakter der Brunhild hat auch der Hagens zu

manchem schiefen Urteil Anlaß gegeben. Gewiß ist die Treue zu seinem
königlichen Bruder ein stark entwickeltes Gefühl in ihm. Doch ist er
vor allem und zunächst eine auf sich selbst gestellte und selbstische Natur,
er hat nur wenig Ähnlichkeit mit dem Lehnsmann Hagen des alten
Liedes. Es ist ja auch eine sonderbare Treue, die er den Burgunden
hält, wenn er sie in den Untergang, der ihm allein von Kriemhilds
rächender Hand bereitet wird, mit hineinzieht. Diese Treue enthüllt
sich im dritten Teil der Trilogie als etwas recht äußerlich Erfaßtes.
Nur wenn ihm Gunther den gemessenen Befehl gibt, nach Worms zurückzukehren, will er es thun; im anderen Fall muß er ihm diesen Dienst
weigern und — er weiß es selbst am besten — damit alle ins Verderben
ziehen. Er hält nicht ihnen, sondern sie, vor allem Gunther, halten ihm
die Treue bis in den Tod. Nicht nur hier ist er, wie Gunther sagt, der
leibhaftige Tod, schon als er Siegfried erschlug, war er der Vollbringer
einer blühendes Glück endenden That. Auch dabei handelt er nicht so
sehr für andere — für Brunhild — als für sich selbst. Siegfried hat er
nie gelobt. Ein brennender Neid auf den herrlichsten aller Helden nagte
an seiner Seele. So erbietet er sich, wie er selber sagt, mit Freuden zum
Rächer, als Siegfrieds arglose Offenheit das Verhängnis heraufbe-
schwört. Weder Siegfrieds Mangel an vorausschauender Klugheit noch die
unter dem höchsten Zwange unternommene zweite Besiegung Brunhilds,
zu der er sich nur zögernd, mit tiefstem Widerwillen entschließt, empfinden
wir als eine Schuld, nicht zuletzt, weil der Dichter, wie ihm auch H. v.
Treitschke nachrühmte[1], die Schilderung jenes nächtlichen Ringkampfes
mit höchstem künstlerischen Takt behandelt hat. So bleibt in dem Verhältnis Hagens und Siegfrieds jener von der Natur gesetzte Gegensatz
ihrer Charaktere übrig, der zur Katastrophe führt. Und so erfaßt uns,
als Siegfried im Odenwald am rauschenden Quell tödlich getroffen zu
Boden sinkt, jener tragische Schauer höchster Art, der immer entsteht,
wenn Heldenart und blühende Schönheit ohne eigentliche Schuld ihren
Untergang finden. An dem Geschick Siegfrieds zeigt es sich wieder so
klar, daß die höchste Tragik immer ein starkes pessimistisches Element in
sich schließt. Mit dieser Behandlung des tragischen Problems hat der
Dichter zugleich den Gegensatz zwischen Hagen und Siegfried auf eine
weit höhere Stufe, als es das alte Lied thut, gehoben; der Gegensatz ist
kein rein persönlicher mehr, er ist typisch.

---

[1] In seinem schönen Essay über Fr. Hebbel in den „Historischen und Politischen Aufsätzen“, Bd. 1.

Menschen mit großer, starker Leidenschaft, mit glühendster Liebe und wildestem Haß hat Hebbel in seinen „Nibelungen" geschaffen. Und weil das unverfälscht Menschliche ihm der Hauptzweck war, hat er seine dramatische Handlung nicht in eine mythische Vorzeit, auch nicht in ein von ritterlicher Kultur beherrschtes Jahrhundert, wie es im mittelhoch= deutschen Nibelungenlied der Fall ist, verlegt. Er hat mit vollem Be= dacht jene Zeit gewählt, in der Christentum und germanischer Heiden= glaube den Kampf noch nicht ganz zu Ende geführt hatten, in jene Zeit, in der sich die deutsche Nibelungensage aller Wahrscheinlichkeit nach in ihren Grundzügen gebildet hat. Damit hat er, was am Schluß der ganzen Trilogie mit Dietrichs Ausspruch: „Im Namen dessen, der am Kreuz erblich", noch einmal ausgesprochen wird, einen großen Kultur= gegensatz lose in seine dramatische Handlung verwebt. Daß sich aus diesem Grunde auch manche Abweichung von seiner Quelle ergab, daß er da manches, wie die Szene zwischen dem Kaplan und Ute=Kriemhild im vierten Akt der zweiten Abteilung, einfügen mußte, sei nur erwähnt. Hebbel hat in seiner nachgelassenen Vorrede dem alten Nibelungenlied oder seinem unbekannten Schöpfer große Weisheit des künstlerischen Gestaltens nachgerühmt. Nun ist aber das mittelhochdeutsche Epos nicht arm an empfindlichen Lücken in der Motivierung, was sich aus seiner vielumstrittenen Entstehung erklärt. Hebbel hat nun, wie keiner vor ihm und nach ihm, diesen epischen Stoff in ein Drama umge= gossen, das in seiner Geschlossenheit, in der Verkettung der Motive und Geschehnisse, in der lebensvollen und scharf umgrenzten Charak= teristik, in dem über alle Töne und Farben gebietenden dramatischen Stil als ein selbständiges großes Kunstwerk dasteht. Und auch der szenische Aufbau ist, wenn wir von einigen Längen und vor allem der zu breit ausgeführten Rüdigerszene in der dritten Abteilung absehen, derart, daß wir ohne Besinnen vorwärts gerissen werden, bis wir, im Innersten erschüttert, am Grabe der Burgunder, am Ende der großen Trilogie stehen.

Hebbels Nibelungen wurden von der litterarischen Kritik nahezu einstimmig mit wärmster Anerkennung aufgenommen[1], von den Besten in Deutschland mit Begeisterung begrüßt. So war es zugleich der Aus= druck der Gesinnung weitester Kreise, als dem Dichter wenige Wochen

---

[1] Eine der wenigen Ausnahmen ist die ästhetisch und litterarhistorisch ganz unterwertige Programmabhandlung: „Die dramatische Behandlung der Nibelungen= sage in Hebbels ‚Nibelungen' und Geibels ‚Brunhild'" von G. A. Köpe (Hamburg 1865).

vor seinem frühen Tode der 1859 vom damaligen Prinz=Regenten Wil=
helm von Preußen gestiftete Schillerpreis verliehen wurde.[1] Es war das
einzige Mal bis heute, daß er einem großen, die litterarische Produktion
der Zeit weit überragenden Werke zugesprochen werden konnte. Auf dem
Theater fand das Werk auch nach des Dichters Tode überall die denkbar
beste Aufnahme. Es ging schon in den sechziger Jahren über die Mehr=
zahl der deutschen Bühnen.[2] In der Folgezeit that dem Werke Geibels
(1857 erschienene) „Brunhild", die dichterisch weit unter ihm steht, aber
auf Wunsch gastierender Heroinen öfters wieder hervorgeholt wurde,
einigen Abbruch. In den siebziger und achtziger Jahren wurde es durch
Richard Wagners „Ring des Nibelungen" stark zurückgedrängt. Die
erhabene und stille Größe der Hebbelschen Trilogie hat aber auch diese
Zeit überdauert, und die auf wirklicher Einsicht beruhende Wertschätzung
für das Werk ist langsam, aber beständig, gerade in den letzten Jahren
gewachsen. So konnte ein großer Erfolg nicht ausbleiben, als das
Königliche Schauspielhaus in Berlin, das unter Max Grubes künstle=
rischer Leitung Hebbel am eifrigsten und würdigsten pflegt, die ganze
Trilogie am 4. und 5. Januar 1895 wieder zur Aufführung brachte.
Diesem schönen Beispiel ist eine ganze Reihe deutscher Theater gefolgt,
und es ist die Hoffnung berechtigt, daß das große deutsche Werk, das
am Vorabend der Einigung Deutschlands erstand, dauernd im Spiel=
plan der deutschen Bühne bleiben und mit der Zeit auch als nationales
und künstlerisches Bildungsmittel wirksam werden wird.

---

[1] Im nächsten Wettbewerb mit Hebbels Trilogie stand, wie uns Herr Dr.
Kilian mitteilt, das breialtige Trauerspiel „Alboin", das Werk des heute mit Un=
recht vergessenen Dramatikers R. O. Consentius.

[2] Auf die Aufführungen in Berlin, Schwerin und Mannheim folgte die in
Karlsruhe (20. Dezember 1864, mit 15 Wiederholungen bis 1889). In Dresden,
wo der mit dem Dichter verfeindete Davison durch allerhand Intriguen die Auf=
führung zunächst verhinderte, erschien der erste Teil am 18. September 1867 (mit
18 Wiederholungen), „Kriemhilds Rache" folgte am 10. Januar 1872 (mit 12 Wieder=
holungen). In München wurde der erste Teil am 12. März 1870 (mit 7 Wieder=
holungen), der zweite am 22. Januar 1872 (mit 3 Wiederholungen) gegeben. In
Wien kam die Trilogie nach Laubes Abgang am 21. und 22. September 1871 zum
erstenmal zur Darstellung. Gerade der dritte Teil griff, nach Dingelstedts Be=
merkung, am entschiedensten durch; er erhob erst die beiden vorausgehenden Abtei=
lungen zu voller Wirkung. Diesmal spielte Christine Hebbels Nachfolgerin, Char=
lotte Wolter, die Brunhild. Der erste Teil erreichte hier im ganzen 19, der zweite
17 Aufführungen.

Meiner Frau

Christine Henriette,

geb. Engehausen.

———

Ich war an einem schönen Maientag,
Ein halber Knabe noch, in einem Garten
Und fand auf einem Tisch ein altes Buch.
Ich schlug es auf, und wie der Höllenzwang,
Der, einmal angefangen, wär' es auch
Von einem Kindermund, nach Teufelsrecht
Trotz Furcht und Grau'n geendigt werden muß,
So hielt dies Buch mich fest. Ich nahm es weg
Und schlich mich in die heimlichste der Lauben
Und las das Lied von Siegfried und Kriemhild.[1]
Mir war, als säß' ich selbst am Zauberborn,
Von dem es spricht: die grauen Nixen gossen
Mir alle ird'schen Schauer durch das Herz,
Indes die jungen Vögel über mir
Sich lebenstrunken in den Zweigen wiegten
Und sangen von der Herrlichkeit der Welt.
Erst spät am Abend trug ich starr und stumm
Das Buch zurück, und viele Jahre flohn
An mir vorüber, eh' ich's wiedersah.
Doch unvergeßlich blieben die Gestalten
Mir eingeprägt, und unauslöschlich war
Der stille Wunsch, sie einmal nachzubilden,
Und wär's auch nur in Wasser oder Sand.
Auch griff ich oft mit halb beherztem Finger,

---

[1] Das Nibelungenlied lernte der Dichter zum erstenmal im Hause seiner Gönnerin, der Amalie Schoppe in Hamburg, im Mai 1835 kennen.

Wenn etwas andres mir gelungen schien,
Nach meinem Stift, doch nimmer fing ich an.
Da trat ich einmal in den Musentempel,   30
Wo sich die bleichen Dichterschatten röten,
Wie des Odysseus Schar, von fremdem Blut.[1]
Ein Flüstern ging durchs Haus, und heil'ges Schweigen
Entstand sogleich, wie sich der Vorhang hob,
Denn du erschienst als Rächerin, Kriemhild.[2]   35
Es war kein Sohn Apolls, der dir die Worte
Geliehen hatte, dennoch trafen sie,
Als wären's Pfeile aus dem goldnen Köcher,
Der hell erklang, als Typhon[3] blutend fiel.
Ein lauter Jubel scholl durch alle Räume,   40
Wie du, die fürchterlichste Qual im Herzen
Und grause Schwüre auf den blassen Lippen,
Dich schmücktest für die zweite Hochzeitsnacht[4];
Das letzte Eis zerschmolz in jeder Seele
Und schoß als glüh'nde Thräne durch die Augen,   45
Ich aber schwieg und danke dir erst heut.
Denn diesen Abend ward mein Jugendtraum
Lebendig, alle Nibelungen traten
An mich heran, als wär' ihr Grab gesprengt,
Und Hagen Tronje sprach das erste Wort.   50
Drum nimm es hin, das Bild, das du beseelt,
Denn dir gehört's, und wenn es dauern kann,
So sei's allein zu deinem Ruhm und lege
Ein Zeugnis ab von dir und deiner Kunst!

[1] Vgl. „Odyssee", 11. Gesang.
[2] Bezieht sich auf jene Vorstellung des Raupachschen „Nibelungenhorts", der Hebbel, nach eigenem Geständnis, die Anregung zu seinem Werke verdankte.
[3] Wahrscheinlich eine Verwechselung mit dem Drachen Python oder dem Riesen Tityos, die beide Apollo, der mit Köcher und Bogen bewehrte, getötet hat.
[4] Mit König Etzel.

Der gehörnte Siegfried.

Vorspiel in einem Akt.

Personen.

König Gunther.

Hagen Tronje.

Dankwart, dessen Bruder.

Volker, der Spielmann.

Giselher
Gernot[1] } Brüder des Königs.

Rumolt, der Küchenmeister.

Siegfried.

Ute, die Witwe König Dankwarts.

Kriemhild, ihre Tochter.

Recken. Volk.

---

[1] Im Nibelungenlied: Gernot. Hebbel hat die Form Gerenot wohl des Versmaßes wegen angewandt.

Burgund, Worms am Rhein. König Gunthers Burg. Große Halle. Früher
Morgen.

Gunther, Giselher, Gernot, Dankwart, der Spielmann Volker und andere
Recken sind versammelt.

———

Erste Szene.

Hagen Tronje tritt ein.

Hagen.

Nun, keine Jagd?

Gunther.

Es ist ja heil'ger Tag!

Hagen.

Daß den Kaplan der Satan selber hole,
Von dem er schwatzt.

Gunther.

Ei, Hagen, mäß'ge dich.

Hagen.

Was gibt's denn heut? Geboren ist er längst!
5 Das war — laßt sehn! — Ja, ja, zur Zeit der Flocken!
Sein Fest verdarb uns eine Bärenhatz.

Giselher.

Wen meint der Ohm?

Hagen.

Gekreuzigt ist er auch,
Gestorben und begraben. — Oder nicht?

Gernot.

Er spricht vom Heiland.

Hagen.

Ist's denn noch nicht aus? —
10 Wer hält mit mir? Ich eß' kein Fleisch zur Nacht,

2*

Das nicht bis Mittag in der Haut noch steckt,
Auch trink' ich keinen Wein, als aus dem Horn,
Das ich dem Auerstier erst nehmen muß!

Gunther.

So wirst du Fische kauen müssen, Freund,
Am Ostermorgen gehn wir nicht zur Jagd.   15

Hagen.

Was thun wir denn? Wo ist der heil'ge Mann?
Was ist erlaubt? Ich hör' die Vögel pfeifen,
Da darf der Mensch sich doch wohl fiedeln lassen?
(Zu Volker) So fiedle, bis die letzte Saite reißt!

Volker.

Ich fiedle nicht, solang' die Sonne scheint,   20
Die lust'ge Arbeit spar' ich für die Nacht.

Hagen.

Ja, du bezögst auch dann noch dir die Geige
Gern mit des Feindes Darm und strichest sie
Mit einem seiner Knochen.

Volker.

                     Würdest du
Vielleicht auf die Bedingung Musikant?   25

Hagen.

Ich kenne dich, mein Volker. Ist's nicht so?
Du redest nur, wenn du nicht fiedeln darfst,
Und fiedelst nur, wenn du nicht schlagen kannst.

Volker.

Mag sein, Kumpan.

Gunther.

                Erzähl' uns was, der Tag
Wird sonst zu lang. Du weißt so mancherlei   30
Von starken Recken und von stolzen Frau'n.

Hagen.

Nur von Lebend'gen, wenn es dir beliebt,

Daß man sich sagen darf: die krieg' ich noch,
Den vor mein Schwert und die in meinen Arm!

Volker.

35 Ich will dir von Lebendigen erzählen,
Und der Gedanke soll dir doch vergehn.
Ich kenn' den Recken, den du nimmer forderst,
Und auch das Weib, um das du nimmer wirbst.

Hagen.

Wie! Auch das Weib? Den Recken laß' ich gelten,
40 Doch auch das Weib? Du meinst den Schlangentöter,
Den Balmungschwinger, den gehörnten Siegfried,
Der, als er einmal Schweiß[1] vergossen hatte,
Durchs Bad sich deckte vor dem zweiten Mal —
Allein das Weib?

Volker.

Ich sag' dir nichts von ihr!
45 Du könntest ausziehn, um sie heimzuführen,
Und kämst gewiß nicht mit der Braut nach Haus.
Der Schlangentöter selbst wird sich besinnen,
Ob er als Freier bei Brunhilden klopft.

Hagen.

Nun, was Herr Siegfried wagt, das wag' ich auch.
50 Nur gegen ihn erheb' ich nicht die Klinge:
Das wär' ja auch wie gegen Erz und Stein.
Glaubt's oder zweifelt, wie es Euch gefällt:
Ich hätt' mich nicht im Schlangenblut gebadet,
Darf denn noch fechten, wer nicht fallen kann?

Giselher (zu Volker).

55 Schon hört' ich tausend Zungen von ihm plappern,
Doch, wie die Vögel durcheinander zwitschern,
Es gab kein Lied. Sprich du einmal von ihm!

---

[1] Blut, aus der Jägersprache.

Gunther.

Vom Weibe erst. Was ist das für ein Weib?

Volker.

Im tiefen Norden, wo die Nacht nicht endet
Und wo das Licht, bei dem man Bernstein fischt   60
Und Robben schlägt, nicht von der Sonne kommt,
Nein, von der Feuerkugel aus dem Sumpf[1] —

(Man hört in der Ferne blasen.)

Hagen.

Trompeten!

Gunther.

Nun?

Volker.

Dort wuchs ein Fürstenkind
Von wunderbarer Schönheit auf, so einzig,
Als hätte die Natur von Anbeginn   65
Haushälterisch auf sie gespart und jeder
Den höchsten Reiz des Weibes vorenthalten,
Um ihr den vollen Zauber zu verleihn.
Du weißt von Runen[2], die geheimnisvoll
Bei dunkler Nacht von unbekannten Händen   70
In manche Bäume eingegraben sind;
Wer sie erblickt, der kann nicht wieder fort,
Er sinnt und sinnt, was sie bedeuten sollen,
Und sinnt's nicht aus, das Schwert entgleitet ihm,
Sein Haar wird grau, er stirbt und sinnt noch immer: 75
Solch eine Rune steht ihr im Gesicht!

Gunther.

Wie, Volker? Dieses Weib ist auf der Welt,
Und ich vernehm's erst jetzt?

---

[1] Gemeint ist die lange nordische Dämmerung, die der mehrmonatlichen Nacht vorausgeht.

[2] Die ältesten Schriftzeichen der Germanen, besonders bei Losung, Beschwörung und Weissagung gebraucht.

Volker.

Vernimm noch mehr!
So ist's. Bei Eis und Schnee, zur Augenweide
80 Von Hai und Walfisch, unter einem Himmel,
Der sie nicht einmal recht beleuchten kann,
Wenn nicht ein Berg aus unterird'schen Schlünden
Zuweilen seine roten Blitze schickt[1],
Ist aller Jungfrau'n herrlichste erblüht.
85 Doch ist das öde Land, das sie gebar,
Auf seinen einz'gen Schatz auch eifersüchtig
Und hütet sie mit solcher neid'schen Angst,
Als würd' es in demselben Augenblick
Vom Meere, das es rings umbraust, verschlungen,
90 Wo sie dem Mann ins Brautbett folgt. Sie wohnt
In einer Flammenburg, den Weg zu ihr
Bewacht das tückische Geschlecht der Zwerge,
Der rasch umklammernd, quetschend Würgenden,
Die hören auf den wilden Alberich,
95 Und überdies ist sie begabt mit Kräften,
Vor denen selbst ein Held zu schanden wird.

Gunther.

Wie das?

Volker.

Wer um sie wirbt, der wirbt zugleich
Um seinen Tod, denn führt er sie nicht heim,
So kehrt er gar nicht wieder heim, und ist
100 Es schon so schwer, nur zu ihr zu gelangen,
So ist es noch viel schwerer, ihr zu stehn.
Bald kommt auf jedes Glied an ihrem Leibe
Ein Freier, den die kalte Erde deckt,
Denn mancher zog schon kühn zu ihr hinab,
105 Doch nicht ein einziger kam noch zurück.

-----

[1] Island ist durchaus vulkanisches Gebiet.

Gunther.

Nun, das beweiſt, ſie iſt für mich beſtimmt!
Hei! Meine lange Brautwahl hat ein Ende,
Brunhilde wird die Königin Burgunds.

(Man hört die Trompeten ganz nahe.)

Was gibt's?

Hagen (tritt ans Fenſter).

Das iſt der Held aus Niederland.

Gunther.

Du kennſt ihn?

Hagen.

Schau nur hin! Wer zöge wohl   110
So trotzig bei uns ein, wenn er's nicht wäre,
Und hätte doch nur zwölfe im Gefolg'![1]

Gunther (tritt gleichfalls ans Fenſter).

Ich glaub' es ſelbſt! Doch ſprich, was führt ihn her?

Hagen.

Ich weiß nicht, was ihn reizt! Er kommt wohl nicht,
Um ſich vor dir zu bücken, und er hat   115
Zu Haus doch alles, was man wünſchen kann.

Giſelher.

Ein edler Degen?

Gunther.

Wie empfängt man ihn?

Hagen.

Du dankſt ihm, rat' ich, wie er dich begrüßt.

Giſelher.

Ich gehe ihm entgegen!

Gerenot.

So auch ich!

Hagen.

Wer's thut, der wird ſich nicht erniedrigen.   120

---

[1] Auch im Nibelungenlied erklärt Siegfried ſeiner Mutter Siegelinde, nur
zwölf Recken mit auf die Fahrt nach Burgund nehmen zu wollen.

Denn, daß er's euch nicht selbst zu melden braucht:
Er steckt nicht bloß in seiner Haut von Horn
Und hat die Balmungklinge an der Seite,
Er ist auch Herr des Nibelungenhorts
125 Und trägt die Nebelkappe¹ Alberichs,
Und alles das, ich muß es redlich sagen,
Durch seine Kraft und nichts durch Hinterlist,
Drum geh' ich mit.

Gunther.
Wir kommen schon zu spät.

Zweite Szene.

Siegfried (tritt mit seinen zwölf Recken ein).
Ich grüß' dich, König Gunther von Burgund! —
130 Du staunst, daß du den Siegfried bei dir siehst?
Er kommt, mit dir zu kämpfen um dein Reich!

Gunther.
Hier kämpft man nicht um das, was man schon hat!

Siegfried.
Um das denn, was dran fehlt! Ich hab' ein Reich,
So groß, wie deins, und wenn du mich besiegst,
135 So bist du Herr darin. Was willst du mehr?
Du greifst noch nicht zu deinem Schwert? Ich hörte
Ja doch, daß hier die Tapfersten der Recken
Versammelt seien, kühn genug, mit Thor²
Zu kämpfen um den Donner, wenn sie ihn
140 In irgend einem Eichenhaine träfen,
Und stolz genug, die Beute zu verschmähn.
Ist das nicht wahr? Wie? Oder zweifelst du
An meinem Pfande, glaubst du, daß ich's dir
Nicht geben kann, weil noch mein Vater lebt?

---

¹ Die unsichtbar machende Tarnkappe des Nibelungenlieds.
² Gott des Donners.

Herr Siegmund steigt von seinem Thron herunter,   145
Sobald ich wiederkehre, und er wünscht
Sich sehnlich diesen Augenblick herbei,
Denn selbst der Zepter wird dem Greis zu schwer.[1]
Und jeden Helden, der dir dienen mag,
Wäg' ich dir auf mit dreien, jedes Dorf   150
Mit einer Stadt und für ein Stück vom Rhein
Biet' ich den ganzen dir. So komm' und zieh'!

Dankwart.

Wer spricht mit einem König so?

Siegfried.

Ein König!
Spricht doch ein Degen so mit einem Degen!
Wer kann und mag besitzen, wenn er nicht   155
Bewiesen hat, daß er mit Recht besitzt?
Und wer erstickt das Murren um sich her,
Bevor er den Gewaltigsten, der lebt,
Zu Boden warf und ihn mit Füßen trat?
Bist du das nicht? So sag' mir, wen du fürchtest,   160
Und gleich zur Stunde zieh' ich wieder ab
Und fordre den, statt deiner, vor mein Schwert.
Du nennst ihn nicht und greifst auch nicht zur Wehr?
Ich brenne, mich zu messen mit dem Recken,
Der mir mein Gut verdoppelt oder nimmt: 165
Wär' dies Gefühl dir fremd? Das glaub' ich nicht,
Wenn ich auch nur auf deine Diener blicke:
So stolze Männer würden dir nicht folgen,
Empfändest du nicht ganz so, wie ich selbst.

Dankwart.

Du bist gewiß aufs Kämpfen so versessen,   170
Seit du des Lindwurms Schuppenpanzer trägst?

---

[1] So erzählt das Nibelungenlied nicht; Siegmund übergibt allerdings auch hier dem heimkehrenden Sohne sein Reich.

Nicht jedermann betrog den Tod wie du,
Er findet eine offne Thür bei uns.

Siegfried.

Wohl auch bei mir! Hab' Dank, du alte Linde,
175 Daß du ein Blatt auf mich herunterwarfst,
Als ich mich badete im Blut des Drachen,
Hab' Dank, o Wind, daß du sie schütteltest!
Nun hab' ich doch die Antwort für den Spötter,
Der seine Feigheit hinter Hohn versteckt.

Hagen.

180 Herr Siegfried, Hagen Tronje nennt man mich,
Und dieser ist mein Bruder!

Volker macht einen Geigenstrich.

Siegfried.

Hagen Tronje,
Ich grüße dich! Doch wenn dich das verdreußt,
Was ich hier sprach, so brauchst du's nur zu sagen,
Ich setze gern den Königsohn beiseite
185 Und stehe dir, als wärst du Gunther selbst.

Gunther.

Kein Wort mehr, Hagen, eh' dein König sprach.

Siegfried.

Und wenn du fürchtest, daß dein gutes Schwert
An meiner harten Haut zerspringen könnte,
So biete ich's dir anders, komm herab
190 Mit in den Hof, dort liegt ein Felsenblock,
Der ganz so schwer für mich ist wie für dich:
Wir werfen und erproben so die Kraft.

Gunther.

Du bist willkommen, Held aus Niederland,
Und was dir hier gefällt, du magst dir's nehmen,
195 Nur trink' mit uns, eh' du's von dannen trägst.

Siegfried.

Sprichst du so mild mit mir? Da könnt' ich bitten:
Schick' mich sogleich zurück zu meinem Vater,
Er ist der einz'ge, der mich zücht'gen darf.
Doch laß mich's wie die kleinen Kinder machen,
Die auch nicht gleich von ihrer Unart lassen: 200
Kommt, werft mit mir, so trinke ich mit Euch!

Gunther.

So sei's, Herr Siegfried.

Siegfried (zu Dankwart).

    Und was Euch betrifft,
Nicht wahr, ich kniff Euch in den dritten Arm,
Es that nicht weh, ich weiß, Ihr habt ihn nicht!
    (Zu allen.)

Als ich hier einritt, packte mich ein Grauen,   205
Wie ich's noch nicht empfand, solang' ich lebe,
Mich fröstelte, als würd's auf einmal Winter,
Und meine Mutter kam mir in den Sinn,
Die nie zu weinen pflegte, wenn ich zog,
Und diesmal weinte, als ob alles Wasser   210
Der Welt den Weg durch ihre Augen nahm.
Das machte mir den Kopf so wirr und kraus,
Ich wollte gar vom Pferde nicht herunter —
Jetzt bringt ihr mich so bald nicht mehr hinauf.
    (Alle ab.)

— — — ·

Dritte Szene.

Ute und Kriemhild treten auf.

Ute.

Der Falk ist dein Gemahl!

Kriemhild.

    Nicht weiter, Mutter,   215
Wenn du den Traum nicht anders deuten kannst.

Ich hörte stets, daß Liebe kurze Lust
Und langes Leid zu bringen pflegt[1], ich seh's
Ja auch an dir und werde nimmer lieben,
220 O nimmer, nimmer!

Ute.

Kind, was sagst du da?
Wohl bringt die Liebe uns zuletzt auch Leid,
Denn eines muß ja vor dem andern sterben,
Und wie das schmerzt, das magst du sehn an mir.
Doch all die bittren Thränen, die ich weine,
225 Sind durch den ersten Kuß vorausbezahlt,
Den ich von deinem Vater einst empfing.
Auch hat er, eh' er schied, für Trost gesorgt,
Denn wenn ich stolz auf tapfre Söhne bin,
Und wenn ich dich jetzt an den Busen drücke,
230 So kann's doch nur geschehn, weil ich geliebt.
Drum laß dich nicht durch einen Reim erschrecken:
Ich hatte lange Lust und kurzes Leid.

Kriemhild.

Viel besser, nie besitzen, als verlieren!

Ute.

Und was verlierst du nicht auf dieser Welt!
235 Sogar dich selbst. Bleibst du denn, was du bist?
Schau mich nur an! So sehr du lächeln magst,
Ich war vordem wie du, und glaube mir,
Du wirst dereinst wie ich. Was willst du halten,
Wenn du dich selbst nicht einmal halten kannst?
240 Drum nimm's, wie's kommt, und greife, wie wir alle,
Nach dem, was dir gefällt, obgleich der Tod
Es dir zu Staub zerbläst, sobald er will:
Die Hand, mit der du's packst, zerstäubt ja auch.

---

[1] Vgl. das bekannte Wort im Nibelungenlied:
„ez ist an manegen wiben vil dicke worden sein
„wie liebe mit leide ze jungest lönen kan.

Kriemhild (tritt zum Fenster).

Wie mir's ums Herz ist, Mutter, könnt' ich schwören
(Sie schaut hinaus und bricht ab.)

Ute.

Was brichst du ab? Du wirst ja feuerrot?   245
Was hat dich so verwirrt?

Kriemhild (tritt zurück).

        Seit wann ist's Brauch
An unserm Hof, daß wir's nicht mehr erfahren,
Wenn fremde Gäste eingezogen sind?
Wird diese stolze Burg zu Worms am Rhein
Der Schäferhütte gleich, in der sich jeder   250
Bei Tag und Nacht verkriechen kann, der will?

Ute.

Warum so hitzig?

Kriemhild.

        Ei, ich wollte eben
Im Hofe nach den jungen Bären schaun,
Die so possierlich durcheinander kugeln,
Und wie ich ohne Arg den Laden öffne,   255
Da stiert mir plump ein Recke ins Gesicht.

Ute.

Und dieser Recke machte dir's unmöglich,
Den Schwur zu endigen, den du begannst?
(Sie tritt gleichfalls zum Fenster.)
Ei freilich, wer ihn sieht, wie er da steht,
Der überlegt sich's, ob er weiter schwört.   260

Kriemhild.

Was kümmern mich die Gäste meines Bruders,
Wenn ich nur weiß, wie ich sie meiden kann.

Ute.

Nun, diesmal freut's mich, daß dir bloß der Zorn
Die Wangen färbt, denn dieser junge Held,

265 Der zwischen dich und deine Bären trat,
Ist längst vermählt und hat schon einen Sohn.

Kriemhild.

Du kennst ihn?

Ute.

Ganz gewiß!

Kriemhild.

Wie heißt er denn?

Ute.

Ich weiß es nicht! Jetzt aber kenn' ich dich,
Du bist ja bleich geworden wie der Tod! —
270 Und wahrlich, wenn du diesen Falken fängst,
So hast du nichts vom Adler zu besorgen,
Er nimmt's mit jedem auf, ich bürge dir!

Kriemhild.

Dir hab' ich meinen letzten Traum erzählt!

Ute.

Nicht so, Kriemhild! Ich spotte deiner nicht.
275 Wir sehen oft im Traum den Finger Gottes,
Und wenn wir noch im Wachen ängstlich zittern,
Wie du es thust, so sahn wir ihn gewiß.
Nur sollen wir den Wink auch recht verstehn,
Den er uns gibt, und nicht in unsrer Furcht
280 Unmögliches geloben. Hüte du
Den Falken, der dir zugeflogen kommt,
Damit kein tück'scher Adler ihn zerreißt,
Doch denke nicht daran, ihn zu verscheuchen,
Du scheuchst mit ihm die Lust des Lebens fort.
285 Denn über eines edlen Recken Liebe
Geht nichts auf dieser Welt, wenn du es gleich
Noch unter deinem Mädchenkranz nicht fühlst,
Und wär' dir auch kein Besserer beschert
Als dieser da, ich wies' ihn nicht zurück.

(Sie schaut aus dem Fenster.)

Kriemhild.

Er wirbt wohl nicht, so brauch' ich's nicht zu thun.   290

Ute (lacht).

Ei, so weit spring' ich noch, so alt ich bin.

Kriemhild.

Was gibt's da drunten, Mutter, daß du lachst?

Ute.

Sie werfen in die Wette[1], wie es scheint,
Und Giselher, dein Bruder, warf zuerst.
Nun, nun, er ist der jüngste. Aber schau;   295
Jetzt kommt der fremde Recke. Ach, mein Sohn,
Wo wirst du bleiben? Sieh, nun tritt er an,
Nun holt er aus, nun — Ha, der Stein wird fliegen,
Als würde er zum Vogel — Komm' doch her
Und stell' dich hinter mich, du siehst es nicht   300
Zum zweitenmal, es gilt das Äußerste,
Er will's mit einem Wurf zu Ende bringen!
Jetzt — Hab' ich Augen oder hab' ich keine?
Nicht weiter?

Kriemhild (nähert sich).

          Hast du ihn zu früh gelobt?

Ute.

Das ist ja nur ein Schuh!

Kriemhild (tritt hinter Ute).

          Noch immer mehr,   305

Als wär' es nur ein Zoll.

Ute.

          Um einen Schuh

Dies Kind zu überwerfen —

Kriemhild.

          Ist nicht viel!

Besonders, wenn man sich dabei noch spreizt.

_____

[1] Für: um die Wette.

Ute.

Und wie er keucht!

Kriemhild.

Für einen solchen Riesen
310 Possierlich g'nug! Wär' ich's, verdient' ich Mitleid,
Denn für ein Mädchen wär' es schon ein Stück.

Ute.

Nun macht sich unser Gerenot ans Werk.
Es steht ihm gut, nicht wahr? Er hat von allen
Die meiste Ähnlichkeit mit seinem Vater.
315 Nur mutig zu, mein Sohn! — Das ist ein Wurf!

Kriemhild.

Der Bär sogar ist überrascht, er hat
Sich's nicht erwartet und wird plötzlich flink.

Ute.

Zieh du auf Abenteuer, wann du willst! —
Doch Giselher bleibt hier.

Kriemhild.

Wie geht's denn fort?
320 Nein, mache mir nicht Platz, ich seh's schon so.

Ute.

Jetzt kommt der Recke wieder! Doch er strengt
Sich nicht mehr an, er scheint sich im voraus
Des Sieges zu begeben. Wie man sich
Doch irren kann! — Was thut er aber da?
325 Er dreht sich um — er kehrt dem Ziel den Rücken,
Anstatt der Augen zu — er wirft den Stein
Hoch über Kopf und Achsel weg — Jawohl,
Man kann sich irren! Gerenot ist auch
Besiegt wie Giselher.

Kriemhild.

Es macht zwar wieder
330 Nur einen Schuh! Doch diesmal keucht er nicht.

Ute.

Es sind doch gute Kinder, die ich habe.
Treuherzig reicht ihm Gerenot die Hand,
Ein andrer würde nach der Klinge greifen,
Denn solch ein Übermut ist gar nicht fein.

Kriemhild.

Man sieht's ja wohl, daß er's nicht übel meint.   335

Ute.

Herr Volker legt die Geige still beiseite,
Die er so höhnisch strich!

Kriemhild.

                    Der eine Schuh
Stört ihn in seiner Lust. Die Reihe wäre
Am Marschall jetzt, wenn's langsam, wie bei Treppen,
Hinaufgehn soll, doch König Gunther drängt   340
Herrn Dankwart ungestüm zurück, er will
Sich selbst versuchen.

Ute.

                    Und er thut's mit Glück.
Zweimal so weit als Gerenot.

Kriemhild.

                    Und dennoch
Nicht weit genug. Du siehst, der Recke folgte
Sogleich, und wieder fehlt der eine Schuh.   345

Ute.

Der König lacht. Ei nun, so lach' ich auch! —
Ich sah's ja längst, daß dies der Falke ist,
An dem dein Traum sich nicht erfüllen kann;
Doch hat er jetzt die volle Kraft gebraucht.

Kriemhild.

Nun tritt der Tronjer an.

Ute.

                    Dem schwär't's im Herzen,   350
So fröhlich er auch thut! — Er packt den Stein,

Als wollt' er ihn zermalmen. Wie der fliegt!
Bis an die Wand! Nun, weiter kann er nicht,
Das ist ein Wurf, den keiner übertrifft,
355 Selbst für den einen Schuh ist nicht mehr Platz.

Kriemhild.

Der Recke holt sich doch den Stein noch wieder.

Ute.

Wozu nur? — Großer Gott, was gibt es jetzt?
Bricht über unsrem Haupt die Burg zusammen?
Das dröhnt!

Kriemhild.

Bis in den Turm hinauf. Die Dohlen
360 Und Fledermäuse fahren aus den Nestern —

Ute.

Sie fliegen blind ins Licht hinein!

Kriemhild.

Die Wand
Hat einen Riß.

Ute.

Unmöglich.

Kriemhild.

Warte nur,
Bis sich der Staub verzieht. Groß wie ein Fenster!
Da ging der Wurf hindurch.

Ute.

Jetzt seh' ich's auch.

Kriemhild.

365 Der Stein flog in den Rhein.

Ute.

Wer sollt' es glauben!
Und doch ist's wahr, das Wasser selbst bezeugt's,
Es spritzt ja himmelhoch empor.

Kriemhild.

Das ist
Noch etwas über einen Schuh.

3*

Ute.

Dafür
Wischt er sich endlich auch einmal die Stirn.
Gottlob! Sonst käm' der Tronjer um vor Wut!   370

Kriemhild.

Nun ist es aus. Sie schütteln sich die Hände;
Dankwart und Volker kamen um ihr Recht.

Ute.

Komm, wir vergessen, es ist Messezeit.

(Beide ab.)

Vierte Szene.

Die Recken treten wieder ein.

Gunther.

Ihr seid ein Schalk, Herr Siegfried.

Siegfried.

Nehmt Ihr's krumm?

Giselher.

Vergebt mir nur, daß ich's sogar gewagt,   375
Mich Euch zu stellen. Doch ich will zur Strafe
Mit meiner alten Mutter Ute ringen,
Und wenn ich sie besiege, sollt Ihr mich
Vor allem Volk bei schallenden Trompeten
Mit Eichenlaub bekränzen, wenn Ihr wollt!   380

Siegfried.

Nichts mehr davon! Der Wurf war nicht so schlecht,
Euch fehlen nur zehn Jahre.

Hagen.

War das letzte
Denn endlich Euer Bestes?

Siegfried.

Kann man das
Im Spiele zeigen?

Gunther.

Noch einmal willkommen!
385 Und glücklich pries' ich mich, wenn's mir gelänge,
Dich anders als für flüchtigen Besuch
An mich zu fesseln. Doch, was hätte ich,
Das ich dir bieten könnte. Wär' es auch
Mein rechter Arm — mit dem ich mir den Dienst
390 Von deinem linken gern erkaufen möchte —
Du sagtest Nein und kämst wohl auch zu kurz!

Siegfried.

Nimm dich in acht, ich bettle, eh' du's denkst!

Gunther.

Was es auch sei, es ist voraus gewährt.

Siegfried.

Hab' Dank für dieses Wort! Ich werde dir
395 Es nie vergessen, doch ich gebe dir's
Sogleich zurück, denn meine Wünsche sind
Vermess'ner, als du ahnst. Ich war bescheiden,
Als ich dein Reich bloß forderte.

Gunther.

Du wirst
Mich nicht erschrecken.

Siegfried.

Hörtest du vielleicht
400 Von meinen Schätzen? Nun, das ist gewiß,
Für Gold und Silber brauchst du nicht zu zittern,
Ich hab' so viel davon, daß ich es lieber
Verschenkte als zu Hause[1] schleppte, doch
Was hilft's mir? Was ich dafür kaufen möchte,
405 Ist nimmer feil!

---

[1] Die ältere und jetzt, besonders im nördlichen Teutschland, noch vielfach gebrauchte Ausdrucksweise; so immer bei Hebbel. Vgl. auch unten, S. 93.

Gunther.

Das ist?

Siegfried.

Du rät'st es nicht? —
Ein anderes Gesicht als dieses hier!

Gunther.

Hast du die Kraft des alten schon erprobt?

Siegfried.

An meiner Mutter, ja! Und da mit Glück,
Denn ihr gefällt's!

Gunther.

Nicht sonst noch?

Siegfried.

Allerdings!
Hast du's denn nicht bemerkt? Ein Mägdlein sah   410
Vorhin auf uns herunter in den Hof,
Und als sie, ihre goldnen Locken schüttelnd,
Die wie ein Vorhang ihr die Augen deckten,
Mich unter euch erblickte, fuhr sie rascher
Zurück wie ich, als sich im Reich der Zwerge   415
Die Erde, die mein Fuß betrat, auf einmal
Zu einem Angesicht zusammenzog,
Das mir die Zähne zeigte!

Gunther.

Bloße Scheu!
Versuch's nur immer weiter. Wenn's dir aber
Am Werber fehlt: ich leiste dir den Dienst,   420
Nur mußt du mir den gleichen auch erweisen,
Denn Kriemhild, meine Schwester, darf nicht ziehn,
Bevor hier Brunhild ihren Einzug hielt.

Siegfried.

Welch einen Namen nennst du da, o König?
Die nord'sche Jungfrau denkst du heimzuführen,   425

Der flüss'ges Eisen in den Adern kocht?
O, gib es auf!

Gunther.

Warum? Ist sie's nicht wert?

Siegfried.

Nicht wert! Ihr Ruhm durchfliegt die Welt! Doch keiner
Kann sie im Kampf bestehen, bis auf einen,
430 Und dieser eine wählt sie nimmermehr.

Gunther.

So sollte ich aus Furcht vor ihr nicht werben?
Welch eine Schmach! Viel lieber gleich den Tod
Von ihrer Hand, als tausend Jahre Leben
In dieser Ohnmacht schimpflichem Gefühl.

Siegfried.

435 Du weißt nicht, was du sprichst. Ist's Schmach für dich,
Daß dich das Feuer brennt, und daß das Wasser
Dich in die Tiefe zieht? Nun, sie ist ganz
Wie's Element, und einen Mann nur gibt's,
Der sie bewält'gen und, wie's ihm gefällt,
440 Behalten oder auch verschenken kann!
Doch möchtest du sie wohl von einem nehmen,
Der nicht ihr Vater noch ihr Bruder ist?

Gunther.

Erst werd' ich sehen, was ich selbst vermag!

Siegfried.

Es glückt dir nicht, es kann dir gar nicht glücken,
445 Sie wirst dich in den Staub! Und glaube nicht,
Daß Milde wohnt in ihrer eh'rnen Brust,
Und daß sie etwa, wenn sie dich erblickt,
Es gar zu einem Kampf nicht kommen läßt!
Das kennt sie nicht, sie streitet um ihr Magdtum,
450 Als wär' ihr Leben selbst daran geknüpft,

Und wie der Blitz, der keine Augen hat,
Oder der See, der keinen Schrei vernimmt,
Vertilgt sie ohne Mitleid jeden Recken,
Der ihr den Jungfraungürtel lösen will.
Drum gib sie auf und denk' nicht mehr an sie,   455
Wenn du sie nicht aus eines andern Händen,
Wenn du sie nicht von mir empfangen magst!

Gunther.

Und warum sollt' ich nicht?

Siegfried.

Das frag' dich selbst!
Ich bin bereit, mit dir hinabzuziehn,
Wenn du die Schwester mir als Lohn versprichst,   460
Denn einzig ihrethalben kam ich her,
Und hättest du dein Reich an mich verloren,
Du hätt'st es dir zurückgekauft mit ihr.

Hagen.

Wie denkst du's denn zu machen?

Siegfried.

Schwere Proben
Sind zu bestehn! Sie wirft den Stein wie ich,   465
Und springt ihm nach, soweit er fliegt, sie schleudert
Die Lanze und durchbohrt auf hundert Schritte
Ein siebenfaches Erz, und so noch mehr.
Allein was thut's, wir teilen uns ins Werk,
Mein sei die Arbeit, die Gebärde sein!   470

Hagen.

Er soll den Anlauf nehmen, du willst werfen
Und springen?

Siegfried.

Ja! so mein' ich's! Und dabei
Ihn selbst noch tragen!

Hagen.

Thorheit! Wie ist's möglich,
Sie so zu täuschen?

Siegfried.

Durch die Nebelkappe,
475 Die mich schon einmal ihrem Blick entzog!

Hagen.

Du warst schon dort?

Siegfried.

Ich war's! Doch warb ich nicht,
Auch sah ich nur, ich wurde nicht gesehn! --
Ihr staunt und schaut mich voll Verwund'rung an?
Ich merk' es wohl, ich muß den Kuckuck¹ machen,
480 Eh' Ihr mir trauen könnt, doch denke ich,
Wir sparen's für die Fahrt, denn die ist lang,
Auch kann ich, wenn ich von mir selbst erzähle,
Dabei ins Wasser sehn!

Gunther.

Nein, sprich uns gleich
Von Isenland und deinen Abenteuern!
485 Wir hören's gern und waren schon dabei,
Es selbst zu thun.

Siegfried.

Auch das! Mich trieb die Lust
Am Kampf so weit hinunter, und ich traf
Dort gleich den ersten Tag bei einer Höhle
Zwei junge Recken, die sich grimmig stritten.
490 Es waren Brüder, König Niblungs Söhne,
Die ihren Vater kaum begraben hatten —
Erschlagen auch, wie ich nachher vernahm —
Und schon ums Erbe zankten. Ganze Haufen
Von Edelsteinen lagen aufgetürmt
495 Um sie herum, dazwischen alte Kronen,
Seltsam gewundne Hörner und vor allem
Der Balmung; aus der Höhle aber blitzte

---

¹ Kuckuck, soviel wie Teufel; in dieser Bedeutung heute in zahlreichen Wendungen, wie: „Zum Kuckuck", „Hol mich der Kuckuck".

Das rote Gold hervor. Als ich erschien,
Verlangten sie mit wildem Ungestüm,
Daß ich den Schatz als Fremder teilen sollte,   500
Und gern gewährt' ich's, um den Mord zu hindern,
Mit dem sie sich bedrohten, doch umsonst.
Denn als ich fertig war, fand jeder sich
Verkürzt und tobte, und ich warf die Hälften
Auf ihr Begehren wieder durcheinander   505
Und teilte abermals. Da wurden sie
Noch zorniger und drangen, während ich
Gebückt auf meinen Knie'n lag und still
Auf einen Ausgleich sann, in toller Wut
Mit rasch gezognen Degen auf mich ein.   510
Ich, um der Rasenden mich zu erwehren,
Griff zu dem Balmung neben mir, weil ich
Die eigne Klinge nicht mehr ziehen konnte,
Und eh' ich's dachte, hatten alle beide,
Wie Eber, welche blind aufs Eisen laufen,   515
Sich selbst gespießt, obgleich ich liegen blieb
Und ihrer schonte, und so ward ich Erbe
Des ganzen Hortes.

Hagen.

Blutig und doch redlich!

Siegfried.

Nun wollt' ich in die Höhle gehn! Wie staunt' ich,
Als ich den Eingang nicht mehr fand. Ein Wall,   520
So schien's, war plötzlich aus dem Schoß der Erde
Hervorgestiegen, und ich stach hinein,
Um mir den Weg zu bahnen. Doch da kam
Statt Wassers Blut, es zuckte, und ich glaubte,
Ein Wurm sei in dem Wall versteckt. Ich irrte,   525
Der ganze Wall war nur ein einz'ger Wurm,
Der, tausend Jahre in der Felskluft schlafend,

Mit Gras und Moos bewachsen war und eher
Dem zack'gen Rücken einer Hügelkette
530 Als einem Tiere glich, das Odem hat.

Hagen.

Das war der Drache!

Siegfried.

Ja, ich schlug ihn tot,
Indem ich ihn bestieg, eh' er sich bäumte,
Und ihm von hintenher, den Nacken reitend,
Das blaue Haupt zerschmetterte. Es war
535 Vielleicht das schwerste Stück, das ich vollbrachte,
Und ohne Balmung wär's mir nicht geglückt.
Dann hieb ich mich durch seinen Riesenleib,
Durch all das Fleisch und die gewalt'gen Knochen,
Wie durch ein felsigtes Gebirg', allmählich
540 Bis an die Höhle durch. Doch hatte ich
Sie kaum betreten, als ich mich umklammert
Von starken Armen fühlte, die mein Auge
Nicht sah, und die mir dennoch fast die Rippen
Zusammendrückten, ganz als ob die Luft
545 Es selber thäte! Es war Alberich,
Der wilde Zwerg, und niemals war ich wohl
Dem Tod so nah', als in dem grausen Kampf
Mit diesem Ungetüm. Doch endlich wurde
Er sichtbar, und nun war's um ihn geschehn.
550 Denn, ohne es zu wissen, hatt' ich ihm,
Derweil ich mit ihm rang, die Nebelkappe
Vom Kopf gerissen, und mit seiner Hülle
Verlor er auch die Kraft und stürzte hin.
Nun wollt' ich ihn zertreten wie ein Tier,
555 Da löste er, schon unter meinen Fersen
Mit seinem Hals, sich rasch durch ein Geheimnis,
Das ich nicht ahnte, er entdeckte mir

Den Zauber, der im Blut des Drachen steckte,
Solange es noch rauchte, und ich ließ
Ihn eilig frei und nahm mein rotes Bad.   560

Gunther.

So hast du dir an einem einz'gen Tage
Den Balmung und den Hort, die Nebelkappe
Und deine Haut von Horn erkämpft?

Siegfried.

                     So ist's!
Ja, auch die Vögelsprache! Als ein Tropfe
Des Zauberbluts mir auf die Lippen sprang,   565
Verstand ich gleich das Zwitschern über mir,
Und hätt' ich nicht zu rasch ihn abgewischt,
So würd' ich auch, was hüpft und springt, verstehn.
Denkt Euch: auf einmal flüstert es im Baum,
Denn eine alte Linde deckte alles,   570
Dann kichert's, lacht und höhnt, so daß ich Menschen
Zu hören glaube, die, im Laub versteckt,
Mein Thun verspotten. Wie ich um mich schaue,
Erblick' ich nichts als Vögel, Krähen, Dohlen
Und Eulen, die sich streiten. Brunhild wird   575
Genannt, auch ich. Ein Knäuel dunkler Reden
Hinüber und herüber. Eins nur klar,
Daß noch ein Abenteuer meiner harrt.
Die Lust erwacht. Die Dohle fliegt voran,
Die Eule folgt. Bald sperrt ein Flammensee   580
Den Weg, und eine Burg, wie glühendes
Metall in bläulichgrünem Schimmer leuchtend,
Taucht drüben auf. Ich halte an. Da ruft
Die Dohle: „Zieh den Balmung aus der Scheide
Und schwing' ihn dreimal um das Haupt!" Ich thu's,   585
Und schneller wie ein Licht erlischt der See.
Nun wird's lebendig in der Burg, Gestalten
Erscheinen auf der Zinne, Schleier flattern

Und eine stolze Jungfrau späht herab.
590 Da kreischt die Eule auf: „Das ist die Braut!
Nun mit der Nebelkappe fort!" Ich hatte
Sie bloß zur Probe aufgesetzt und wußte
Nicht einmal, daß ich sie noch trug. Doch jetzt
Hielt ich sie mit den Händen fest, weil ich
595 Die kecken Vögel darnach haschen sah.
Denn Brunhild rührte, wie sie droben stand,
In aller ihrer Schönheit nicht mein Herz,
Und wer da fühlt, daß er nicht werben kann,
Der grüßt auch nicht.

Volker.
Das ist ein edles Wort.

Siegfried.
600 So schied ich ungesehn und kenne doch
Die Burg und ihr Geheimnis wie den Weg.

Gunther.
So führ' mich, Held!

Volker.
Nein, König, bleib daheim,
Es endet schlecht.

Siegfried.
Du meinst, ich kann nicht halten,
Was ich versprach?

Volker.
O doch, ich meine nur,
605 Daß falsche Künste sich für uns nicht ziemen!

Gunther.
Mit andern geht's ja nicht.

Volker.
So stehst du ab.

Gernot.
Das rat' ich auch.

Hagen.
Ei nun! Warum?

Gunther.

Mir scheint's
So wenig schimpflich, als ins Schiff zu steigen,
Wenn man das fremde Ufer nicht durch Schwimmen
Erreichen kann, und statt der Faust den Degen   610
Zu brauchen.

Siegfried.

Nimm es so und schlage ein!

Gunther.

Wohlan! Für Brunhild geb' ich dir Kriemhild
Und unsre Hochzeit feiern wir zugleich!

Hagen legt den Finger auf den Mund, sieht Siegfried an und schlägt aus Schwert.

Siegfried.

Bin ich ein Weib? In Ewigkeit kein Wort!
Ich stelle mich, wenn ihr zum Kampfe eilt,   615
Als hätt' ich was an unsrem Schiff zu richten
Und geh' zum Strand hinunter, daß sie's sieht,
Doch in der Nebelkappe kehr' ich wieder
Und kneif' dich in den Arm und steh' dir bei!

(Alle ab.)

Siegfrieds Tod.

Ein Trauerspiel in fünf Akten.

Perſonen.

König Gunther.

Hagen Tronje.

Dankwart.

Volker.

Giſelher.   5

Gerenot.

Wulf ⎫
Truchs ⎬ Recken.

Rumolt.

Siegfried.   10

Ute.

Kriemhild.

Brunhild, Königin von Iſenland.

Frigga, ihre Amme.

Ein Kaplan.   15

Ein Kämmerer.

Recken. Volk. Mägde. Zwerge.

————

Erster Akt.

Isenland, Brunhilds Burg. Früher Morgen.

Erste Szene.

Brunhild und Frigga kommen von entgegengesetzten Seiten.

Brunhild.

Woher so früh? Dir trieft das Haar von Tau,
Und dein Gewand ist blutbesprengt.

Frigga.

        Ich habe
Den alten Göttern, eh' der Mond zerbrach,
Ein Opfer dargebracht.

Brunhild.

        Den alten Göttern!
5 Jetzt herrscht das Kreuz, und Thor und Odin[1] sitzen
Als Teufel in der Hölle.

Frigga.

        Fürchtest du
Sie darum weniger? Sie können uns
Noch immer fluchen, wenn auch nicht mehr segnen,
Und willig schlacht' ich ihnen ihren Bock.
10 O, thätest du es auch! Du hättest Grund
Wie keine zweite.

Brunhild.

        Ich?

---

[1] Die höchsten Götter der Nordgermanen.

Frigga.

Ein andermal!
Längst sollt' ich dir erzählen. Heute ist
Die Stunde endlich da.

Brunhild.

Ich glaubte schon,
Sie werde erst mit deinem Tode kommen,
Drum drängt' ich dich nicht mehr.

Frigga.

So merke auf!   15
Urplötzlich trat aus unserm Feuerberg
Ein Greis hervor und reichte mir ein Kind
Samt einer Runentafel.

Brunhild.

In der Nacht?

Frigga.

Wie weißt du's?

Brunhild.

Manches hast du schon im Schlaf
Verraten, denn du sprichst, wenn dir der Mond   20
Ins Antlitz scheint.

Frigga.

Und du behorchst mich? — Wohl —
Um Mitternacht! Wir wachten bei der Leiche
Der Königin. Sein Haar war weiß wie Schnee
Und länger, als ich's je bei einem Weibe
Gesehen habe, wie ein weiter Mantel   25
Umwallt' es ihn, und hinten schleppt' es nach.

Brunhild.

Der Geist des Bergs!

Frigga.

Ich weiß es nicht. Er sprach
Kein einz'ges Wort. Das Mägdlein aber streckte
Die Händchen nach der goldnen Krone aus,

30 Die auf dem Haupt der Toten funkelte,
Und, wunderbar, sie paßte.

Brunhild.

Wie! Dem Kinde?

Frigga.

Dem Kinde: Ja! Sie war ihm nicht zu weit
Und ward ihm später nie zu eng!

Brunhild.

Wie meine!

Frigga.

Wie deine, ja! Und wunderbarer noch:
35 Das Mägdlein war dem Kinde, das der Toten
Im Arme lag, und das sogleich verschwand,
Als wär' es nie gewesen, an Gestalt
So ähnlich, ja so gleich, daß es sich nur
Durchs Atmen unterschied von ihm, es schien,
40 Als hätte die Natur denselben Leib
Für einen Zweck zweimal geschaffen und
Das Blut bloß umgegossen.

Brunhild.

Hatte denn
Die Königin ein Kind im Arm?

Frigga.

Sie war
An der Geburt gestorben und mit ihr
45 Zugleich die Frucht.

Brunhild.

Das sagtest du noch nicht.

Frigga.

So hab' ich's nur vergessen. Sicher brach
Ihr Herz aus Gram, daß sie es dem Gemahl
Nicht zeigen konnte. Viele Jahre hatte
Er sich umsonst dies holde Glück gewünscht,

4*

Und einen Monat früher, als es kam,   50
Ereilte ihn ein jäher Tod.

Brunhild.
Nur weiter!

Frigga.
Wir sahn uns nach dem Greise um. Er war
Verschwunden, und der Berg, der, mitten durch
Gespalten wie ein Apfel, durch das Fenster
Uns angegähnt, ging langsam wieder zu.   55

Brunhild.
Und kam der Greis nicht wieder?

Frigga.
                                    Höre nur!
Wir ließen unsre Frau am nächsten Morgen
Zur Gruft bestatten, und der Priester wollte
Zugleich das Mägdlein taufen. Doch sein Arm
Ward lahm, bevor er mit dem heil'gen Naß   60
Die Stirn ihr netzen konnte, und er hat
Ihn niemals mehr gehoben.

Brunhild.
                        Niemals mehr!

Frigga.
Nun, er war alt, und wir erschraken nicht,
Wir riefen einen andern. Dem gelang's,
Sie zu besprengen, doch er wurde stumm,   65
Als er sie segnen wollte, und ihm kehrte
Die Sprache niemals mehr zurück.

Brunhild.
                            Der dritte?

Frigga.
Der fand sich lange nicht! Wir mußten einen
Aus weiter Ferne rufen, der von allem
Nichts wußte. Der vollbrachte dann das Werk,   70

Doch als er kaum zu Ende war, so fiel
Er um, und niemals stand er wieder auf!

Brunhild.

Das Mägdlein aber?

Frigga.

Wuchs und wurde stark,
Und seine kind'schen Spiele dienten uns
75 Als Zeichen unsres Lassens oder Thuns,
Und trogen nie, wie's uns die Runentafel
Voraus verkündigt hatte.

Brunhild.

Frigga! Frigga!

Frigga.

Ja! Ja! Du bist es selbst! Erkennst du's endlich?
Nicht in der Kammer, wo die Toten stäuben[1],
80 Im Hekla[2], wo die alten Götter hausen,
Und unter Nornen und Walkyrien[3]
Such' dir die Mutter, wenn du eine hast! —
O, hätte nie ein Tropfen heil'gen Wassers
Die Stirne dir benetzt! Dann wüßten wir
85 Wohl mehr!

Brunhild.

Was murmelst du?

Frigga.

Wie ging es zu,
Daß wir uns diesen Morgen, statt im Bett,
Unausgekleidet auf den Stühlen fanden,
Die Zähne klappernd und die Lippen blau?

---

[1] Zu Staub zerfallen.
[2] Vulkan auf Island. Auch von Raupach erwähnt, und zwar gleich zu Beginn des Vorspiels zum „Nibelungenhort".
[3] Die Nornen sind die Schicksalsgöttinnen der Germanen, die Walkyrien sind halbgöttliche Wesen, denen Zauberkraft und die Gabe der Weissagung verliehen ist und die im Dienste Odins die dem Tode geweihten Helden auf dem Schlachtfeld aufsuchen und nach Walhall geleiten.

Brunhild.

Wir müssen plötzlich eingeschlafen sein.

Frigga.

Ist das uns schon begegnet?

Brunhild.

Nie zuvor.   90

Frigga.

Nun denn! Der Greis war hier und wollte reden!
Mir ist sogar, als hätt' ich ihn gesehn,
Wie er dich rüttelte und mich bedrohte,
Dir aber ward durch einen dicken Schlaf
Das Ohr verstopft, weil du nicht hören solltest,   95
Was dir beschieden ist, wenn du beharrst;
Drum bring' ein Opfer dar und mach' dich frei!
O, hätte ich dem Priester nicht gehorcht,
Als er mich drängte! Doch ich hatte noch
Die Tafel nicht entziffert. Thu' es, Kind,   100
Denn die Gefahr ist nah'.

Brunhild.

Gefahr?

Frigga.

Gefahr!
Du weißt, der Flammensee[1] ist längst erloschen,
Der deine Burg umgab.

Brunhild.

Und dennoch blieb
Der Recke mit der Balmungklinge aus,
Der hoch zu Rosse ihn durchreiten sollte,   105
Nachdem er Fafners blut'gen Hort erstritt.

---

[1] Anspielung auf die nur in den skandinavischen Quellen vorkommende Waber-lohe, die Brunhildens Lager umloht. Über ihre Entstehung in der nordischen Poesie vgl. Mogk, „Die germanische Heldendichtung, mit besonderer Rücksicht auf die Sage von Siegfried und Brunhild" („Neue Jahrbücher für das klassische Altertum, Ge-schichte und deutsche Litteratur c." 1. Jahrgang 1898, 1. Band, S. 76).

Frigga.

Ich las wohl falsch. Doch dieses zweite Zeichen
Kann mich nicht täuschen, denn ich weiß es lange,
Daß deiner in der Stunde der Entscheidung
110 Die Offenbarung harrt. So opfre, Kind!
Vielleicht stehn alle Götter unsichtbar
Um dich herum und werden dir erscheinen,
Sobald der erste Tropfen Blutes rinnt.

Brunhild.

Ich fürchte nichts.

(Man hört Trompeten.)

Frigga.
Trompeten!

Brunhild.
Hörst du sie

115 Zum erstenmal?

Frigga.
Zum erstenmal mit Angst.

Die Zeit des Distelköpfens[1] ist vorüber,
Und eh'rne Häupter steigen vor dir auf.

Brunhild.

Heran! Heran! Damit ich dieser zeige,
Daß ich noch immer siegen kann! Als hier
120 Der See noch flammte, eilt' ich euch entgegen,
Und freundlich, wie ein Hund vor seinem Herrn
Beiseite springt, entwich das treue Feuer
Vor mir und teilte sich nach links und rechts:
Jetzt ist die Straße frei, doch nicht der Gruß[2].

(Sie besteigt währenddem ihren Thron.)

125 Nun stoßt die Pforten auf und laßt sie ein!
Wer auch erscheinen mag: sein Kopf ist mein!

---

[1] Des Spielens und Scherzens.
[2] Denn der Begrüßung folgt der Kampf.

Zweite Szene.

Es geschieht: **Siegfried, Gunther, Hagen** und **Volker** treten ein.

Brunhild.

Wer ist's, der heute sterben will?

(Zu Siegfried.)

Bist du's?

Siegfried.

Ich will nicht sterben, und ich will nicht werben,
Auch thust du mir zu viel der Ehre an,
Mich vor dem König Gunther zu begrüßen,   130
Ich bin hier nur sein Führer.

Brunhild (wendet sich gegen Gunther).

Also du?

Und weißt du, was es gilt?

Gunther.

Wohl weiß ich das!

Siegfried.

Der Ruf von deiner Schönheit drang gar weit,
Doch weiter noch der Ruf von deiner Strenge,
Und wer dir immer auch ins Auge schaut,   135
Er wird es nicht im höchsten Rausch vergessen,
Daß dir der dunkle Tod zur Seite steht.

Brunhild.

So ist's! Wer hier nicht siegt, der stirbt sogleich
Und seine Diener mit. Du lächelst drob?
Sei nicht zu stolz! Trittst du auch vor mich hin,   140
Als könntest du den vollsten Becher Weins
Dir unverschüttet überm Haupte halten
Und mich dabei betrachten wie ein Bild:
Ich schwöre dir's, du fällst so gut wie er.

(Zu Gunther.)

Dir aber rat' ich, wenn du hören kannst;   145
Laß dir von meinen Mägden doch die Recken

Erst nennen, die von meiner Hand schon fielen;
Vielleicht ist mancher drunter, der sich einst
Mit dir gemessen hat, vielleicht gar einer,
150 Der dich besiegt zu seinen Füßen sah!

Hagen.

Der König Gunther ward noch nie besiegt.

Siegfried.

Hoch ragt sein Schloß zu Worms am Rhein empor,
Reich ist sein Land an Zierden aller Art,
Doch höher ragt er selbst noch vor den Recken,
155 Und reicher auch an Ehren ist sein Haupt.

Hagen.

Die Hand her, Niederland! Das war ein Wort!

Volker.

Und wär's dir denn so schwer, dies öde Land
Und seine wüste Meereseinsamkeit
Freiwillig zu verlassen und dem König
160 Aus Höll' und Nacht zu folgen in die Welt?
Es ist ja gar kein Land, das noch zur Erde
Gehört, es ist ein preisgegebnes Riff,
Das die Lebend'gen längst entsetzt verließen,
Und wenn du's liebst, so kannst du es nur lieben,
165 Weil du als letzte drauf geboren bist!
Dies Stürmen in den Lüften, dies Getose
Der Wellen, dies Gekeuch' des Feuerbergs[1],
Vor allem aber dieses rote Licht[2],
Das von der Himmelswölbung niederrieselt,
170 Als strömt' es ab von einem Opfertisch,
Ist fürchterlich und paßt nur für den Teufel:
Man trinkt ja Blut, indem man Atem holt!

[1] Der Hekla.
[2] Das Nordlicht.

Brunhild.

Was weißt denn du von meiner Einsamkeit?
Noch hab' ich nichts aus eurer Welt vermißt,
Und käme das dereinst, so holt' ich's mir,   175
Verlaßt euch drauf, und braucht' es nicht geschenkt!

Siegfried.

Sagt' ich's euch nicht voraus? Zum Kampf! Zum Kampf!
Du mußt sie mit Gewalt von hinnen führen!
Ist es nur erst geschehn, so dankt sie's dir.

Brunhild.

Meinst du? Du kannst dich täuschen. Wißt ihr denn,   180
Was ich euch opfern soll? Ihr wißt es nicht,
Und keiner hat's gewußt. Vernehmt's zuvor
Und fragt euch, wie ich es verteid'gen werde!
Wohl steht die Zeit hier still, wir kennen nicht
Den Frühling, nicht den Sommer, noch den Herbst,   185
Das Jahr verändert niemals sein Gesicht,
Und wir sind unveränderlich mit ihm.
Doch wenn auch nichts von allem hier gedeiht,
Was euch entgegenwächst im Strahl der Sonne,
So reift dafür in unsrer Nacht, was ihr   190
Mit nichten säen oder pflanzen könnt.
Noch freu' ich mich des Kampfs, noch jauchze ich,
Den übermüt'gen Feind zu überwinden,
Der mir die Freiheit rauben will, noch ist
Die Jugend, ist das schwellende Gefühl   195
Des Lebens mir genug, und eh' mich dieses
Verlassen kann, hat mich das Schicksal schon,
Mit Wundergaben unsichtbar mich segnend,
Zu seiner Hohenpriesterin geweiht.

Frigga.

Wie wird ihr? War's genug an meinem Opfer?   200

Brunhild.

Die Erde wird sich plötzlich vor mir öffnen

Und mir enthüllen, was sie birgt im Kern,
Die Sterne droben werd' ich klingen hören
Und ihre himmlische Musik verstehn,
205 Und noch ein drittes Glück wird mir zu teil,
Ein drittes, das sich gar nicht fassen läßt!

Frigga.

Du bist's, Odin! Du hast ihr Aug' entsiegelt,
Weil dir zur Nacht ihr Ohr verschlossen war,
Nun sieht sie selbst, was ihr die Norne spinnt!

Brunhild
(hoch aufgerichtet mit starren Augen).

210 Einst kommt der Morgen, wo ich statt den Bären
Zu jagen, oder auch die eingefrorne
Seeschlange zu erlösen aus der Haft,
Damit sie den Planeten nicht zerpeitsche[1],
Die Burg schon früh verlasse. Mutig tummle
215 Ich meinen Rappen, fröhlich trägt er mich,
Auf einmal halt' ich ein. Der Boden vor mir
Hat sich in Luft verwandelt! Schaudernd reiß' ich
Das Roß herum. Auch hinter mir. Er ist
Durchsichtig. Farb'ge Wolken unter mir,
220 Wie über mir. Die Mägde plaudern fort.
Ich rufe: „Seid ihr blind, daß ihr nichts seht?
Wir schweben ja im Abgrund!" Sie erstaunen,
Sie schütteln ihre Häupter still, sie drängen
Sich dicht um mich herum. Doch Frigga flüstert:
225 „Kam deine Stunde auch?" Da merk' ich's erst!
Der Erdball wurde zum Kristall für mich,
Und was Gewölk mir schien, war das Geflecht
Der Gold= und Silberadern, die ihn leuchtend
Durchkreuzen bis zum Grund.

---

[1] Anspielung auf die Midgardschlange (das Meer), die nach der nordischen Mythologie das Midgard, die Wohnung der Menschen, umschlossen hält.

Frigga.
Triumph! Triumph!

Brunhild.

Ein Abend folgt. Nicht gleich. Vielleicht erst spät,   230
Wir sitzen hier beisammen. Plötzlich fallen
Die Mägde um, wie tot, das letzte Wort
Zerbricht in ihrem Mund, mich aber treibt's
Zum Turm hinauf, denn über mir erklingt's,
Und jeder Stern hat seinen eignen Ton[1].   235
Erst ist es bloß Musik für mich, doch wenn
Der Morgen graut, so murml' ich wie im Schlaf:
Der König stirbt vor Nacht noch, und sein Sohn
Kann nicht geboren werden, er erstickt
Im Mutterleib! Ich höre erst von andern,   240
Daß ich's gesagt, und ahne selber nicht,
Woher ich's weiß. Bald aber wird's mir klar,
Und bald verbreitet sich's von Pol zu Pol.
Dann ziehn sie noch wie jetzt zu mir heran,
Doch nicht mit Schwertern, um mit mir zu kämpfen,   245
Nein, demutsvoll, mit abgelegten Kronen,
Um meine Träume zu behorchen und
Mein Stammeln auszudeuten, denn mein Auge
Durchdringt die Zukunft, und in Händen halt' ich
Den Schlüssel zu den Schätzen dieser Welt.   250
So thron' ich schicksallos, doch schicksalkundig,
Hoch über allen und vergesse ganz,
Daß mir noch mehr verheißen ist. Es rollen
Jahrhunderte dahin, Jahrtausende,
Ich spür' es nicht! Doch endlich frag' ich mich: 255
„Wo bleibt der Tod?" Da geben meine Locken
Mir Antwort durch den Spiegel, sie sind schwarz

---

[1] Harmonie der Sphären, nach antiker Vorstellung das Tönen der Planeten.

Und ungebleicht geblieben, und ich rufe:
„Dies ist das dritte, daß der Tod nicht kommt!"
(Sie sinkt zurück, die Mägde fangen sie auf.)

Frigga.

260 Was zag' ich noch? Und wär's der Balmungschwinger:
Jetzt hätte sie den Schild auch gegen ihn!
Er fällt, wenn sie ihn liebt und doch bekämpft,
Und sie wird kämpfen, nun sie dieses weiß.

Brunhild (richtet sich hoch wieder auf).
Ich sprach! Was war's?

Frigga.
Nimm deinen Bogen, Kind,

265 Dein Pfeil wird heute fliegen wie noch nie,
Das andere nachher!

Brunhild (zu den Recken).
So kommt!

Siegfried (zu Brunhild).
Du schwörst,
Uns gleich zu folgen, wenn du unterliegst?

Brunhild (lacht).
Ich schwör's!

Siegfried.
So macht! Ich richt' indes das Schiff!

Brunhild (zu Frigga im Abgehen).
Du gehst in den Trophäensaal und schlägst
270 Dort einen neuen Nagel ein!
(Zu den Recken.)
Wohlan!
(Alle ab.)

— —❧❀❧❀❧— —

Zweiter Akt.

***

Worms. Schloßhof.

Erste Szene.

Rumolt und **Giselher** einander begegnend.

Giselher.

Nun, Rumolt, soll ein Baum noch stehen bleiben?
Du führst ja wochenlang schon Wälder ein
Und rüstest dich so grimmig auf die Hochzeit,
Als kämen Mensch und Zwerg und Alf[1] zugleich.

Rumolt.

Ich mache mich darauf gefaßt, und fänd' ich   275
Den Kessel irgendwo nicht recht gefüllt,
So steckt' ich flugs den säum'gen Koch hinein
Und rührte mit dem Küchenjungen um.

Giselher.

So bist du denn des Ausgangs schon gewiß?

Rumolt.

Ich bin's, weil Siegfried wirbt. Wer unterwegs   280
Zwei Königsöhne fängt und uns sie schickt,
Als ob es aufgescheuchte Hasen wären,
Der nimmt's wohl auch mit Teufelsweibern auf.

Giselher.

Da hast du recht. Wir haben gute Pfänder
An diesem Lüdegast und Lüdeger![2]   285
Mit einem Heer gedachten sie zu kommen,

***

[1] In der germanischen Mythologie göttliches Wesen niederen Ranges.
[2] Vgl. Nibelungenlied, 4. Abenteuer.

Wie nie Burgund ein gleiches noch gesehn,
Und als Gefangne stellten sie sich ein,
Die nicht einmal des Hüters mehr bedurften:
290 Koch zu, Gesell, an Gästen fehlt's dir nicht!

Gerenot kommt.

Da ist der Jäger!

Gerenot.

Aber nicht mit Wild!
Ich war auf unsrem Turm und sah den Rhein
Mit Schiffen wie bedeckt.

Rumolt.

Das ist die Braut!
Da laß' ich gleich zur Stunde alles schlagen,
295 Was brummt und brüllt und blökt und grunzt im Hof,
Damit sie's in der Ferne schon vernimmt,
Wie sie empfangen werden soll!

(Es wird geblasen.)

Gerenot.

Zu spät!

Zweite Szene.

Siegfried *(tritt mit Gefolge auf).*

Da bin ich wieder!

Giselher.

Ohne meinen Bruder?

Siegfried.

Sei ruhig! Als sein Bote steh' ich hier! — —
300 Doch nicht, um dir die Meldung auszurichten!
Sie geht an deine Mutter, und ich hoffe,
Daß ich auch deine Schwester sehen darf.

Giselher.

Das sollst du, Degen, denn wir schulden dir
Den Dank noch für die beiden Dänenprinzen.

Siegfried.

Ich wollte jetzt, ich hätt' sie nicht geschickt.   305

Giselher.

Warum? Du konntest uns nicht besser zeigen,
Was wir an deinem Arm gewonnen haben,
Denn wahrlich, schlechte Männer waren's nicht.

Siegfried.

Mag sein! Doch hätte ich das nicht gethan,
So hätt' vielleicht ein Vogel das Gerücht   310
Verbreitet, daß sie mich erschlagen hätten,
Dann fragt' ich nun: wie nahm Kriemhild es auf?

Giselher.

Sie nützten dir auch so genug bei uns!
Daß man sich die Metalle und das Erz
Durch tücht'ge Schläge zur Trompete rundet,   315
Das hab' ich längst gewußt, von Menschen war's
Mir aber unbekannt, und diese beiden
Beweisen, was ein Schmied, wie du, vermag.
Sie lobten dich — wenn du's vernommen hättest,
Du wärst noch heute rot! Und das nicht bloß   320
Aus Klugheit, die den Feind wohl öfter preist,
Weil sie die Schmach der eignen Niederlage
Dadurch vergoldet, nein, aus wahrer Lust.
Doch hörst du das am besten von Kriemhild,
Die gar nicht müde ward sie auszufragen: 325
Da kommt sie her.

Dritte Szene.

Ute und Kriemhild treten auf.

Siegfried.
Ich bitte dich!

Giselher.

Was ist?

Siegfried.

Nie wünscht' ich meinen Vater noch herbei,
Daß er mir sage, wie ich kämpfen solle.
Doch meine Mutter könnt' ich heute brauchen,
330 Um sie zu fragen, wie man reden muß.

Giselher.

Gib mir die Hand, wenn du so blöde bist.
Man nennt mich hier das Kind. So mag man sehen,
Wie dieses Kind den Löwen führt!

(Er führt Siegfried den Frauen zu.)

Der Held
Aus Niederland!

Siegfried.

Erschreckt nicht, edle Frauen,
335 Daß ich's allein bin.

Ute.

Tapfrer Siegfried, nein!
Das thun wir nicht, du bist der Recke nicht,
Der übrigbleibt, wenn alle andern fallen,
Damit das Unglück einen Boten hat.
Du meldest mir die neue Tochter an
340 Und Kriemhild ihre Schwester.

Siegfried.

Königin,
So ist's!

Giselher.

So ist's! Nichts weiter? Und auch das
Noch schwer herausgebracht! Mißgönnst du sie
Dem König, meinem Bruder, oder hast du,
Es ist bis jetzt kein Beispiel zwar bekannt,
345 Im Kampf die Zunge dir verstaucht? Doch nein,
Du brauchtest sie vorhin ja flink genug,
Als du mir von Brunhildens braunen Augen
Und schwarzem Haar erzähltest.

Siegfried.

Glaubt es nicht!

Giselher.

Er hebt, um es mit Nachdruck abzuleugnen,
Noch drei von seinen Fingern auf und schwört   350
Zu Blau und Blond.

Ute.

Dies ist ein arger Schalk,
Der zwischen Birk' und Haselstaude steht:
Der Rute seiner Mutter längst entwachsen,
Hat er des Vaters Gerte nie gespürt
Und ist so übermütig wie ein Füllen,   355
Das nichts vom Zaum und von der Peitsche weiß.
Vergib ihm, oder zücht'ge ihn!

Siegfried.

Das möchte
Gefährlich sein! Ein wildes Füllen zäumen
Ist schwer, und mancher hinkt beschämt davon,
Bevor er es besteigen kann!

Ute.

So geht   360
Er wieder ohne Strafe aus!

Giselher.

Zum Dank
Will ich dir was verraten.

Kriemhild.

Giselher!

Giselher.

Hast du was zu verbergen? Fürchte nichts!
Ich kenne dein Geheimnis nicht und blase
Von deinen Kohlen keine Asche ab.[1]   365

---

[1] Verrate es nicht.

Ute.

Was ist es denn?

Giselher.

Jetzt hab' ich's selbst vergessen!
Wenn eine Schwester plötzlich so errötet,
So denkt man doch als Bruder drüber nach
Und fragt sich nach dem Grund. Ei nun, gleichviel!
370 Mir fällt's wohl noch vorm Sterben wieder ein,
Und dann erfährt er's gleich.

Siegfried.

Du magst wohl spotten,
Denn ich vergesse meinen Auftrag ganz,
Und eh' ich euch noch in die Sonntagskleider
Getrieben habe, hört ihr die Trompeten,
375 Und Gunther zieht mit seiner Braut hier ein!

Giselher.

Siehst du den Küchenmeister denn nicht rennen?
Dem hat dein Kommen schon genug gesagt!
Doch helf' ich ihm! (Er geht zu Rumolt.)

Kriemhild.

So edlem Boten dürfen
Wir keine Gabe bieten!

Siegfried.

Doch! O doch!

Kriemhild

(nestelt an einer Spange und läßt dabei ihr Tuch fallen).

Siegfried (hascht nach dem Tuch).

380 Und diese sei's!

Kriemhild.

Die ziemt nicht dir noch mir!

Siegfried.

Kleinodien sind mir, was den andern Staub,
Aus Gold und Silber kann ich Häuser baun,
Doch fehlt mir solch ein Tuch.

5*

Kriemhild.

　　　　　　So nimm es hin.

Ich hab' es selbst gewirkt.

Siegfried.

　　　　　　Und gibst du's gern?

Kriemhild.

Mein edler Siegfried, ja, ich geb' es gern!　　　　385

Ute.

Doch nun erlaubt — es wird auch Zeit für uns!

　　　　　(Ab mit Kriemhild.)

Vierte Szene.

Siegfried.

So steht ein Roland da, wie ich hier stand!
Mich wundert's, daß kein Spatz in meinem Haar
Genistet hat.

Fünfte Szene.

Der Kaplan (tritt heran).

　　　　Verzeiht mir, edler Recke,
Ist Brunhild denn getauft?

Siegfried.

　　　　　　Sie ist getauft!　　　　390

Kaplan.

So ist's ein christlich Land, aus dem sie kommt?

Siegfried.

Man ehrt das Kreuz.

Kaplan (tritt wieder zurück).

　　　　Man ehrt's wohl so wie hier,
Wo man sich's neben einer Wodanseiche
Gefallen läßt, weil man nicht wissen kann,
Ob ihm kein Zauber innewohnt, so wie　　　　395

Der frömmste Christ ein Götzenbild noch immer
Nicht leicht zerschlägt, weil sich ein letzter Rest
Der alten Furcht noch leise in ihm regt,
Wenn er es glotzen sieht.

Sechste Szene.

Fanfaren.

Brunhild, Frigga, Gunther, Hagen, Volker, Gefolge. Kriemhild und Ute aus der Burg ihnen entgegen.

Gunther.

Da ist die Burg,
400 Und meine Mutter naht mit meiner Schwester,
Dich zu begrüßen.

Volker
(zu Brunhild, während die Frauen sich entgegenschreiten).

Sind die kein Gewinn?

Hagen.

Siegfried, ein Wort mit dir! Dein Rat war schlecht.

Siegfried.

Mein Rat war schlecht? Ist sie nicht überwunden?
Steht sie nicht da?

Hagen.

Was ist damit erreicht?

Siegfried.

405 Ich denke, alles.

Hagen.

Nichts! Wer ihr den Kuß
Nicht rauben kann, der wird sie nimmermehr
Bewältigen, und Gunther kann es nicht.

Siegfried.

Hat er's versucht?

Hagen.

Würd' ich denn sonst wohl reden?
Vorher! Im Angesicht der Burg. Sie sträubte

Sich anfangs, wie es einer Magd geziemt,   410
Und wie sich unsre Mütter sträuben mochten;
Doch als sie merkte, daß ein Daumendruck
Genügte, um den Freier fortzuschnellen,
Da ward sie toll, und als er doch nicht wich,
Ergriff sie ihn und hielt ihn, uns und ihm   415
Zur ew'gen Schmach, mit vorgestrecktem Arm
Weit in den Rhein hinaus.

Siegfried.
Ein Teufelsweib!

Hagen.
Was schiltst du? Hilf!

Siegfried.
Ich denke, wenn der Priester
Sie erst verband —

Hagen.
Wär' nur die Alte nicht,
Die Magd, die sie begleitet. Diese späht   420
Und fragt den ganzen Tag und sitzt bei ihr,
Wie ihr Verstand von Siebzig oder Achtzig!
Die fürcht' ich mehr als sie!

Ute (zu Kriemhild und Brunhild).
So liebt euch denn
Und laßt den Ring, den eure Arme jetzt
Im ersten Herzensdrang geschlossen haben,   425
Allmählich sich zu einem Kreis erweitern,
In dem ihr euch mit gleichem Schritt und Tritt
Und gleicher Lust um einen Punkt bewegt.
Ihr werdet's besser haben als ich selbst,
Denn, was ich meinem Herrn nicht sagen durfte,   430
Das mußt' ich ganz verschlucken, und so konnt' ich
Zum wenigsten nicht klagen über ihn.

Kriemhild.
Wir wollen Schwestern werden.

Brunhild.

Euretwegen

Mag euer Sohn und Bruder noch vor Nacht

435 Das Zeichen, das zu seiner Magd mich stempelt,

Mir auf die Lippen drücken, denn ich bin

Noch ungebrannt, wie ein zu junger Baum,

Auch hielt' ich mir, wenn ihr sie nicht versüßet,

Die Schmach, die mich bedroht, wohl ewig fern.

Ute.

440 Du sprichst von Schmach?

Brunhild.

Vergebt mir dieses Wort,

Doch sprech' ich, wie ich fühle. Ich bin fremd

In eurer Welt, und wie die meine euch

Erschrecken würde, wenn ihr sie beträtet,

So ängstigt mich die eurige. Mir deucht,

445 Ich hätt' hier nicht geboren werden können,

Und soll hier leben! — Ist der Himmel immer

So blau?

Kriemhild.

Nicht immer. Doch die meiste Zeit.

Brunhild.

Wir kennen gar kein Blau als das des Auges,

Und das nur im Verein mit rotem Haar

450 Und einem Milchgesicht! Und ist es immer

So still hier in der Luft?

Kriemhild.

Zuweilen steigen

Auch Wetter auf, dann wird's bei Tage Nacht

Und Blitz und Donner rasen.

Brunhild.

Käme das

Nur heute noch! Mir wär's wie Heimatsgruß.

Ich kann mich nicht an so viel Licht gewöhnen,   455
Es thut mir weh, mir ist, als ging' ich nackt,
Als wäre kein Gewand hier dicht genug! —
Das sind wohl Blumen? Rot und gelb und grün!

Kriemhild.

Du sahst sie nie und kennst die Farben doch?

Brunhild.

Wir haben Edelsteine aller Art,   460
Nur weiße nicht und schwarze, aber weiß
Ist meine eigne Hand und schwarz mein Haar.

Kriemhild.

So weißt du nichts vom Duft!
(Sie pflückt ihr ein Veilchen.)

Brunhild.

O, der ist schön!
Und diese kleine Blume haucht ihn aus,
Die einz'ge, die mein Auge nicht bemerkte?   465
Der möcht' ich einen süßen Namen geben,
Doch hat sie wohl schon einen.

Kriemhild.

Keine ist
Demütiger als sie, und keine hätte
Dein Fuß so leicht zertreten, denn sie scheint
Sich fast zu schämen, mehr zu sein als Gras,   470
So tief versteckt sie sich, und dennoch schmeichelt
Sie dir die ersten sanften Worte ab.
Sei sie dir denn ein Zeichen, daß sich manches
Vor deinem Blick hier noch verbergen mag,
Was dich beglücken wird.

Brunhild.

Ich hoff's und glaub's! —   475
Doch thut's auch not! Du weißt nicht, was es heißt,
Ein Weib zu sein und doch in jedem Kampf

Den Mann zu überwinden und die Kraft,
Die ihn verläßt, aus dem verströmten Blut,
480 Das dir entgegendampft, durchs bloße Atmen
In dich zu trinken! Immer stärker dich
Zu fühlen, immer mutiger, und endlich,
Wenn du des Siegs gewisser bist als je —

(In plötzlicher Wendung.)

Frigga, ich frag' dich noch einmal! Was war's,
485 Was sah und sprach ich vor dem letzten Kampf?

Frigga.

Du scheinst im Geist dies Land gesehn zu haben.

Brunhild.

Dies Land!

Frigga.

Und warst entzückt.

Brunhild.

Ich war entzückt! —
Doch deine Augen flammten.

Frigga.

Weil ich dich

So glücklich sah.

Brunhild.

Und diese Recken schienen
490 Mir weiß wie Schnee.

Frigga.

Sie waren's schon vorher.

Brunhild.

Warum verhehltest du's mir denn so lange?

Frigga.

Es ward mir selbst erst diese Stunde klar,
Wo ich vergleichen kann.

Brunhild.

Wenn ich entzückt
Gewesen bin, als ich dies Land erblickte,
495 So muß ich's wieder werden.

Frigga.

      Zweifle nicht.

Brunhild.

Es kommt mir doch so vor, als hätte ich
Von Sternen und Metallen —

Frigga.

        Auch, jawohl!
Du sprachst, die Sterne funkelten hier heller,
Doch Gold und Silber wären dafür blind.

Brunhild.

Ei so!

Frigga (zu Hagen).

    Nicht wahr?

Hagen.

      Ich hab' nicht drauf gehört.   500

Brunhild.

Ich bitt' euch alle, nehmt mich für ein Kind,
Ich werde schneller wachsen wie ein andres,
Doch bin ich jetzt nicht mehr.

        (Zu Frigga.) Das also war's?

Frigga.

Das war's!

Brunhild.

    So ist's ja gut! So ist's ja gut! —

      Ute (zu Gunther, welcher herantritt).

Mein Sohn, wenn sie zu herb ist gegen dich,   505
Laß ihr nur Zeit! Bei dem Geschrei der Krähen
Und Raben, das sie hörte, konnte sich
Ihr Herz nicht öffnen, doch es wird geschehn
Bei Lerchenruf und Nachtigallenschlag.

Hagen.

So spricht der Spielmann, wenn er's Fieber hat   510
Und junge Hunde streichelt. Sei's darum.
Der Jungfrau gönne Zeit, sich zu besinnen,

Die Fürstin aber halte gleich beim Wort.
Sie ist die Deine durch das Recht der Waffen,
515 So greife zu!
(Ruft.) Kaplan!
(Schreitet voran.)

Gunther.
Ich folg' dir gern!

Siegfried.
Halt, Gunther, halt, was hast du mir gelobt?

Gunther.
Kriemhild, darf ich den Gatten für dich wählen?

Kriemhild.
Mein Herr und Bruder, füg' es, wie du magst!

Gunther (zu Ute).
Ich habe keinen Widerspruch zu fürchten?

Ute.
520 Du bist der König, ich bin Magd wie sie!

Gunther.
So bitt' ich dich, inmitten meiner Sippen:
Lös' einen Eid für mich und sie, und reiche
Dem edlen Siegfried deine Hand.

Siegfried.
Ich kann
Nicht reden, wie ich möchte, wenn ich dir
525 Ins Antlitz sehe, und von meinem Stottern
Hast du vorhin wohl schon genug gehabt,
Drum frag' ich dich, wie jeder Jäger fragt,
Nur daß ich nicht dabei vom Hut die Federn
Herunterblase[1]: Jungfrau, willst du mich?
530 Doch daß dich nicht die Einfalt selbst besteche
Und du nicht völlig unberaten seist,
So laß dir noch vor Ja und Nein vermelden,

---

[1] Zeichen der Verlegenheit.

Wie meine Mutter mich zu schelten pflegt.
Sie sagt, ich sei zwar stark genug, die Welt
Mir zu erobern, aber viel zu dumm,   535
Den kleinsten Maulwurfshügel zu behaupten,
Und wenn ich nicht die Augen selbst verlöre,
So läg's allein an der Unmöglichkeit.
Auch magst du ihr das eine willig glauben,
Das andre aber werd' ich widerlegen,   540
Denn wenn ich dich nur erst erobert habe,
So soll man sehn, wie ich behaupten kann!
Nun denn, noch einmal: Kriemhild, willst du mich?

Kriemhild.

Du lächelst, Mutter! O, ich habe nicht
Vergessen, was ich träumte, und der Schauder   545
Ist nicht entflohn, er warnt mich mehr als je,
Doch eben darum sag' ich mutig: Ja!

Brunhild
(tritt zwischen Kriemhild und Siegfried).

Kriemhild!

Kriemhild.

Was willst du?

Brunhild.

Mich als Schwester dir

Beweisen!

Kriemhild.

Jetzt? Worin?

Brunhild (zu Siegfried).

Wie darfst du's wagen,

Die Hand nach ihr, nach einer Königstochter,   550
Nur auszustrecken, da du doch Vasall
Und Dienstmann bist!

Siegfried.

Wie?

Brunhild.

Kamst du nicht als Führer

Und gingst als Bote?

(Zu Gunther.)

Und wie kannst du's dulden

Und unterstützen, daß er's thut?

Gunther.

Er ist

555 Der Erste aller Recken!

Brunhild.

Dafür weis' ihm

Den ersten Platz an deinem Throne an.

Gunther.

Er ist an Schätzen reicher als ich selbst!

Brunhild.

Pfui! Gibt ihm das ein Recht auf deine Schwester?

Gunther.

Er hat mir tausend Feinde schon erschlagen.

Brunhild.

560 Der Held, der mich besiegte, dankt ihm das?

Gunther.

Er ist ein König, wie ich selbst.

Brunhild.

Und stellte

Doch zu den Knechten sich?

Gunther.

Dies Rätsel will ich

Dir lösen, wenn du mein geworden bist!

Brunhild.

Nie werd' ich's, eh' ich dein Geheimniß weiß.

Ute.

565 So willst du mich durchaus nicht Mutter nennen?

Verschieb' es nicht zu lange, ich bin alt,
Auch trug ich manches Leid!

Brunhild.

Ich folge ihm
Zur Kirche, wie ich schwur, und werde dir
Mit Freuden Tochter, aber ihm nicht Weib.

Hagen (zu Frigga).

Beschwicht'ge sie!

Frigga.

Was braucht es mein dazu?   570
Wenn er sie einmal überwunden hat,
So wird's ihm auch das zweite Mal gelingen,
Doch ist's ein Recht der Magd, daß sie sich sträubt.

Siegfried
(Kriemhild bei der Hand fassend).

Daß ich mich gleich als König hier erweise,
So schenk' ich dir den Nibelungenhort.   575
Und nun zu meinem Recht und deiner Pflicht.
(Er küßt sie.)

Hagen.

Zum Dom!

Frigga.

Hat er den Nibelungenhort?

Hagen.

Du hörst. Trompeten!

Frigga.

Auch die Balmungklinge?

Hagen.

Warum nicht? Holla, blast die Hochzeit ein!
(Rauschende Musik. Alle ab.)

Siebente Szene.

Halle. Truchs und Wulf treten auf. Zwerge tragen Schätze über die Bühne.

Truchs.

Ich steh' zu Kriemhild.   580

Wulf.

So? Zu Brunhild ich.

Truchs.

Warum, wenn's dir beliebt?

Wulf.

Wie brächtest du
Dein Lanzenspiel zusammen, wenn wir alle
Dieselbe Farbe hielten?

Truchs.

Diesen Grund
Muß ich dir gelten lassen, aber sonst
585 Wär's Tollheit.

Wulf.

Ho! Das sag' nur nicht zu laut,
Denn viele gibt's, die zu der Fremden schwören.

Truchs.

Es ist ein Unterschied wie Tag und Nacht.

Wulf.

Wer leugnet das? Doch mancher liebt die Nacht!
(Zeigt auf die Zwerge.)
Was schleppen die?

Truchs.

Ich denk', es ist der Hort,
590 Denn Siegfried hat ihn von den Nibelungen,
Als er sie zum Geleit hieher entbot,
Gleich mit heraufgebracht, und wie ich höre,
Ist er zum Wittum[1] für Kriemhild bestimmt.

Wulf.

Unholde, diese Zwerge! Hohl im Rücken!
595 Kehr' einen um, so liegt ein Backtrog da.

Truchs.

Sie hausen auch ja mit dem Wurmgeschlecht

---

[1] In der älteren Rechtssprache „das der Frau bei der Verheiratung Ausgesetzte, was sie nach dem Tode des Mannes für sich behält“, der sprachlichen Form nach das der Frau „gewidmete“ Gut; im Sprachbewußtsein dann an Witwe angelehnt.

Im Bauch der Erde und in Bergeshöhlen
Und sind des Maulwurfs Vettern.

Wulf.

Aber stark!

Truchs.

Und klug! Der braucht nach der Alraunenwurzel [1]
Nicht mehr zu spähn, der die zu Freunden hat.   600

Wulf (zeigt auf die Schätze).

Wer das besitzt, braucht alle beide nicht.

Truchs.

Ich möcht' es kaum. Es ist ein altes Wort,
Daß Zaubergold noch durstiger nach Blut
Als ausgedörrter Schwamm nach Wasser ist;
Auch führen diese Nibelungenrecken   605
Gar wunderliche Reden.

Wulf.

Von dem Raben!
Was war es doch? Ich hab's nur halb gehört.

Truchs.

Ein Rabe hat sich auf das Gold gesetzt,
Als man's zum Schiff hinuntertrug, und so
Gekrächzt, daß Siegfried, weil er ihn verstand,   610
Sich erst die Ohren zugehalten und
Gepfiffen, dann nach ihm mit Edelsteinen
Geworfen und zuletzt, weil er nicht wich,
Sogar den Speer geschleudert haben soll!

Wulf.

Das will was heißen! Denn er ist im Grunde   615
So sanft als tapfer.

(Es wird geblasen.)

Horch, das gilt auch uns!
Sie sammeln sich. Hie Brunhild!

---

[1] Narkotisch betäubende Wurzel, vielfach als Zaubermittel verwandt.

Truchs.

Kriemhild hie!

(Ab. Andere Recken, die sich inzwischen gesammelt haben, schließen sich an und
wiederholen den Ruf. Es wird nach und nach dunkel.)

Achte Szene.

Hagen und Siegfried treten auf.

Siegfried.

Was willst du, Hagen? Warum winkst du mich
Hinweg von dem Bankett? Ich werde nie
620 So wieder sitzen, wie ich heute sitze;
So gönnt mir doch den Tag, ich hab's ja wohl
Um Euch verdient.

Hagen.
          Es gibt noch mehr zu thun.

Siegfried.

Verschiebt's auf morgen! Die Minute gilt
Mir heut ein Jahr, ich kann die Worte zählen,
625 Die ich mit meiner Braut gesprochen habe,
So laßt mir doch den Abend für mein Weib.

Hagen.

Verliebte und Berauschte störte ich
Noch niemals ohne Not. Es hilft dir nichts,
Daß du dich sträubst, du mußt. Was Brunhild sprach,
630 Hast du gehört, und wie sie Hochzeit hält,
Siehst du ja wohl, sie sitzt bei Tisch und weint.

Siegfried.

Kann ich es ändern?

Hagen.
          Daß sie halten wird,
Was sie gelobte, ist nicht zweifelhaft,
Und daß die Schande unauslöschlich wäre,
635 Noch weniger! Dies leuchtet dir doch ein?

Siegfried.
Was folgt daraus?

Hagen.
Daß du sie bänd'gen mußt!

Gunther tritt hinzu.

Siegfried.
Ich?

Hagen.
Hör' mich an! Der König geht mit ihr
Ins Schlafgemach. Du folgst ihm in der Kappe[1].
Er fordert, eh' sie sich das Tuch noch lüftet,
Mit Ungestüm den Kuß. Sie weigert ihn.   640
Er ringt mit ihr. Sie lacht und triumphiert.
Er löscht, als wär's von ungefähr, das Licht
Und ruft: „Soweit der Spaß und nun der Ernst,
Hier wird es anders gehn als auf dem Schiff!"
Dann packst du sie und zeigst ihr so den Meister,   645
Bis sie um Gnade, ja ums Leben fleht.
Ist das geschehn, so läßt der König sie
Zu seiner unterthän'gen Magd sich schwören,
Und du entfernst dich, wie du kamst!

Gunther.
                                    Bist du
Bereit, mir diesen letzten Dienst zu leisten?   650
Ich fordre niemals einen mehr von dir.

Hagen.
Er wird und muß. Er hat es angefangen.
Wie sollt' er's nicht auch enden?

Siegfried.
                                    Wollt' ich auch,
Und wahrlich, Ihr verlangt ein Stück von mir,
Das ich wohl auch an einem andern Tage,   655
Als an dem Hochzeitstag, Euch weigern dürfte,

---

[1] Tarnkappe.

Wie könnt' ich nur? Was sagt' ich zu Kriemhild?
Sie hat schon jetzt so viel mir zu vergeben,
Daß mir der Boden unterm Fuße brennt;
660 Wollt' ich den Fehl noch einmal wiederholen,
So könnte sie's im Leben nicht verzeihn.

Hagen.

Wenn eine Tochter von der Mutter scheidet,
Und aus dem Zimmer, wo die Wiege stand,
Ins Brautgemach hinüberschreiten soll,
665 So gibt es einen langen Abschied, Freund!
Die Zeit reicht hin für dich, und also — Topp!

(Da Siegfried die Hand weigert.)

Brunhild ist jetzt ein angeschoßnes Wild,
Wer wird es mit dem Pfeil so laufen lassen,
Ein edler Jäger schickt den zweiten nach.
670 Verloren ist verloren, hin ist hin,
Die stolze Erbin der Valkyrien
Und Nornen liegt im Sterben, töte sie ganz,
Dann lacht ein muntres Weib uns morgen an,
Das höchstens spricht: ich habe schwer geträumt!

Siegfried.

675 Ich weiß nicht, was mich warnt.

Hagen.

　　　　　　　Du denkst, Frau Ute
Ist fertig, eh' du selbst! Verlaß dich drauf,
Sie ruft Kriemhild nach Segen und Umarmung
Noch dreimal wieder um!

Siegfried.

　　　　　　Und dennoch: Nein!

Hagen.

Was? Wenn in diesem Augenblick ein Bote
680 Erschiene und dir meldete, dein Vater
Läg' auf den Tod darnieder, riefest du

6*

Nicht gleich nach deinem Roß, und triebe dich
Dein Weib nicht selbst hinauf? Nun kann ein Vater
Doch selbst als Greis genesen, doch die Ehre,
Einmal erkrankt und dann nicht rasch geheilt,   685
Steht niemals wieder von den Toten auf.
Und eines Königs Ehre ist der Stern,
Der alle seine Recken mit beleuchtet
Und mit verdunkelt! Weh' dem Zauberer,
Der ihm nur einen seiner Strahlen raubt.   690
Vermöchte ich's, so bät' ich dich nicht länger,
Ich thät' es selbst und wäre stolz darauf,
Doch Zauberkünste haben's angefangen,
Und Zauberkünste müssen's nun auch enden:
So thu's denn! Soll ich knien?

Siegfried.

                             Ich thu's nicht gern!   695
Wer hätt' sich das gedacht! Und dennoch lag's
So nah'! O, dreimal heilige Natur!
Mich widert's, wie noch nie in meinem Leben,
Doch was du sagst, hat Grund, und also sei's.

Gunther.

Ich gebe meiner Mutter einen Wink —   700

Hagen.

Nein! Nein! Kein Weib! Wir stehn allhier zu dreien
Und haben, hoff' ich, keine einz'ge Zunge,
Der Vierte in unsrem Bunde sei der Tod![1]

(Alle ab.)

---

[1] Wir wollen das Geheimnis mit in den Tod nehmen.

Dritter Akt.

Morgen. Schloßhof. An der einen Seite der Dom.

Erste Szene.

Rumolt und Dankwart treten gerüstet auf.

Rumolt.

Drei Tote![1]

Dankwart.

       Nun, für gestern war's genug,
705 Es war ja nur ein Vorspiel! Heute wird's
Wohl anders kommen.

Rumolt.

       Diese Nibelungen
Sind mit den Totenhemden gleich versehn,
Ein jeder führt es bei sich wie sein Schwert.

Dankwart.

Man hat im Norden wunderliche Bräuche,
710 Denn, wie die Berge wilder werden, wie
Die muntren Eichen düstern Tannen weichen,
So wird der Mensch auch finstrer, bis er endlich
Sich ganz verliert und nur das Tier noch haust!
Erst kommt ein Volk, das nicht mehr singen kann,
715 An dieses grenzt ein andres, das nicht lacht,
Dann folgt ein stummes, und so geht es fort.

---

[1] Hat es beim Turnier gegeben.

Zweite Szene.

Musik. Großer Zug. Wulf und Truchs unter den Recken.

Rumolt

(indem er sich mit Dankwart anschließt).

Wird Hagen jetzt zufrieden sein?

Dankwart.

Ich denk's!
Das ist ein Aufgebot wie für den Krieg!
Doch hat er recht, denn diese Königin
Braucht andre Morgenlieder, als die Lerche   720
Sie hören läßt, die in der Linde pfeift!

(Gehen vorüber.)

Dritte Szene.

Siegfried erscheint mit Kriemhild.

Kriemhild (auf ihr Gewand deutend).

Nun? Dankst du's mir?

Siegfried.

Ich weiß nicht, was du meinst.

Kriemhild.

Sieh mich nur an!

Siegfried.

Ich dank' dir, daß du bist,
Daß du so lächelst, daß du blaue Augen
Und keine schwarze hast —

Kriemhild.

Du lobst den Herrn   725
In seiner Magd! Du Thor, hab' ich mich selbst
Geschaffen und die Augen, die du rühmst,
Mir ausgesucht?

Siegfried.

Die Liebe, dünkt mich, könnte
So seltsam träumen! Ja, an einem Morgen,
Wo alles mailich funkelte wie heut,   730

Hast du die beiden hellsten Tropfen Taus,
Die an den beiden blausten Glocken hingen,
Dir weggehascht und trägst seitdem den Himmel
Zwiefach im Antlitz.

Kriemhild.

Lieber dank's mir doch,
735 Daß ich als Kind so klug gefallen bin,
Denn diese Augen waren arg bedroht,
Als ich mir hier die Schläfe zeichnete.

Siegfried.

Laß mich die Narbe küssen!

Kriemhild.

Hitz'ger Arzt,
Verschwende deinen Balsam nicht, die Wunde
740 Ist längst geheilt! Nein, weiter!

Siegfried.

Nun, so danke
Ich deinem Mund —

Kriemhild.

Mit Worten?

Siegfried (will sie umarmen).

Darf ich so?

Kriemhild (weicht zurück).

Glaubst du, ich fordre auf?

Siegfried.

Mit Worten denn
Für Worte! Nein, für Süßeres als Worte,
Für dein Gelispel holder Heimlichkeiten,
745 Dem Ohr so köstlich wie dein Kuß der Lippe,
Und für die Heimlichkeiten selbst, fürs Lauschen
Am Fenster, als wir in die Wette warfen,
O, hätte ich's geahnt! und für dein Höhnen
Und Spotten —

Kriemhild.

Um mit Ehren zu verweilen,
Nicht wahr, so legst du's aus? Wie boshaft, Freund!   750
Das sagt' ich dir im Dunkeln! Willst du sehn,
Ob ich erröte, wenn du's jetzt bei Tage
Mir wiederholst? Mein Blut ist gar zu dumm,
Es steigt und fällt zu rasch, und meine Mutter
Vergleicht mich oft mit einem Rosenstock,   755
Der Rot und Weiß auf einem Stengel trägt.
Sonst hätt'st du nichts von alledem erfahren;
Doch fühlt' ich's wohl, wie meine Wangen brannten,
Als mich mein Bruder gestern morgen neckte,
Da mußt' ich dir die Missethat gestehn!   760

Siegfried.

Daß der den besten Hirsch noch heute träfe!

Kriemhild.

Und ihn verfehlte! Ja! Das wünsch' ich auch —
Du bist wohl einer wie mein Ohm, der Tronjer[1],
Der einen neuen Rock, den man ihm stickt
Und heimlich vor sein Bette legt, nur dann   765
Bemerkt, wenn er zu eng geriet.

Siegfried.
                    Warum?

Kriemhild.

Du siehst nur das, was Gott und die Natur
An mir gethan, mein eigenes Verdienst
Entgeht dir, das beginnt erst bei den Kleidern,
Und nicht einmal der Gürtel fällt dir auf.[2]   770

---

[1] Im Nibelungenlied wird Hagen nur als mâc (Verwandter) der Burgunderkönige bezeichnet; der Dichter folgt der nordischen (und der niederdeutschen) Überlieferung, nach der Hagen als ihr Bruder gilt.
[2] Nach dem Nibelungenlied hat Siegfried der Brunhild, als er sie Gunther
willfährig machte, einen Ring und einen Gürtel geraubt und beides seiner Gemahlin geschenkt.

Siegfried.

Nun, der ist bunt! Doch lieber möcht' ich noch
Den Regenbogen um den Leib dir winden,
Mir deucht, der paßt zu dir und du zu ihm.

Kriemhild.

Bring' mir ihn nur zur Nacht, so wechsle ich,
775 Doch wirf ihn nicht so hin wie diesen andern,
Ich hätte dein Geschenk fast übersehn.

Siegfried.

Was redest du?

Kriemhild.

Wenn nicht die Steine wären,
So läge er wohl jetzt noch unterm Tisch,
Doch Feuer kann sich freilich nicht verstecken.

Siegfried.

780 Der wär' von mir?

Kriemhild.

Gewiß!

Siegfried.

Kriemhild, du träumst!

Kriemhild.

Ich fand ihn in der Kammer.

Siegfried.

Deine Mutter
Wird ihn verloren haben!

Kriemhild.

Meine Mutter!
O nein, ich kenne ihren Schmuck! Ich dachte,
Er stamme aus dem Nibelungenhort,
785 Und legt' ihn eilig an, dich zu erfreun!

Siegfried.

Das dank' ich dir, allein ich kenn' ihn nicht!

Kriemhild (nimmt den Gürtel ab).

Dann mach' der goldnen Borte wieder Platz,

Die du bedeckst! Ich war schon ganz geschmückt
Und schnallte ihn nur über, um die Mutter
Und dich zugleich zu ehren, denn die Borte   790
Ist von der Mutter!

Siegfried.
                Das ist wunderlich! —
Du fand'st ihn an der Erde?

Kriemhild.
                Ja!

Siegfried.
                            Zerknüllt!

Kriemhild.
Siehst du, daß du ihn kennst! Der zweite Spaß
Gelang dir wie der erste, und ich habe
Zwiefache Müh'!

                (Sie will den Gürtel wieder umschnallen.)

Siegfried.
                Um Gottes willen, nein!   795

Kriemhild.
Ist das dein Ernst?

Siegfried *(für sich)*.
                Sie suchte mir die Hände
Zu binden.

Kriemhild.
            Lachst du nicht?

Siegfried *(für sich)*.
                            Da ward ich wütend
Und brauchte meine Kraft.

Kriemhild.
                Noch immer nicht?

Siegfried *(für sich)*.
Ich riß ihr etwas weg!

Kriemhild.
                Bald werd' ich's glauben.

Siegfried (für sich).

800 Das pfropf' ich, weil sie wieder darnach griff,
Mir in den Busen, und — — Gib her, gib her,
Kein Brunnen ist so tief, den zu verbergen,
Ein Stein daran und in den Rhein hinab!

Kriemhild.

Siegfried!

Siegfried.

Er ist mir dann entfallen! — Gib!

Kriemhild.

805 Wie kam er denn in deine Hand?

Siegfried.

Dies ist
Ein furchtbar unglückseliges Geheimnis,
Verlange keinen Teil daran.

Kriemhild.

Du hast
Mir doch ein größres anvertraut, ich kenne
Die Stelle, wo der Tod dich treffen kann.

Siegfried.

810 Das hüte ich allein!

Kriemhild.

Das andre hüten
Wohl zwei!

Siegfried (für sich).

Verflucht! Ich eilte mich zu sehr!

Kriemhild (bedeckt sich das Gesicht).

Du schwurst mir etwas! Warum thatst du das?
Ich hatt' es nicht verlangt.

Siegfried.

Bei meinem Leben,
Ich habe nie ein Weib erkannt!

Kriemhild hält den Gürtel in die Höhe.

Siegfried.

                     Ich wurde

Damit gebunden.

Kriemhild.

            Wenn's ein Löwe sagte,   815

Es wäre glaublicher!

Siegfried.

            Und doch ist's wahr!

Kriemhild.

Dies schmerzt! Ein Mann wie du kann keinen Fehler
Begehn, der ihn, wie schlimm er immer sei,
Nicht doch noch besser kleidet als die Lüge,
Womit er ihn bedecken will.

            Gunther und **Brunhild** treten auf.

Siegfried.

               Weg, weg!   820

Man kommt!

Kriemhild.

            Wer kommt? Brunhild? Kennt die den Gürtel?

Siegfried.

Verbirg ihn doch!

Kriemhild.

            Nein, nein, ich zeige ihn!

Siegfried.

Verstecke ihn, so sollst du alles wissen.

        Kriemhild (indem sie den Gürtel verbirgt).

Sie kennt ihn also wirklich?

Siegfried.

              Hör' mich an!

         (Beide folgen dem Zuge.)

Vierte Szene.

Brunhild.

War das nicht Kriemhild?

Gunther.

          Ja!

Brunhild.

825   Wie lange bleibt
Sie noch am Rhein?

Gunther.

                Sie wird wohl nächstens ziehn,
Denn Siegfried muß zu Haus.

Brunhild.

                     Ich geb' ihm Urlaub
Und schenke ihm den Abschied obendrein.

Gunther.

Ist er dir so verhaßt?

Brunhild.

                  Ich kann's nicht sehn,
830 Daß deine edle Schwester sich erniedrigt.

Gunther.

Sie thut wie du.

Brunhild.

               Nein, nein, du bist ein Mann!
Und dieser Name, der mir sonst so feindlich
Erklang, erfüllt mich jetzt mit Stolz und Lust!
Ja, Gunther, ich bin wunderbar verwandelt:
835 Du siehst's ja wohl? Ich könnte dich was fragen
Und thu' es nicht!

Gunther.

        Du bist mein edles Weib!

Brunhild.

Ich hör' mich gern so nennen, und es kommt
Mir jetzt so seltsam vor, daß ich das Roß
Getummelt und den Speer geworfen habe,
840 Als säh' ich dich den Bratenwender drehn!
Ich mag die Waffen nicht mehr sehn, auch ist
Mein eigner Schild mir jetzt zu schwer, ich wollte
Ihn auf die Seite stellen, und ich mußte
Die Magd um Beistand rufen! Ja, ich möchte

Jetzt lieber lauschen, wie die Spinnen weben,   845
Und wie die Vögel ihre Nester baun,
Als dich begleiten!

Gunther.
Diesmal muß es sein!

Brunhild.

Ich weiß, warum. Vergib mir! Großmut war's,
Was ich für Ohnmacht hielt, du wolltest mich
Nur nicht beschämen, als ich auf dem Schiff   850
So unhold trotzte! Davon wohnte nichts
In meiner Brust, und darum ist die Kraft,
Die sich in einer Laune der Natur
Zu mir verirrte, heimgekehrt zu dir!

Gunther.
Versöhne dich, da du so milde bist,   855
Denn auch mit Siegfried!

Brunhild.
Diesen nenne nicht!

Gunther.
Doch hast du keinen Grund, ihm gram zu sein.

Brunhild.

Ich hab' auch keinen! Wenn ein König sich
So weit erniedrigt, Führerdienst zu leisten
Und Boten abzulösen, ist es zwar   860
So wunderlich, als ließe sich der Mensch
Fürs Pferd den Sattel auf den Rücken schnallen
Und bellte oder jagte für den Hund,
Allein wenn's ihm gefällt, was kümmert's mich!

Gunther.
So war es nicht.

Brunhild.
Auch wird's nur um so lust'ger,   865
Wenn er dabei so hoch an Haupt und Gliedern

Hervorragt vor den andern, daß man glaubt,
Er sammle sich von allen Königen
Der Welt die Kronen ein, um eine einz'ge
870 Daraus zu schmieden und die Majestät
Zum erstenmal im vollen Glanz zu zeigen,
Denn, das ist wahr, solange auf der Erde
Noch mehr als eine glänzt, ist keine rund,
Und statt des Sonnenringes trägst auch du
875 Nur einen blassen Halbmond auf der Stirn!

Gunther.

Siehst du, daß du ihn schon mit andern Augen
Betrachtet hast?

Brunhild.

Ich habe ihn vor dir
Begrüßt! Das räche! Fordre — töte ihn!

Gunther.

Brunhild! Er ist der Gatte meiner Schwester,
880 Und sein Blut ist das meinige.

Brunhild.

So kämpfe
Mit ihm und wirf ihn nieder in den Staub
Und zeige mir, wie herrlich du erscheinst,
Wenn er der Schemel deiner Füße ist.[1]

Gunther.

Auch das ist hier nicht Brauch.

Brunhild.

Ich lass' nicht ab,
885 Ich muß es einmal sehn. Du hast den Kern,
Das Wesen, er den Schein und die Gestalt!
Zerblase diesen Zauber, der die Blicke
Der Thoren an ihn fesselt. Wenn Kriemhild
Die Augen, die sie jetzt an seiner Seite

---

[1] Biblisch; vgl. Psalm 110, 1.

Doch fast zu kühn erhebt, auch senken muß,   890
So schadet's ja wohl nicht, ich aber werde
Dich noch ganz anders lieben, wenn du's thust.

Gunther.

Auch er ist stark!

Brunhild.

　　　　Ob er den Lindwurm schlug
Und Alberich bezwang: das alles reicht
Noch nicht von fern an dich. In dir und mir   895
Hat Mann und Weib für alle Ewigkeit
Den letzten Kampf ums Vorrecht ausgekämpft.
Du bist der Sieger, und ich fordre nichts,
Als daß du dich nun selbst mit all den Ehren,
Wornach ich geizte, schmücken sollst. Du bist   900
Der Stärkste auf der Welt, drum peitsche ihn
Zu meiner Lust aus seiner goldnen Wolke
Heraus, damit er nackt und bloß erscheint,
Dann leb' er hundert Jahre oder mehr.

(Beide ab.)

Fünfte Szene.

Frigga und Ute kommen.

Ute.

Nun, Brunhild blickt schon heute fröhlicher   905
Wie gestern.

Frigga.

　　　Königin, sie ist es auch.

Ute.

Ich hab's mir wohl gedacht.

Frigga.

　　　　　　Ich nicht! Ich nicht!
Ihr Sinn ist so verwandelt, daß ich nicht
Erstaunen würde, wenn sich auch ihr Wesen
Verwandelte, und wenn sie blonde Locken   910

Bekäme statt der schwarzen, die so lange
Mir unterm goldnen Kamme knisterten.

Ute.

Das ist dir doch nicht leid?

Frigga.

Mich wundert's nur,
Und hättest du dies Heldenbild erzogen,
915 Wie ich, und wüßtest alles, was ich weiß,
So würdest du dich wundern, wie ich selbst.

Ute (indem sie wieder in die Burg geht).

Thu nur das deinige!

Frigga (für sich).

Ich that schon mehr,
Als ihr euch träumen laßt! Daß dies so kam,
Begreif' ich nicht, doch wenn sie glücklich ist,
920 So bin ich still und werde sie gewiß
Nicht mahnen an die Zeit, die sie vergaß!

Sechste Szene.

Kriemhild und Brunhild kommen Hand in Hand, es sammeln sich viele Recken
und Volk.

Kriemhild.

Nun, ist's nicht besser, Kämpfe anzusehen,
Als selbst zu kämpfen?

Brunhild.

Hast du beides schon
Versucht, daß du vergleichen kannst?

Kriemhild.

Ich möcht' es
925 Auch nimmermehr.

Brunhild.

So spiele nicht so kühn
Die Richterin! — Ich meine das nicht schlimm,

Du kannst mir deine Hand noch immer lassen,
Auch mag's so sein, nur dächt' ich, diese Lust
Wär' mir allein bestimmt.

Kriemhild.
Wie meinst du das?

Brunhild.
Es kann doch keine jubeln, die den Gatten   930
Erliegen sieht!

Kriemhild.
Gewiß nicht!

Brunhild.
Noch sich täuschen,
Wenn er nur darum fest im Bügel bleibt,
Weil ihn sein Herr verschonte.

Kriemhild.
Auch wohl kaum!

Brunhild.
Nun denn!

Kriemhild.
Davor bin ich doch wohl geschützt?
Du lächelst?

Brunhild.
Weil du gar zu sicher bist.   935

Kriemhild.
Ich darf es sein!

Brunhild.
Zur Probe kommt's wohl nicht,
Und auch ein Traum ist süß. Schlaf zu, schlaf zu,
Ich wecke dich nicht auf!

Kriemhild.
Wie redest du!
Mein edler Gatte ist nur viel zu mild,
Um den Verwaltern seiner Königreiche   940
So weh zu thun, sonst hätt' er seinen Degen

Schon längst zu einem Zepter umgeschmiedet
Und über die ganze Erde ausgestreckt.
Denn alle Länder sind ihm unterthan,
945 Und sollte eins es leugnen, bät' ich mir's
Sogleich von ihm zum Blumengarten aus.

Brunhild.

Kriemhild, was wäre da der meinige?

Kriemhild.

Er ist mein Bruder und erhält den Stempel,
Wie schwer er immer sei, man wiegt ihn nicht.

Brunhild.

950 Nein, denn er selbst ist das Gewicht der Welt,
Und wie das Gold der Dinge Preis bestimmt,
So er den Wert der Recken und der Helden!
Du mußt nicht widersprechen, liebes Kind,
Ich will dafür geduldig auf dich hören,
955 Wenn du mir zeigst, wie man die Nadel braucht.

Kriemhild.

Brunhild!

Brunhild.

Ich sagt' es wahrlich nicht im Hohn,
Ich möcht' es können, und es ist mir nicht
So angeboren wie das Lanzenwerfen,
Für welches ich des Meisters nicht bedurfte,
960 So wenig wie fürs Gehen oder Stehn.

Kriemhild.

Wir können gleich beginnen, wenn du willst,
Und da du doch am liebsten Wunden machst,
So fangen wir beim Sticken an, ich habe
Ein Muster bei mir!

(Sie will den Gürtel hervorziehen.)

Nein, ich irre mich!

Brunhild.

965 Du blickst nicht mehr wie sonst auf deine Schwester,

7*

Auch ist es gar nicht freundlich, mir die Hand,
Die ich so liebreich faßte, zu entziehn,
Bevor ich selbst sie lasse, unsre Sitte
Zum wenigsten verlangt das Gegenteil.
Kannst du es nicht verwinden, daß das Zepter,　　970
Von dem du träumst, in deines Bruders Hand
Gegeben ist?　Du solltest doch als Schwester
Dich trösten, denn der Ruhm des Bruders ist
Zur Hälfte dein, auch, dächt' ich, müßtest du
Vor allen andern mir die Ehre gönnen,　　975
Die dir nun einmal doch nicht werden konnte,
Denn keine hätt' dafür bezahlt wie ich!

Kriemhild.

Ich seh', wie alle Unnatur sich rächt.
Du hast der Liebe widerstrebt wie keine:
Nun macht sie dich zur Strafe doppelt blind.　　980

Brunhild.

Du sprichst von dir und nicht von mir!　Es ist
Kein Grund zum Streit.　Das weiß die ganze Welt!
Eh' ich geboren wurde, war's bestimmt,
Daß nur der Stärkste mich besiegen solle —

Kriemhild.

Ich glaub's ja gern.

Brunhild.

Und doch?

Kriemhild lacht.

So bist du toll!　　985
Ist deine Angst so groß, daß wir zu streng
Mit den Vasallen sind?　Besorge nichts!
Ich lege keinen Blumengarten an,
Und auch den Vortritt werde ich nur einmal
Verlangen, wenn du nicht zu störrig bist,　　990
Nur heut, nur hier am Dom, und niemals mehr.

Kriemhild.

Ich hätte dir ihn wahrlich nicht versagt,
Doch da es meines Gatten Ehre gilt,
So weich' ich keinen Schritt.

Brunhild.

Er wird es dir
995 Schon selbst gebieten.

Kriemhild.

Wagst du's, ihn zu schmähn?

Brunhild.

Er trat bei mir zurück vor deinem Bruder
Wie ein Vasall vor seinem Herrn und wehrte
Dem Gruß, den ich ihm bot. Das fand ich auch
Natürlich, als ich ihn — er nannte sich
1000 Ja selber so — für einen Dienstmann hielt,
Nun aber kommt's mir anders vor.

Kriemhild.

Und wie?

Brunhild.

Ich sah den Wolf wohl so vor einem Bären
Beiseite schleichen, oder auch den Bären
Vor einem Auerstier. Er ist Vasall,
1005 Wenn er auch nicht geschworen hat.

Kriemhild.

Nicht weiter!

Brunhild.

Du willst mir drohn? Vergiß dich nicht, mein Kind!
Ich bin bei Sinnen! Bleibe du es auch!
Es mußte doch ein Grund vorhanden sein.

Kriemhild.

Es war ein Grund! Und schaudern würdest du,
1010 Wenn du ihn ahntest.

Brunhild.

Schaudern!

Kriemhild.

Schaudern! Ja!
Doch fürchte nichts! Ich liebe dich auch jetzt
Noch viel zu sehr und kann dich nie so hassen,
Um dir den Grund zu nennen. Wäre mir's
Geschehn, ich grübe mir mit eignen Händen
In dieser Stunde noch das Grab! Nein, nein!   1015
Nicht ich will das elendeste Geschöpf,
Das auf der ganzen Erde atmet, machen,
Sei stolz und frech, ich bin aus Mitleid stumm!

Brunhild.

Du prahlst, Kriemhild, und ich verachte dich!

Kriemhild.

Das Kebsweib meines Gatten mich verachten!   1020

Brunhild.

Legt sie in Ketten! Bindet sie! Sie rast!

Kriemhild (zieht den Gürtel hervor).

Kennst du den Gürtel?

Brunhild.

Wohl! es ist der meine,
Und da ich ihn in fremden Händen sehe,
So muß er mir bei Nacht gestohlen sein!

Kriemhild.

Gestohlen! Dennoch gab ihn mir kein Dieb!   1025

Brunhild.

Wer sonst?

Kriemhild.

Der Mann, der dich bewältigt hat!
Doch nicht mein Bruder!

Brunhild.

Kriemhild!

Kriemhild.

Diesen hättest
Du Mannweib ja erwürgt und dann vielleicht

Zur Strafe in den Toten dich verliebt:
1030 Mein Gatte gab ihn mir!

Brunhild.

Nein, nein!

Kriemhild.

So ist's!

Nun setz' ihn noch herab! Gestattest du
Mir jetzt, daß ich den Dom vor dir betrete?
(Zu ihren Frauen.)
Folgt mir! Ich muß ihr zeigen, was ich darf!
(Ab in den Dom.)

Siebente Szene.

Brunhild.

Wo sind die Herren von Burgund? — O Frigga!
1035 Hast du's gehört?

Frigga.

Ich hab's gehört und glaub's.

Brunhild.

Du tötest mich! Es wäre so?

Frigga.

Sie sagte
Gewiß zu viel, doch dieses steht mir fest,
Daß du betrogen bist!

Brunhild.

Sie löge nicht?

Frigga.

Der Balmungschwinger war's. Er stand am See,
1040 Als er verlosch.[1]

Brunhild.

So hat er mich verschmäht,
Denn ich war auf der Zinne und er mußte
Mich sehn. Er war gewiß schon voll von ihr.

---

[1] Siehe S. 44.

Frigga.

Und daß du weißt, um was man dich betrog:
Ich täuschte dich!

Brunhild (ohne auf sie zu hören).

Daher die stolze Ruhe,
Womit er mich betrachtete.

Frigga.

Nicht bloß   1045
Dies schmale Land, dir war die ganze Erde
Zum Eigentum bestimmt, auch sollten dir
Die Sterne reden und sogar dem Tod
Die Herrschaft über dich genommen sein.

Brunhild.

Schweig' mir von dem!

Frigga.

Warum? Du kannst es dir   1050
Zwar nicht zurückerobern, doch du kannst
Dich rächen, Kind!

Brunhild.

Und rächen werd' ich mich!
Verschmäht! Weib, Weib, wenn du in seinen Armen
Auch eine Nacht gelacht hast über mich,
So sollst du viele Jahre dafür weinen,   1055
Ich will — — Was red' ich! Ich bin schwach wie sie.

(Stürzt Frigga an die Brust.)

Achte Szene.

Gunther, Hagen, Dankwart, Rumolt, Gerenot, Giselher und Siegfried
kommen.

Hagen.

Was gibt es hier?

Brunhild (richtet sich hoch auf.

Bin ich ein Kebsweib, König?

Gunther.

Ein Kebsweib?

Brunhild.

Deine Schwester nennt mich so!

Hagen (zu Frigga).

Was ging hier vor?

Frigga.

Ihr seid entdeckt! Wir kennen
1060 Den Sieger jetzt, und Kriemhild sagt sogar,
Daß er es zweimal war.

Hagen (zu Gunther).

Er hat geschwatzt!
(Er redet heimlich mit ihm.)

Neunte Szene.

Kriemhild
(die währenddem aus dem Dom getreten ist).

Vergib mir, mein Gemahl! ich that nicht recht,
Doch wenn du wüßtest, wie sie dich geschmäht —

Gunther (zu Siegfried).

Hast du dich je gerühmt?

Siegfried
(legt die Hand auf Kriemhilds Haupt).

Bei ihrem Leben,
1065 Ich that es nicht.

Hagen.

Das glaub' ihm ohne Eid!
Er sagte nur, was wahr ist.

Siegfried.

Und auch das
Nicht ohne Not!

Hagen.

Ich zweifle nicht daran!
Das Wie ein andermal. Jetzt bringe nur
Die Weiber auseinander, die noch immer

Die Schlangenkämme wieder sträuben können,   1070
Wenn sie zu früh sich in die Augen sehn.

Siegfried.

Ich ziehe bald von dannen. Kriemhild, komm!

Kriemhild (zu Brunhild).

Wenn du bedenkst, wie schwer du mich gereizt,
So wirst auch du —

Brunhild wendet sich.

Kriemhild.

                    Du liebst ja meinen Bruder,
Kannst du das Mittel schelten, das dich ihm   1075
Zu eigen machte?

Brunhild.

        O!

Hagen.

    Hinweg! Hinweg!

Siegfried (indem er Kriemhild abführt).

Hier wurde nicht geschwatzt, ihr werdet sehn! (Ab.)

Zehnte Szene.

Hagen.

Nun tretet um mich her und haltet gleich
Das peinliche Gericht![1]

Gunther.

    Wie redest du?

Hagen.

Fehlt's hier am Grund? Dort steht die Königin   1080
Und weint die heißen Thränen, welche ihr
Der Schimpf entpreßt! (Zu Brunhild.)

                    Du edles Heldenbild,
Du einz'ges, dem auch ich mich willig beuge:
Der Mann muß sterben, der dir das gethan!

---

[1] In der älteren Rechtssprache das Gericht, das an Leib und Leben geht.

Gunther.

1085 Hagen!

Hagen (zu Brunhild).

Der Mann muß sterben, wenn du selbst
Nicht zwischen ihn und deinen Rächer trittst.

Brunhild.

Ich eff' nicht mehr, bis ihr den Spruch vollzieht.

Hagen.

Vergib mir, König, daß ich sprach vor dir,
1090 Ich wollte dir nur zeigen, wie es steht,
Doch kannst du dich noch immer frei entscheiden,
Dir blieb die Wahl ja zwischen ihm und ihr.

Giselher.

So wird das Ernst? Um einen kleinen Fehl
Wollt ihr den treu'sten Mann der Erde morden?
1095 Mein König und mein Bruder, sage nein!

Hagen.

Wollt ihr Bastarde ziehn an Eurem Hof?
Ich zweifle, ob die trotzigen Burgunden
Sie krönen werden! Doch du bist der Herr!

Gerenot.

Der tapfre Siegfried wird sie schon bezwingen,
1100 Sobald sie murren, wenn's uns selbst nicht glückt.

Hagen (zu Gunther).

Du schweigst! Wohlan! Das übrige ist mein!

Giselher.

Ich scheide mich von eurem Blutrat ab! (Ab.)

Elfte Szene.

Brunhild.

Frigga, mein Leben oder auch das seine!

Frigga.

Das seine, Kind!

Brunhild.

Ich ward nicht bloß verschmäht,
Ich ward verschenkt, ich ward wohl gar verhandelt! 1105

Frigga.

Verhandelt, Kind!

Brunhild.

Ihm selbst zum Weib zu schlecht,
War ich der Pfennig, der ihm eins verschaffte!

Frigga.

Der Pfennig, Kind!

Brunhild.

Das ist noch mehr als Mord,
Und dafür will ich Rache! Rache! Rache!

(Alle ab.)

Vierter Akt.

Worms.

Erste Szene.

Halle.

Gunther mit seinen Recken. Hagen trägt einen Wurfspieß.

Hagen.

1110 Ein Lindenblatt muß selbst der Blinde treffen;
Ich will mich trauen, eine Haselnuß
Auf fünfzig Schritt mit diesem Spieß zu öffnen.

Giselher.

Was ziehst du solche Künste jetzt hervor?
Wir wissen's lange, daß bei dir nichts rostet.

Hagen.

1115 Er kommt! Nun zeigt mir, daß Ihr düster blicken
Und das Gesicht verziehn könnt, wenn Euch auch
Kein Vater starb.

Zweite Szene.

Siegfried (tritt auf).

Ihr Recken, hört ihr nicht
Die Bracken[1] heulen und den jüngsten Jäger
Sein Histhorn prüfen? Auf! Zu Pferd! Hinaus!

---

[1] Spürhunde.

Hagen.

Der Tag wird schön!

Siegfried.

Und ward's euch nicht gesagt,   1120
Daß sich die Bären in die Ställe wagen,
Und daß die Adler vor den Thüren stehn,
Wenn man sie morgens öffnet, ob vielleicht
Ein Kind heraushüpft?

Volker.

Ja! das kam schon vor.

Siegfried.

Indes wir freiten, ward hier schlecht gejagt!   1125
Kommt, werft den übermüt'gen Feind mit mir
Zurück und zehntet[1] ihn.

Hagen.

Mein Freund, wir müssen
Die Klingen schärfen und die Speere nageln.

Siegfried.

Warum?

Hagen.

Du hast in diesen letzten Tagen
Zu viel gekos't, sonst wüßtest du es längst.   1130

Siegfried.

Ich rüste mich zum Abschied, wie Ihr wißt!
Doch sprecht, was gibt's?

Hagen.

Die Dänen und die Sachsen
Sind wieder unterwegs.

Siegfried.

Sind denn die Fürsten
Gestorben, die uns schwuren?

Hagen.

O, nicht doch,
Sie stehen an der Spitze.   1135

---

[1] Legt ihm den Zehnten als Tribut auf.

Siegfried.

Lüdegast

Und Lüdeger, die ich gefangen nahm
Und ohne Lösegeld entließ?[1]

Gunther.

Sie sagten

Uns gestern wieder ab.

Siegfried.

Und ihren Boten,

In wieviel Stücke habt Ihr ihn zerhauen?
1140 Hat jeder Geier seinen Teil gehabt?

Hagen.

So redest du?

Siegfried.

Wer solchen Schlangen dient,
Der wird, wie sie, zertreten. Höll' und Teufel,
Ich fühle meinen ersten Zorn! Ich glaubte
Schon oft zu hassen, doch ich irrte mich,
1145 Ich liebte dann nur weniger. Ich kann
Nichts hassen, als den Treubruch, den Verrat,
Die Gleisnerei und all die feigen Laster,
Auf denen er herankriecht, wie die Spinne
Auf ihren hohlen Beinen. Ist es möglich,
1150 Daß tapfre Männer, denn das waren sie,
Sich so beflecken konnten? Liebe Vettern,
Steht nicht so kalt herum und schaut auf mich,
Als ob ich ras'te oder klein und groß
Verwechselte! Uns allen ist bis jetzt
1155 Kein Unglimpf widerfahren. Streicht die Rechnung
Gelassen durch bis auf den letzten Posten,
Nur diese zwei sind schuldig.

Giselher.

Schändlich ist's,

---

[1] Nibelungenlied, 4. Abenteuer. Siehe S. 63.

Mir klingt es noch im Ohr, wie sie dich lobten[1],
Wann war denn dieser Bote da?

Hagen.

Du hast
Ihn gleichfalls nicht gesehn? Ei nun, er trollte   1160
Sich rasch von dannen, als er fertig war,
Und sah sich nach dem Botenbrot[2] nicht um.

Siegfried.

O pfui, daß ihr ihn für seine Frechheit
Nicht züchtigtet! Ein Rabe hätt' ihm dann
Die Augen ausgehackt und sie verächtlich   1165
Vor seinen Herren wieder ausgespien,
Das war die einz'ge Antwort, die uns ziemte.
Hier gilt's ja keine Fehde, keinen Kampf
Nach Recht und Brauch, hier gilt es eine Jagd
Auf böse Tiere! Hagen, lächle nicht!   1170
Mit Henkerbeilen sollten wir uns waffnen,
Anstatt mit unsren adeligen Klingen,
Und die sogar erst brauchen, da sie doch
Von Eisen sind und so dem Schwert verwandt,
Wenn zu dem Hundefang kein Strick genügt.   1175

Hagen.

Wohl wahr!

Siegfried.

Du spottest meiner, wie es scheint.
Das faß' ich nicht, du brennst doch sonst so leicht!
Wohl weiß ich's, daß du älter bist als ich,
Jetzt aber spricht die Jugend nicht aus mir
Und auch nicht der Verdruß, daß ich es war,   1180
Der euch zur Milde riet. Mir deucht, ich stehe
Hier für die ganze Welt, und meine Zunge

---

[1] Siehe S. 64.
[2] Der Lohn, den die Boten bekamen.

Ruft, wie die Glocke zum Gebet, zur Rache
Und zum Gericht, was Mensch mit Menschen ist.[1]

Gunther.

1185 So ist's.

Siegfried (zu Hagen).

Kennst du den Treubruch? den Verrat?
Schau ihm ins Angesicht und lächle noch.
Du stellst dich ihm im ehrlich=offnen Streit
Und wirfst ihn nieder. Aber viel zu stolz,
Wenn nicht zu edel, um ihn zu vernichten,
1190 Gibst du ihn wieder frei und reichst ihm selbst
Die Waffen dar, die er an dich verlor.
Er stößt sie nicht zurück und knirscht dich an,
Er dankt es dir, er rühmt und preist dich gar
Und schwört sich dir zum Mann mit tausend Eiden:
1195 Doch wenn du, all den Honig noch im Ohr,
Dich nun aufs Lager müde niederstreckst
Und nackt und wehrlos daliegst wie ein Kind,
So schleicht er sich heran und mordet dich,
Und spuckt vielleicht auf dich, indem du stirbst.

Gunther (zu Hagen).

1200 Was sagst du dazu?

Hagen (zu Gunther).

Dieser edle Zorn
Macht mich so mutig, unsern Freund zu fragen,
Ob er uns abermals begleiten will.

Siegfried.

Ich zieh' allein mit meinen Nibelungen,
Denn ich bin schuld daran, daß diese Arbeit
1205 Noch einmal kommt![2] So gern ich meiner Mutter
Mein Weib auch zeigte, um zum erstenmal
Ein volles Lob von ihr davonzutragen:

---

[1] Jeden, der als Mensch unter Menschen lebt.
[2] Weil er die gefangenen Könige ohne Lösegeld entließ.

Es darf nicht sein, solange diese Heuchler
Noch Öfen haben, um sich Brot zu backen,
Und Brunnen, um zu trinken! Gleich bestell' ich   1210
Die Reise ab, und dies gelob' ich euch:
Ich bringe sie lebendig, und sie sollen
Fortan vor meiner Burg in Ketten liegen
Und bellen, wenn ich komme oder geh',
Da sie nun einmal Hundeseelen sind! (Eilt ab.)   1215

Dritte Szene.

Hagen.

Er rennt in seiner Wut gewiß zu ihr,
Und wenn er fertig ist, so folg' ich nach.

Gunther.

Ich will nicht weitergehn.

Hagen.

    Wie meinst du, König?

Gunther.

Laß neue Boten kommen, die uns melden,
Daß alles wieder ruhig ist.

Hagen.

    Das wird   1220
Sogleich geschehn, wenn ich bei Kriemhild war
Und das Geheimnis habe.

Gunther.

    Hast du denn
Metallne Eingeweide, daß du dich
Nicht auch erschüttert fühlst?

Hagen.

    Sprich deutlich, Herr,
Das kann ich nicht verstehn.

Gunther.

    Er soll nicht sterben.   1225

Hagen.

Er lebt, solange du's befiehlst! Und ständ' ich
Im Wald schon hinter ihm, den Speer gezückt,
Du winkst, und statt des Freblers stürzt ein Tier!

Gunther.

Er ist kein Frebler! Konnte er dafür,
1230 Daß er den Gürtel mitgenommen hatte,
Und daß Kriemhild ihn fand? Er ist ihm ja
Entfallen wie ein Pfeil, der sitzen blieb,
Weil man's vergaß, sich nach dem Kampf zu schütteln,
Und den man selbst am Klirren erst bemerkt.
1235 Sprich selbst, sprecht alle: „Konnte er dafür?"

Hagen.

Nein! Nein! Wer sagt's? Auch dafür konnt' er nichts,
Daß ihm der Witz gebrach, sich auszureden,
Er ward gewiß schon beim Versuche rot.

Gunther.

Nun denn! Was bleibt?

Hagen.

Der Schwur der Königin!

Giselher.

1240 Sie töt' ihn selber, wenn sie Blut verlangt.

Hagen.

Wir streiten wie die Kinder. Darf man denn
Nicht Waffen sammeln, wenn man auch nicht weiß,
Ob man sie jemals brauchen wird? Man forscht
Ein Land doch aus mit allen seinen Pässen,
1245 Warum nicht einen Helden? Ich versuche
Mein Glück jetzt bei Kriemhild, und wär's auch nur,
Damit die schönste List, die wir erdachten,
Doch nicht umsonst ersonnen sei! Sie wird
Mir nichts verraten, wenn er selbst ihr nichts
1250 Vertraut hat, und es steht ja ganz bei Euch,
Ob Ihr das nützen wollt, was ich erfahre;

8*

Ihr könnt ja wirklich thun, wenn's Euch gefällt,
Was ich nur heucheln will, und ihm im Krieg
Die Stelle decken, wo er sterblich ist,
Doch immer müßt Ihr wissen, wo sie sitzt. (Ab)   1255

Vierte Szene.

Giselher (zu Gunther).

Du bist von selbst zu Edelmut und Treue
Zurückgekehrt, sonst sagt' ich: dieses Spiel
War keines Königs würdig!

Volker.

Deinen Zorn
Begreift man leicht, du wurdest selbst getäuscht.

Giselher.

Nicht darum. Doch ich will mit dir nicht streiten,   1260
Es steht ja alles wieder gut.

Volker.

Wie das?

Giselher.

Wie das?

Volker.

Ich hörte, daß die Königin
In Trauerkleidern geht und Trank und Speise
Verschmäht, sogar das Wasser.

Gunther.

Leider! Ja.

Volker.

Wie steht's denn gut? Was Hagen sprach, ist wahr.   1265
Sie scheint nicht angethan, um vor dem Hauch
Der Zeit wie andre wieder hinzuschmelzen,
Und darum bleibt's dabei: er oder sie!
Zwar hast du recht, er ist nicht schuld daran,
Daß dieser Gürtel sich wie eine Schlange   1270

Ihm anhing, nein, es ist ein bloßes Unglück,
Allein dies Unglück tötet. und du kannst
Nur noch entscheiden, wen es töten soll.

Giselher.

So sterbe, was nicht leben will!

Gunther.

Die Wahl
1275 Ist fürchterlich.

Volker.

Ich warnte dich vorher,
Die Straße zu betreten, aber jetzt
Ist dies das Ziel.

Dankwart.

Und muß denn nicht ein jeder
Nach unsrem Recht auch für sein Unglück stehn?
Wer seinen besten Freund bei Nacht durchrennt,
1280 Weil er die Lanze unvorsichtig trug,
Der kauft sich nicht mit seinen Thränen los,
So heiß und rasch sie ihm entströmen mögen,
Es gilt sein Blut.

Gunther.

Ich geh' einmal zu ihr. (Ab.)

Fünfte Szene.

Volker.

Dort kommt Kriemhild mit Hagen. Ganz verstört,
1285 Wie er sich's dachte. Gehn wir auch!
(Alle ab.)

Sechste Szene.
Hagen und Kriemhild treten auf.

Hagen.

So früh
Schon in der Halle?

Kriemhild.

Ohm, ich halt' es drinnen
Nicht länger aus.

Hagen.

Wenn ich nicht irrte, ging
Dein Gatte eben von dir. Ganz erhitzt,
Als ob er zornig wäre. Ist der Friede
Noch zwischen Euch nicht wieder hergestellt?   1290
Will er vielleicht sein Mannesrecht mißbrauchen?
Sag's mir, so rede ich mit ihm.

Kriemhild.

O nein!
Wenn mich nichts andres an den bösen Tag
Mehr mahnte, wär' er schon ein Traum für mich.
Mein Gatte hat mir jedes Wort erspart!   1295

Hagen.

Mich freut's, daß er so mild ist.

Kriemhild.

Lieber hätt' ich's,
Wenn er mich schölte, doch er mag wohl wissen,
Daß ich es selber thu'!

Hagen.

Nur nicht zu hart!

Kriemhild.

Ich weiß, wie schwer ich sie gekränkt, und werde
Mir's nie vergeben, ja ich möchte eher,   1300
Daß ich's erlitten hätte als gethan.

Hagen.

Und treibt dich das so früh aus deiner Kammer?

Kriemhild.

Das? Nein! Das triebe eher mich hinein!
Mich quält die Angst um ihn.

Hagen.

Die Angst um ihn?

Kriemhild.

1305 Es gibt ja wieder Streit.

Hagen.

Ja, das ist wahr.

Kriemhild.

Die falschen Buben.

Hagen.

Sei nicht gleich so bös,
Daß du im Packen unterbrochen wirst!
Fahr' ruhig fort und laß dich gar nicht stören,
Du legst nachher den Panzer oben auf.
1310 Was schwatz' ich da! Er trägt nicht einmal einen
Und hat's ja auch nicht nötig.

Kriemhild.

Glaubst du das?

Hagen.

Fast möcht' ich lachen. Wenn ein andres Weib
So greinte, spräch' ich: „Kind, von tausend Pfeilen
Kommt einer nur auf ihn, und der zerbricht!"
1315 Doch deiner muß ich spotten und dir raten:
„Fang' eine Grille ein, die klüger singt."

Kriemhild.

Du sprichst von Pfeilen! Pfeile eben sind's,
Die ich so fürchte. Eines Pfeiles Spitze
Braucht höchstens meines Daumennagels Raum,
1320 Um einzudringen, und er tötet auch.

Hagen.

Besonders, wenn man ihn vergiftet hat,
Und diese Wilden, die den Damm durchstachen,
Wohinter wir uns alle angebaut[1],
Und den wir selbst im Krieg noch heilig halten,
1325 Sind wohl im stande, dies wie das zu thun.

_____

[1] Die Treue.

Kriemhild.

Du siehst!

Hagen.

Was geht das deinen Siegfried an?
Er ist ja fest. Und wenn es Pfeile gäbe,
Die sichrer wie die Sonnenstrahlen träfen,
Er schüttelte sie ab wie wir den Schnee!
Das weiß er auch, und dies Gefühl verläßt   1330
Ihn keinen Augenblick im Kampf. Er wagt,
Was uns, die wir doch auch nicht unter Espen
Geboren wurden, fast zum Zittern bringt.
Wenn er's bemerkt, so lacht er, und wir lachen
Von Herzen mit. Das Eisen kann ja ruhig   1335
Ins Feuer gehn: es kommt als Stahl heraus.

Kriemhild.

Mich schaudert!

Hagen.

Kind, du bist so kurz vermählt,
Sonst freut' ich mich, daß du so schreckhaft bist.

Kriemhild.

Hast du's vergessen oder weißt du nicht,
Was doch in Liedern schon gesungen wird,   1340
Daß er an einem Fleck verwundbar ist?

Hagen.

Das hatt' ich ganz vergessen, es ist wahr,
Allein ich weiß, er sprach uns selbst davon,
Es war von irgend einem Blatt die Rede,
Doch frag' ich mich umsonst, in welchem Sinn.   1345

Kriemhild.

Von einem Lindenblatt.

Hagen.

Jawohl! Doch sprich:
Wie hat ein Lindenblatt ihm schaden können?
Das ist ein Rätsel wie kein zweites mehr.

Kriemhild.

Ein rascher Windstoß warf's auf ihn herab,
1350 Als er sich salbte mit dem Blut des Drachen,
Und wo es sitzen blieb, da ist er schwach.

Hagen.

So fiel es hinten, weil er's nicht bemerkte! —
Was thut's! Du siehst, daß deine nächsten Vettern,
Ja deine Brüder, die ihn schützen würden,
1355 Wenn nur ein Schatten von Gefahr ihn streifte,
Den Fleck nicht kennen, wo er sterblich ist!
Was fürchtest du? Du marterst dich um nichts.

Kriemhild.

Ich fürchte die Walkyrien![1] Man sagt,
Daß sie sich stets die besten Helden wählen,
1360 Und zielen die, so trifft ein blinder Schütz.

Hagen.

Da wär' ihm denn ein treuer Knappe nötig,
Der ihm den Rücken deckte. Meinst du nicht?

Kriemhild.

Ich würde besser schlafen.

Hagen.

     Nun, Kriemhild!
Wenn er — du weißt, er war schon nah' daran —
1365 Aus schwankem Nachen in den tiefen Rhein
Hinunterstürzte und die Rüstung ihn
Hernieder zöge zu den gier'gen Fischen,
So würde ich ihn retten oder selbst
Zu Grunde gehn.

Kriemhild.

    So edel denkst du, Ohm?

Hagen.

1370 So denk' ich! Ja! — Und wenn der rote Hahn

---

[1] Siehe S. 53.

Bei dunkler Nacht auf seine Burg sich setzte
Und er, schon vorm Erwachen halb erstickt,
Den Weg nicht fände, der ins Freie führt,
Ich trüge ihn heraus auf meinen Armen,
Und glückt' es nicht, so würden zwei verkohlt.   1375

Kriemhild (will ihn umarmen).

Dich muß ich —

Hagen (wehrt ab).

    Laß. Doch schwör' ich's, daß ich's thäte.
Nur setzte ich hinzu: seit kurzem erst!

Kriemhild.

Er ist seit kurzem erst dein Blutsverwandter!
Und hab' ich dich verstanden? Wolltest du,
Du selbst? —

Hagen.

   So meint' ich's? Ja! Er kämpft für mich 1380
Und tritt das kleinste von den tausend Wundern
Mir ab, die er vollbringt, sobald er zieht,
Ich aber schirme ihn!

Kriemhild.

    Das hätt' ich nie
Von dir gehofft!

Hagen.

    Nur mußt du mir den Fleck
Bezeichnen, daß ich's kann.

Kriemhild.

    Ja, das ist wahr!   1385
Hier! In der Mitte zwischen beiden Schultern!

Hagen.

In Scheibenhöhe!

Kriemhild.

   Ohm, Ihr werdet doch
An ihm nicht rächen, was nur ich verbrach?

Hagen.

Was träumst du da!

Kriemhild.

Es war die Eifersucht,
1390 Die mich verblendete, sonst hätt' ihr Prahlen
Mich nicht so aufgebracht!

Hagen.

Die Eifersucht!

Kriemhild.

Ich schäme mich! Doch wenn's auch in der Nacht
Bei Schlägen blieb, und glauben will ich's ja,
Selbst seine Schläge gönnte ich ihr nicht!

Hagen.

1395 Nun, nun, sie wird's vergessen.

Kriemhild.

Ist es wahr,
Daß sie nicht ißt und trinkt?

Hagen.

Sie fastet immer
Um diese Zeit. Es ist die Nornenwoche[1],
Die man in Isenland noch heilig hält.

Kriemhild.

Es sind drei Tage schon!

Hagen.

Was kümmert's uns?
1400 Nichts mehr. Man kommt.

Kriemhild.

Und? —

Hagen.

Scheint es dir nicht gut,
Ihm aufs Gewand ein feines Kreuz zu sticken?
Das Ganze ist zwar thöricht, und er würde

---

[1] Für gewöhnlich werden nur drei Nornen oder Schicksalsschwestern, den griechischen Parzen vergleichbar, angenommen; doch finden sich auch mehre erwähnt, z. B. sieben (vgl. Simrock, „Handbuch der deutschen Mythologie", V. Aufl., S. 158). Von der Siebenzahl aus ergiebt sich leicht die Vorstellung einer Nornenwoche.

Dich arg verhöhnen, wenn du's ihm erzähltest,
Doch da ich nun einmal sein Wächter bin,
So möcht' ich nichts versehn.

Kriemhild.

                    Ich werd' es thun!   1405

(Schreitet Ute und dem Kaplan entgegen.)

Siebente Szene.

Hagen (ihr nach).

Nun ist dein Held nur noch ein Wild für mich!
Ja, hätt' er Strich[1] gehalten, wär' er sicher;
Doch wußt' ich wohl, es werde nicht geschehn.
Wenn man durchsichtig ist wie ein Insekt,
Das rot und grün erscheint wie seine Speise[2],   1410
So muß man sich vor Heimlichkeiten hüten,
Denn schon das Eingeweide schwatzt sie aus!

(Ab.)

Achte Szene.

Ute und der Kaplan treten auf.

Kaplan.

Es gibt dafür kein Bild auf dieser Welt!
Ihr wollt vergleichen und Ihr wollt begreifen,
Doch hier gebricht's am Zeichen wie am Maß.   1415
Werft Euch vor Gott darnieder im Gebet,
Und wenn Ihr in Zerknirschung und in Demut
Euch selbst verliert, so werdet Ihr vielleicht,
Und wär's nur für so lange, als der Blitz
Auf Erden weilt, zum Himmel aufgezückt.   1420

Ute.

Kann das geschehn?

---

[1] Hätte er geschwiegen.
[2] Bezieht sich auf Siegfrieds große Offenheit.

Kaplan.

Der heil'ge Stephanus
Sah, als das grimmentbrannte Volk der Juden
Ihn steinigte, des Paradieses Thore
Schon offen stehn und jubelte und sang.[1]
1425 Sie warfen ihm den armen Leib zusammen,
Ihm aber war's, als rissen all die Mörder,
Die ihn in blinder Wut zu treffen dachten,
Nur Löcher in sein abgeworfnes Kleid.

Ute (zu Kriemhild, die sich hinzugesellt hat).

Merk' auf, Kriemhild!

Kriemhild.

Ich thu's.

Kaplan.

Das war die Kraft
1430 Des Glaubens! Lernt nun auch den Fluch
Des Zweifels kennen! Petrus, der das Schwert
Der Kirche trägt und ihre Schlüssel führt,
Erzog sich einen Jünger, welchen er
Vor allen liebte. Dieser stand einmal
1435 Auf einem Felsen, den das wilde Meer
Umbrauste und bespülte. Da gedacht' er
Der Zuversicht, mit der sein Herr und Meister
Auf unsres Heilands ersten Wink das Schiff
Verließ und festen Schritts die See betrat,
1440 Die ihn bedrohte mit dem sichren Tod.[2]
Ein Schwindel faßte ihn bei dem Gedanken
An diese Probe, und das Wunder schien
Ihm so unmöglich, daß er eine Zacke
Des Felsens packte, um nur nicht zu fallen,
1445 Und ausrief: „Alles, alles, nur nicht dies!"
Da blies der Herr, und plötzlich schmolz der Stein

---

[1] Vgl. Apostelgeschichte, Kapitel 7.
[2] Vgl. Evangelium Matthäi 14, 24 ff.

Zu seinen Füßen ein, er sank und sank
Und schien verloren, und vor Furcht und Grauen
Sprang er hinunter in die offne Flut.
Doch diese hatte, von demselben Hauch   1450
Des Ew'gen still getroffen, sich verfestigt,
Sie trug ihn wie die Erde mich und Euch,
Und reuig sprach er: „Herr, das Reich ist dein!"

Ute.

In Ewigkeit!

Kriemhild.

So bete, frommer Vater,
Daß er, der Stein und Wasser so verwandelt,   1455
Auch meinen Siegfried schützt. Für jedes Jahr,
Das mir beschieden wird an seiner Seite,
Erbau' ich einem Heil'gen den Altar. (Ab.)

Kaplan.

Du staunst das Wunder an. Laß dir noch sagen,
Wie ich zu meiner Priesterkutte kam.   1460
Ich bin vom Stamm der Angeln und als Heide
Geboren unter einem Volk von Heiden.
Wild wuchs ich auf und ward mit fünfzehn Jahren
Schon mit dem Schwert umgürtet. Da erschien
Der erste Bote Gottes unter uns.   1465
Er ward verhöhnt, verspottet und zuletzt
Getötet. Königin, ich stand dabei
Und gab ihm, von den andern angetrieben,
Mit dieser Hand, die ich seitdem nicht brauche,
Obgleich der Arm nicht lahm ist, wie Ihr glaubt,   1470
Den letzten Schlag. Da hört' ich sein Gebet.
Er betete für mich, und mit dem Amen
Verhaucht' er seinen Geist. Das wandte mir
Das Herz im Busen um. Ich warf mein Schwert
Zu Boden, hüllte mich in sein Gewand   1475
Und zog hinaus und predigte das Kreuz.

Ute.

Dort kommt mein Sohn! O, daß es dir gelänge,
Den Frieden, welcher ganz von hier entwich,
Zurückzuführen!

(Beide ab.)

Neunte Szene.

Gunther tritt mit Hagen und den andern auf.

Gunther.

Wie ich Euch gesagt,
1480 Sie rechnet auf die That, wie wir auf Äpfel,
Wenn's Herbst geworden ist. Die Alte hat,
Um sie zu reizen, hundert Weizenkörner
In ihrer Kammer still herumgestreut:
Sie liegen unberührt.

Giselher.

Wie ist es möglich,
1485 Daß sie so Leben gegen Leben setzt?

Hagen.

So möcht' ich selber fragen.

Gunther.

Und dabei
Kein Treiben und kein Drängen, wie's bei Dingen,
Die doch an Ort und Zeit und Menschenwillen
Gebunden sind, natürlich ist, kein Fragen,
1490 Kein Wechsel in den Zügen, nur Verwund'rung,
Daß man den Mund noch öffnet und nicht meldet:
Es ist vollbracht!

Hagen.

So sage ich dir eins:
Sie liegt in seinem Bann, und dieser Haß
Hat seinen Grund in Liebe!

Gunther.

Meinst du's auch?

Hagen.

Doch ist's nicht Liebe, wie sie Mann und Weib   1495
Zusammenknüpft.

Gunther.

Was denn?

Hagen.

Ein Zauber ist's,
Durch den sich ihr Geschlecht erhalten will,
Und der die letzte Riesin ohne Lust
Wie ohne Wahl zum letzten Riesen treibt.

Gunther.

Was ändert das?

Hagen.

Den löst man durch den Tod!   1500
Ihr Blut gefriert, wenn seins erstarrt, und er
War dazu da, den Lindwurm zu erschlagen
Und dann den Weg zu gehn, den dieser ging.

(Man hört Tumult.)

Gunther.

Was ist denn das?

Hagen.

Das sind die falschen Boten,
Die Dankwart hetzt. Er macht es gut, nicht wahr?   1505
Auch der wird's hören, der gerade küßt!

Zehnte Szene.

Siegfried kommt, als Hagen ihn bemerkt.

Hagen.

Bei Höll' und Teufel: Nein! und zehnmal: Nein!
Es wäre Schmach für uns, und Siegfried denkt
Gewiß wie ich. Da kommt er eben her.
Nun sprich, du magst entscheiden!

(Als Dankwart auftritt.)

Freilich ändert   1510
Dein Wort nichts mehr, die Antwort ist gegeben,

(Zu Dankwart.) Du hast die Peitsche sicher nicht geschont?

(Zu Siegfried.) Doch setze immerhin dein Siegel bei!

Siegfried.

Was gibt's?

Hagen.

Die Hunde bitten jetzt aufs neue

1515 Um Frieden; doch ich ließ die lump'gen Boten
Vom Hof herunter hetzen, ehe sie
Noch ausgesprochen hatten.

Siegfried.

Das war recht!

Hagen.

Der König schilt mich zwar, er meint, man könne
Nicht wissen, was geschehn —

Siegfried.

Nicht wissen! Ha! —

1520 Ich weiß es, ich! Packt einen Wolf von hinten,
So gibt er Ruh' von vorn!

Hagen.

Das wird es sein!

Siegfried.

Was sonst! Es wimmelt ja in ihrem Rücken
Von wilden Stämmen. Nun, die säen nicht
Und wollen dennoch ernten.

Hagen.

Seht Ihr's nun?

Siegfried.

1525 Nur werdet Ihr den Wolf nicht schonen wollen,
Weil er nicht grade Zeit hat, sich zu wehren —

Hagen.

Gewiß nicht.

Siegfried.

Stehen wir den Füchsen bei
Und treiben ihn ins letzte Loch hinein,
In ihren Magen, mein' ich!

Hagen.

Thun wir das;
Doch scheint's nicht nötig, daß wir uns erhitzen,   1530
Drum rat' ich heut zur Jagd.

Giselher.

Ich zieh' nicht mit.

Gernot.

Ich wahrlich auch nicht.

Siegfried.

Seid ihr jung und keck
Und wollt von einer Jagd zu Hause bleiben?
Mich hätt' man binden müssen, und ich hätte
Den Strick noch abgenagt. O Jägerlust!   1535
Ja, wenn man singen könnte!

Hagen.

Ist's dir recht?

Siegfried.

Recht? Freund, ich bin so voll von Wut und Groll,
Daß ich mit einem jeden zanken möchte,
Drum muß ich Blut sehn.

Hagen.

Mußt du? Nun, ich auch!

Elfte Szene.

Kriemhild kommt.

Kriemhild.

Ihr geht zur Jagd?

Siegfried.

Jawohl! Bestell' dir gleich   1540
Den Braten!

Kriemhild.

Teurer Siegfried, bleib daheim.

Siegfried.

Mein Kind, eins kannst du nicht zu früh erfahren,

Man bittet einen Mann nicht: bleib daheim!
Man bittet: nimm mich mit!

Kriemhild.

So nimm mich mit!

Hagen.

1545 Das wird nicht gehn!

Siegfried.

Warum nicht? Wenn sie's wagt?
Es wird ja wohl das erste Mal nicht sein!
Den Falken her! Ihr, was da fliegt, und uns,
Was hüpft und springt. Das gibt die beste Lust.

Hagen.

Die eine sitzt voll Scham in ihrer Kammer,
1550 Die andre zöge in den Wald hinaus?
Es wär' wie Hohn!

Siegfried.

Das hab' ich nicht bedacht.
Jawohl, es kann nicht sein.

Kriemhild.

So wechsle nur
Das Kleid!

Siegfried.

Noch einmal? Jeden deiner Wünsche
Erfüll' ich, keine Grille.

Kriemhild.

Du bist herb.

Siegfried.

1555 Laß mich hinaus! Die Lust nimmt alles weg,
Und morgen abend bitte ich dir ab!

Hagen.

So kommt!

Siegfried.

Jawohl. Nur noch den Abschiedskuß.
(Er umarmt Kriemhild.)
Du sträubst dich nicht? Du sagst nicht: morgen abend!
Wie ich? Das nenn' ich edel.

9*

Kriemhild.

Kehr' zurück!

Siegfried.

Ein wunderlicher Wunsch! Was hast du nur?   1560
Ich zieh' hinaus mit lauter guten Freunden,
Und wenn die Berge nicht zusammenbrechen
Und uns bedecken, kann uns nichts geschehn!

Kriemhild.

O weh! Gerade das hat mir geträumt.

Siegfried.

Mein Kind, sie stehen fest.

      Kriemhild (umschließt ihn nochmals).

Kehr' nur zurück!   1565
(Die Recken ab.)

Zwölfte Szene.

Kriemhild.

Siegfried!

      Siegfried (wird noch einmal sichtbar).

Was ist?

Kriemhild.

Wenn du nicht zürnen wolltest —

      Hagen (folgt Siegfried rasch).

Nun, hast du deine Spindel schon?

      Siegfried (zu Kriemhild).

Du hörst,

Daß sich die Hunde nicht mehr halten lassen,
Was soll ich?

      Hagen.

Warte doch auf deinen Flachs!

Du sollst im Mondschein mit den Druden spinnen.   1570

Kriemhild.

Geht! Geht! Ich wollte dich nur noch 'mal sehn!
(Hagen und Siegfried ab.)

Dreizehnte Szene.

Kriemhild.

Ich finde nicht den Mut, es ihm zu sagen,
Und rief' ich ihn noch zehnmal wieder um.
Wie kann man thun, was man sogleich bereut!

Vierzehnte Szene.

Gerenot und Giselher treten auf.

Kriemhild.

1575 Ihr noch nicht fort? Die schickt mir Gott hieher!
Ihr lieben Brüder, laßt euch herzlich bitten,
Gewährt mir einen Wunsch, und wenn er euch
Auch thöricht scheint. Begleitet meinen Herrn
Auf Schritt und Tritt und bleibt ihm stets im Rücken.

Gerenot.

1580 Wir gehn nicht mit, wir haben keine Lust.

Kriemhild.

Ihr keine Lust!

Giselher.

　　　　Wie sprichst du? Keine Zeit!
Es gibt so viel für diesen Zug zu ordnen.

Kriemhild.

Und eure Jugend ward damit betraut?
Wenn ich euch teuer bin, wenn ihr es nicht
1585 Vergessen habt, daß eine Milch uns nährte,
So reitet nach.

Giselher.

　　　　Sie sind ja längst im Wald.

Gerenot.

Und einer deiner Brüder ist ja mit.

Kriemhild.

Ich bitte euch!

Giselher.

Wir müssen Waffen mustern,
Du wirst es sehn. (Will gehen.)

Kriemhild.

So sagt mir nur noch eins:
Ist Hagen Siegfrieds Freund?

Gernot.

Warum denn nicht?   1590

Kriemhild.

Hat er ihn je gelobt?

Giselher.

Er lobt ja schon,
Wenn er nicht tadelt, und ich hörte nie,
Daß er ihn tadelte.

(Beide ab.)

Kriemhild.

Dies ängstigt mich
Noch mehr als alles andre. Die nicht mit!

Fünfzehnte Szene.

Frigga tritt auf.

Kriemhild.

Du, Alte? Suchst du mich?

Frigga.

Ich suche niemand.   1595

Kriemhild.

So willst du etwas für die Königin?

Frigga.

Auch nicht. Die braucht nichts.

Kriemhild.

Nichts und immer nichts!
Kann sie denn nicht verzeihn?

Frigga.

Ich weiß es nicht,

Sie hatte keinen Anlaß, es zu zeigen,
1600 Sie wurde nie gekränkt! Ich hörte Hörner
Gibt's heute Jagd?

Kriemhild.

Haft du sie wohl bestellt?

Frigga.

Ich! — Nein! (ab)

_____

Sechszehnte Szene.

Kriemhild.

O hätte ich's ihm doch gesagt!
Du teurer Mann, du hast kein Weib gekannt,
Jetzt seh' ich's wohl! Sonst hätt'st du nimmermehr
1605 Dem zitternden Geschöpf, das sich aus Furcht
Verrät, ein solch Geheimnis anvertraut!
Noch höre ich den Scherz, mit welchem du's
Mir in die Ohren flüstertest, als ich
Den Drachen pries! Ich ließ dich schwören,
1610 Es keinem Menschen weiter zu entdecken,
Und jetzt — ihr Vögel, die ihr mich umkreist,
Ihr weißen Tauben, die ihr mich begleitet,
Erbarmt euch meiner, warnt ihn, eilt ihm nach! (ab)

Fünfter Akt.

Odenwald.

Erste Szene.

Hagen, Gunther, Volker, Dankwart und Knechte treten auf.

Hagen.

Dies ist der Ort. Den Brunnen hört ihr rauschen,
Die Büsche decken ihn. Und steh' ich hier,   1615
So spieß' ich jeden, der sich bückt und trinkt,
An das Gemäuer.

Gunther.

　　　　Noch befahl ich's nicht.

Hagen.

Du wirst es thun, wenn du dich recht bedenkst,
Es gibt kein andres Mittel, und es kommt
Kein zweiter Tag wie dieser. Darum sprich,   1620
Und wenn du lieber willst, so schweig!

　　　　　　　　　(Zu den Knechten.) Holla!
Hier ist die Rast!

(Die Knechte ordnen ein Mahl.)

Gunther.

　　　　Du warst ihm immer gram.

Hagen.

Nicht leugnen will ich's, daß ich meinen Arm
Mit Freuden leihe und mit einem jeden
Erst kämpfen würde, der sich zwischen mich   1625
Und ihn zu drängen suchte; doch ich halte
Die That darum nicht minder für gerecht.

Gunther.

Und dennoch rieten meine Brüder ab
Und wandten uns den Rücken.

Hagen.

Hatten sie
1630 Zugleich den Mut, zu warnen und zu hindern?
Sie fühlen's wohl, daß wir im Rechte sind,
Und schaudern nur, wie's ihrer Jugend ziemt,
Vor Blut, das nicht im offnen Kampfe fließt.

Gunther.

Das ist's!

Hagen.

Er hat den Tod ja abgekauft
1635 Und so den Mord geadelt.

(Zu den Knechten.) Stoßt ins Horn,
Daß man sich sammelt, denn wir müssen ja
Erst essen.

(Es wird geblasen.)

Nimm die Dinge, wie sie stehn,
Und laß mich machen. Fühlst du selbst dich nicht
Gekränkt und willst vergeben, was geschehn,
1640 So thu's, nur wehre deinem Diener nicht,
Dein Heldenweib zu rächen und zu retten!
Sie wird den Eid nicht brechen, den sie schwur,
Wenn ihre stille Zuversicht auf uns
Sie täuscht, daß wir ihn lösen werden,
1645 Und alle Lust des Lebens, die sich wieder
In ihren jungen Adern regen mag,
Sobald die Todesstunde sie umschattet,
Wird sich nur noch in einem Fluch entladen,
In einem letzten Fluche über dich!

Gunther.

1650 Es ist noch Zeit!

Zweite Szene.

Siegfried tritt auf mit Rumolt und mit Knechten.

Siegfried.

Da bin ich! Nun, ihr Jäger,
Wo sind die Thaten? Meine würden mir
Auf einem Wagen folgen, doch er ist
Zerbrochen!

Hagen.

Nur den Löwen jag’ ich heut,
Allein ich traf ihn nicht.

Siegfried.

Das glaub’ ich wohl,
Ich hab’ ihn selbst erlegt! — Da wird gedeckt: 1655
Ein Tusch für den, der das geordnet hat,
Jetzt spürt man, daß man’s braucht. Verfluchte Raben,
Auch hier? Laßt blasen, daß die Hörner springen!
Mit jeglichem Getiere warf ich schon
Nach diesem Schwarm, zuletzt mit einem Fuchs,   1660
Allein sie weichen nicht, und dennoch ist
Mir nichts im frischen Grün so widerwärtig
Als solch ein Schwarz, das an den Teufel mahnt.
Daß sich die Tauben nie so um mich sammeln!
Hier bleiben wir wohl auch die Nacht?

Gunther.

Wir dachten —   1665

Siegfried.

Ei wohl, der Platz ist gut gewählt. Dort klafft
Ein hohler Baum! Den nehm’ ich gleich für mich!
Denn so bin ich’s von Jugend auf gewohnt,
Und Beßres kenn’ ich nicht, als eine Nacht,
Den Kopf ins mürbe Glimmholz eingewühlt,   1670
So zwischen Schlaf und Wachen zu verdämmern,
Und an den Vögeln, wie sie ganz allmählich,

Der eine nach dem andern, munter werden,
Die Stunden abzuzählen. Tick, Tick, Tick!
1675 Nun ist es Zwei. Tuck, Tuck! Man muß sich recken.
Kiwitt, Kiwitt! Die Sonne blinzelt schon,
Gleich öffnet sie die Augen. Kikriki!
Springt auf, wenn ihr nicht niesen wollt.

Volker.

Jawohl!

Es ist, als ob die Zeit sie selber weckte,
1680 Indem sie sich im Dunkeln weiter fühlt,
Um ihr den Takt zu ihrem Gang zu schlagen.
Denn in gemeßnen Pausen, wie der Sand
Dem Glas entrinnt, und wie der lange Schatten
Des Sonnenweisers fortkriecht, folgen sich
1685 Der Auerhahn, die Amsel und die Drossel,
Und keiner stört den andern, wie bei Tage,
Und lockt ihn einzufallen, eh' er darf.
Ich hab' es oft bemerkt.

Siegfried.

Nicht wahr? — Du bist
Nicht fröhlich, Schwäher.

Gunther.

Doch, ich bin's!

Siegfried.

O nein!

1690 Ich sah schon Leute auf die Hochzeit gehn
Und hinter Särgen schreiten, und ich kann
Die Mienen unterscheiden. Macht's wie ich,
Und thut, als hätten wir uns nie gekannt,
Und uns zum erstenmal, der eine so,
1695 Der andre so versehn, im Wald getroffen.
Da schüttet man zusammen, was man hat,
Und teilt mit Freuden mit, um zu empfangen.
Wohlan, ich bringe Fleisch von allen Sorten,

So gebt mir denn für einen Auerstier,
Fünf Eber, dreißig oder vierzig Hirsche   1700
Und so viel Hühner, als ihr sammeln mögt,
Des Löwen und der Bären nicht zu denken,
Nur einen einz'gen Becher kühlen Weins.

Dankwart.

O weh!

Siegfried.

    Was gibt's?

Hagen.

    Das Trinken ist vergessen.

Siegfried.

Ich glaub's. Das kann dem Jäger wohl begegnen,   1705
Der statt der Zunge eine Feuerkohle
Im Munde trägt, wenn's Feierabend ist.
Ich soll nur selber suchen wie ein Hund,
Obwohl mir seine Nase leider mangelt,
Es sei darum, ich störe keinen Spaß. (Er sucht.)   1710
Hier nicht! Auch dort nicht! Nun, wo steckt das Faß?
Ich bitt' dich, Spielmann, rette mich, sonst werd' ich
Euch aus dem lautesten der stillste Mann.

Hagen.

Das könnte kommen, denn — es fehlt am Wein.

Siegfried.

Zum Teufel eure Jagden, wenn ich nicht   1715
Als Jäger auch gehalten werden soll!
Wer hatte denn für das Getränk zu sorgen?

Hagen.

Ich! — Doch ich wußte nicht, wohin es ging,
Und schick' es in den Spessart, wo's vermutlich
An Kehlen mangelt.

Siegfried.

    Danke dir, wer mag!   1720
Gibt's hier denn auch kein Wasser? Soll man sich

Am Tau des Abends letzen und die Tropfen
Der Blätter lecken?

Hagen.

Halt nur erst den Mund,
So wird das Ohr dich trösten!

Siegfried (horcht).

Ja, es rauscht!
1725 Willkommen, Strahl! Ich liebe dich zwar mehr,
Wenn du, anstatt so kurz vom Stein heraus
Zu quellen und mir in den Mund zu springen,
Den krausen Umweg durch die Rebe nimmst,
Denn du bringst vieles mit von deiner Reise,
1730 Was uns den Kopf mit muntrer Thorheit füllt,
Doch sei auch so gepriesen. (Er geht auf den Brunnen zu)
Aber nein,
Erst will ich büßen, und ihr sollt's bezeugen,
Daß ich's gethan. Ich bin der Durstigste
Von allen und ich will als letzter trinken,
1735 Weil ich ein wenig hart mit Kriemhild war.

Hagen.

So fang' ich an. (Er geht zum Brunnen)

Siegfried (zu Gunther).

Erheitre dein Gesicht,
Ich hab' ein Mittel, Brunhild zu versöhnen,
Du hast es nicht mehr weit zum ersten Kuß,
Und ich will mich enthalten, wie du selbst.

Hagen (kommt wieder und entwaffnet sich).

1740 Man muß sich bücken, und das geht nicht so. (Wieder ab)

Siegfried.

Kriemhild will sie vor allem deinem Volk,
Bevor wir ziehen, um Verzeihung bitten,

Das hat sie frei gelobt, nur will sie gleich
Mit dem Erröten fort.

Hagen (kommt wieder).

So kalt wie Eis.

Siegfried.

Wer folgt?

Volker.

Wir essen erst.

Siegfried.

Wohlan!

(Er geht auf den Brunnen zu, kehrt aber wieder um.)

Ja so!   1745

(Er entwaffnet sich und geht.)

Hagen (auf die Waffen deutend).

Hinweg damit!

Dankwart (trägt die Waffen fort).

Hagen

(der seine Waffen wieder aufgenommen und Gunther fortwährend den Rücken zu-
gewendet hat, nimmt einen Anlauf und wirft seinen Speer).

Siegfried (schreit auf).

Ihr Freunde!

Hagen (ruft).

Noch nicht still?

(Zu den andern.)

Kein Wort mit ihm, was er auch sagen mag!

Siegfried (kriecht herein).

Mord! Mord! — Ihr selbst? Beim Trinken! Gunther,
Gunther,
Verdient' ich das um dich? Ich stand dir bei
In Not und Tod.

Hagen.

Haut Zweige von den Bäumen,   1750

Wir brauchen eine Bahre. Aber starke,
Ein toter Mann ist schwer. Rasch!

Siegfried.

Ich bin hin.

Doch noch nicht ganz! (Er springt auf.)

Wo ist mein Schwert geblieben?

Sie trugen's fort. Bei deiner Mannheit, Hagen,

1755 Dem toten Mann ein Schwert! Ich fordre dich

Noch jetzt zum Kampf heraus!

Hagen.

Der hat den Feind

Im Mund und sucht ihn noch.

Siegfried.

Ich tropfe weg

Wie eine Kerze, die ins Laufen kam,

Und dieser Mörder weigert mir die Waffe,

1760 Die ihn ein wenig wieder adeln könnte.

Pfui, pfui, wie feig! Er fürchtet meinen Daumen,

Denn ich bin nur mein Daumen noch.

(Er strauchelt über seinen Schild.)

Mein Schild!

Mein treuer Schild, ich werf' den Hund mit dir!

(Er bückt sich nach dem Schilde, kann ihn aber nicht mehr heben und richtet sich
taumelnd wieder auf.)

Wie angenagelt! Auch für diese Rache

1765 Ist's schon zu spät!

Hagen.

Ha! Wenn der Schwätzer doch

Die lose Zunge, die noch immer plappert,

Zermalmte mit den Zähnen, zwischen denen

Sie ungestraft so lange sündigte!

Da wär' er gleich gerächt, denn die allein

1770 Hat ihn so weit gebracht.

Siegfried.

Du lügst! Das that

Dein Neid!

Hagen.

Schweig! Schweig!

Siegfried.

Du drohst dem toten Mann?

Traf ich's so gut, daß ich dir wieder lebe?
Zieh' doch, ich falle jetzt von selbst, du kannst
Mich gleich bespein wie einen Haufen Staub,
Da lieg' ich schon — (Er stürzt zu Boden.)

      Den Siegfried seid ihr los!   1775
Doch wißt, ihr habt in ihm euch selbst erschlagen,
Wer wird euch weiter traun! Man wird euch hetzen,
Wie ich den Dänen wollte —
     Hagen.
       Dieser Tropf
Glaubt noch an unsre List!
     Siegfried.
       So ist's nicht wahr?
Entsetzlich! Furchtbar! Kann der Mensch so lügen! 1780
Nun wohl! Da seid ihr's ganz allein! Man wird
Euch immer mit verfluchen, wenn man flucht,
Und sprechen: Kröten, Vipern und Burgunden!
Nein, ihr voran: Burgunden, Vipern, Kröten,
Denn alles ist für euch dahin, die Ehre,   1785
Der Ruhm, der Adel, alles hin, wie ich!
Dem Frevel ist kein Maß noch Ziel gesetzt,
Es kann der Arm sogar das Herz durchbohren;
Doch sicher ist es seine letzte That!
Mein Weib! mein armes, ahnungsvolles Weib,   1790
Wie wirst du's tragen! Wenn der König Gunther
Noch irgend Lieb' und Treu' zu üben denkt,
So üb' er sie an dir! — Doch besser gehst du
Zu meinem Vater! — Hörst du mich, Kriemhild? (Er stirbt.)
     Hagen.
Jetzt schweigt er. Aber jetzt ist's kein Verdienst! 1795
     Dankwart.
Was sagen wir?
     Hagen.
    Das Dümmste! Sprecht von Schächern,

Die ihn im Tann erschlugen. Keiner wird's
Zwar glauben, doch es wird auch keiner, denk' ich,
Uns Lügner nennen! Wir stehen wieder da,
1800 Wo niemand Rechenschaft von uns verlangt,
Und sind wie Feuer und Wasser. Wenn der Rhein
Auf Lügen sinnt, warum er ausgetreten,
Ein Brand, warum er ausgebrochen ist,
Dann wollen wir uns quälen. Du, mein König,
1305 Hast nichts befohlen, deß' erinnre dich,
Ich hafte ganz allein. Nun fort mit ihm!
(Alle ab mit der Leiche.)

Dritte Szene.

Kriemhilds Gemach. Tiefe Nacht.
Kriemhild.

Es ist noch viel zu früh, mich hat mein Blut
Geweckt und nicht der Hahn, den ich so deutlich
Zu hören glaubte. (Sie tritt zum Fenster und öffnet einen Laden.)
Noch erlosch kein Stern,
1810 Zur Messe ist's gewiß noch eine Stunde!
Heut sehn' ich mich nach dem Gebet im Dom.

Vierte Szene.

Ute tritt leise ein.
Ute.

Schon auf, Kriemhild?

Kriemhild.

Das wundert mich von dir,
Du pflegst ja erst des Morgens einzuschlafen
Und auf dein Mutterrecht, von deiner Tochter
1815 Geweckt zu werden, wie sie einst von dir,
Dich zu verlassen.

Ute.
Heute konnt' ich nicht,
Es war zu laut.

Kriemhild.
Hast du das auch bemerkt?

Ute.
Ja, wie von Männern, wenn sie stille sind.

Kriemhild.
So irrt' ich nicht?

Ute.
Das hält den Odem an,
Doch dafür fällt das Schwert! Das geht auf Zehen   1820
Und stößt den Ofen um! Das schweigt[1] den Hund
Und tritt ihn auf den Fuß!

Kriemhild.
Sie sind vielleicht
Zurück.

Ute.
Die Jäger?

Kriemhild.
Einmal kam's mir vor,
Als ob man bis an meine Thür sich schliche,
Da dacht' ich, Siegfried sei's.

Ute.
Und gabst du ihm   1825
Ein Zeichen, daß du wachtest?

Kriemhild.
Nein.

Ute.
So kann
Er's auch gewesen sein! Nur wäre das
Doch fast zu schnell.

---

[1] Bringt zum Schweigen, entsprechend, transitiv gebraucht, dem mittelhochdeutschen sweigen. Kommt heute noch landschaftlich so vor.

Kriemhild.

So will's mich auch bedünken!
Auch hat er nicht geklopft.

Ute.

Sie zogen ja,
1830 Soviel ich weiß, nicht für die Küche aus,
Sie wollen unsern Meiern[1] Ruhe schaffen,
Die ihre Pflüge zu verbrennen drohn,
Weil stets der Eber erntet, wo sie sä'n!

Kriemhild.

So?

Ute.

Kind, du bist schon völlig angekleidet
1835 Und hast nicht eine Magd um dich?

Kriemhild.

Ich will
Die kennen lernen, die die Frühste ist,
Auch hat es mich zerstreut.

Ute.

Ich hab' sie alle
Der Reihe nach beleuchtet mit der Kerze.
Ein jedes Jahr schläft anders! Fünfzehn, Sechzehn
1840 Noch ganz wie Fünf und Sechs. Mit Siebzehn kommen
Die Träume und mit Achtzehn die Gedanken,
Mit Neunzehn schon die Wünsche —

Fünfte Szene.

Kämmerer (vor der Thür schreit).

Heil'ger Gott!

Ute.

Was ist's? Was gibt's?

---

[1] Meier (lat. major), im Mittelalter der Vorsteher von Gutsunterthanen, namentlich Unfreien.

Kämmerer (tritt ein).

Ich wäre fast gefallen.
Ute.

Und darum dies Geschrei?

Kämmerer.

Ein toter Mann!
Ute.

Wie? Was?

Kämmerer.

Ein toter Mann liegt vor der Thür.   1845
Ute.

Ein toter Mann?

Kriemhild (fällt um).

So ist's auch mein Gemahl!
Ute (sie auffangend).

Unmöglich!

(Zum Kämmerer.)

Leuchte!

Kämmerer (thut es und nicht dann).
Ute.

Siegfried? — Mord und Tod!

Auf! Auf, was schläft!

Kämmerer.

Zu Hülfe!
(Die Mägde stürzen herein.)
Ute.

Ärmstes Weib!

Kriemhild (sich erhebend).

Das riet Brunhild, und Hagen hat's gethan! —
Ein Licht!

Ute.

Mein Kind! Er —

Kriemhild (ergreift eine Kerze).

Ist's! Ich weiß, ich weiß!   1850

Nur, daß man ihn nicht tritt. Du hörtest ja,

Die Kämmrer stolpern über ihn.　Die Kämmrer!
Sonst wichen alle Kön'ge aus.

Ute.

So gib.

Kriemhild.

Ich setz' es selber hin.

(Sie stößt die Thür auf und fällt zu Boden.)

O Mutter, Mutter,

1855 Warum gebarst du mich! — Du teures Haupt,
Ich küsse dich und such' nicht erst den Mund,
Jetzt ist er überall.　Du kannst nicht wehren,
Sonst thätest du's vielleicht, denn diese Lippen — —
Es thut zu weh.

Kämmerer.

Sie stirbt.

Ute.

Ich könnt' ihr wünschen,

1860 Es wäre so!

Sechste Szene.

Gunther kommt mit Dankwart, Rumolt, Giselher und Gerenot.

Ute (Gunther entgegen).

Mein Sohn, was ist geschehn?

Gunther.

Ich möchte selber weinen.　Doch wie habt
Ihr's schon erfahren?　Durch den heil'gen Mund
Des Priesters sollte Euch die Kunde werden,
Ich trug's ihm in der Nacht noch auf.

Ute (mit einer Handbewegung).

Du siehst,

1865 Der arme Tote meldete sich selbst!

Gunther (heimlich zu Dankwart).

Wie ging das zu?

Dankwart.

Mein Bruder[1] trug ihn her!

----

[1] Hagen.

Gunther.

O pfui!

Dankwart.

Er war davon nicht abzubringen,
Und als er wiederkehrte, lacht' er auf:
Dies ist mein Dank für seinen Abschiedsgruß.

Siebente Szene.

Kaplan tritt ein.

Gunther (ihm entgegen).

Zu spät!

Kaplan.

Und solch ein Mann im Tann erschlagen! 1870

Dankwart.

Der Zufall hat des Schächers Speer gelenkt,
Daß er die Stelle traf. So können Riesen
Durch Kinder fallen.

Ute
(fortwährend mit den Mägden um Kriemhild beschäftigt).

Steh' nun auf, Kriemhild!

Kriemhild.

Noch eine Trennung? Nein! Ich faß' ihn so,
Daß ihr mich mit begraben oder mir 1875
Ihn lassen müßt. Ich hab' den Lebenden
Nur halb umarmt, das lern' ich jetzt am Toten.
O wär' es umgekehrt! Ich küßt' ihn noch
Nicht einmal auf die Augen! Alles neu!
Wir glaubten Zeit zu haben.

Ute.

Komm, mein Kind! 1880
Er kann doch nicht im Staub so liegen bleiben.

Kriemhild.

O, das ist wahr! Was reich und köstlich ist,

Muß heute wohlfeil werden. (Sie steht auf.)

Hier die Schlüssel!
(Sie wirft Schlüssel von sich.)

Es gibt ja keinen Festtag mehr! Die Seide,
1885 Die goldnen Prachtgewänder und das Linnen,
Bringt alles her! Vergeßt die Blumen nicht,
Er liebte sie! Reißt alle, alle ab,
Sogar die Knospen derer, die erst kommen,
Wem blühten sie wohl noch! Das thut hinein
1890 In seinen Sarg, mein Brautkleid ganz zu oben,
Und legt ihn sanft darauf, dann mach' ich so
(Sie breitet die Arme aus.)
Und deck' ihn mit mir selber zu!

Gunther (zu den Seinigen).

Ein Eid!
Ihr thut kein Mensch mehr weh'.

Kriemhild (wendet sich).

Die Mörder da?
Hinweg! Damit er nicht aufs neue blute![1]
1895 Nein! Nein! Heran. (Sie faßt Dankwart.)

Damit er für sich zeuge!
(Sie wischt sich die Hand am Kleide ab.)
O pfui, nun darf ich ihn mit meiner Rechten
Nicht mehr berühren! Kommt das arme Blut?
Mutter, sieh hin! Ich kann nicht! Nein? So sind's
Nur noch die Hehler, und der Thäter fehlt.
1900 Ist Hagen Tronje hier, so tret' er vor,
Ich sprech' ihn frei und reiche ihm die Hand.

Ute.

Mein Kind —

Kriemhild.

Geh' nur hinüber zu Brunhild,
Sie ißt und trinkt und lacht.

---

[1] Nach dem Bahrrecht fangen die Wunden wieder an zu bluten, wenn der
Mörder an den Leichnam herantritt. Das Bahrrecht war eins der Ordalien, der
mittelalterlichen Gottesurteile.

Ute.

Es waren Schächer —

Kriemhild.

Ich kenne sie. (Sie faßt Giselher und Gerenot bei der Hand.)

Du warst nicht mit dabei! —
Du auch nicht!

Ute.

Hör' doch nur!

Rumolt.

Wir hatten uns   1905
Im Wald verteilt, es war sein eigner Wunsch,
Auch ist es Brauch, und fanden ihn im Sterben,
Als wir zusammentrafen.

Kriemhild.

Fandet ihr?

Was sprach er da? Ein Wort! Sein letztes Wort,
Ich will dir glauben, wenn du's sagen kannst,   1910
Und wenn's kein Fluch ist. Aber hüte dich,
Denn leichter wächst dir aus dem Mund die Rose,
Als du's ersinnst, wenn du es nicht gehört.

(Da Rumolt stockt.)

Du logst!

Kaplan.

Doch kann's so sein! Die Elstern ließen
Schon Messer[1] fallen, welche töteten,   1915
Was Menschenhänden unerreichlich war,
Und was ein solcher Dieb der Lüfte trifft,
Weil ihm sein blanker Raub zu schwer geworden,
Das trifft wohl auch der Schächer.

Kriemhild.

Frommer Vater!

Du weißt nicht!

Dankwart.

Fürstin, heilig ist dein Schmerz,   1920

---

[1] Die Elstern stehlen mit Vorliebe glänzende Gegenstände.

Doch blind zugleich und ungerecht. Dir zeugen
Die ehrenwert'sten Recken —

(Inzwischen ist die Thür zugemacht worden und die Leiche nicht mehr sichtbar.)

Kriemhild (als sie dies bemerkt).

Halt! Wer wagt's —

(Eilt zur Thüre.)

Ute.

Bleib! Bleib! Er wird nur leise aufgehoben,
Wie du es selber wünschtest ——

Kriemhild.

Her zu mir!

1925 Sonst wird er mir gestohlen und begraben,
Wo ich ihn nimmer finde.

Kaplan.

In den Dom!
Ich folge nach, denn jetzt gehört er Gott. (Ab)

Achte Szene.

Kriemhild.

Wohl! In den Dom!

(Zu Gunther.) Es waren also Schächer?
So stell' dich dort mit allen deinen Sippen[1]
1930 Zur Totenprobe ein!

Gunther.

Es mag geschehn.

Kriemhild.

Mit allen, sag' ich. Aber alle sind
Hier nicht versammelt. Ruft auch den, der fehlt!

(Alle ab, aber Männer und Frauen aus verschiedenen Thüren.)

---

[1] Hier als Maskulinum gebraucht, soviel wie „mit allen deinen Verwandten".

Neunte Szene.

Dom.

Fackeln. Der Kaplan mit anderen Priestern seitwärts vor einer eisernen Thür. Im Portal sammeln sich Hagens Sippen bis zu Sechszig. Zuletzt Hagen, Gunther und die übrigen.

(Es klopft.)[1]

Kaplan.

Wer klopft?

Antwort von draußen.

Ein König aus den Niederlanden
Mit so viel Kronen, als er Finger hat

Kaplan.

Den kenn' ich nicht.

(Es klopft wieder.)

Kaplan.

Wer klopft?

Antwort von draußen.

Ein Held der Erde,   1935
Mit so viel Trophäen, als er Zähne hat.

Kaplan.

Den kenn' ich nicht.

(Es klopft wieder.)

Kaplan.

Wer klopft?

---

[1] Im Tagebuch von 1855 hat sich der Dichter auf eine Mitteilung Frankls hin folgendes notiert: „Wenn die Kaiser von Österreich begraben werden, so werden sie auf dem nächsten Wege aus der Burg zur Kapuzinergruft geführt. Angelangt mit dem Sarg, klopft der Zeremonienmeister mit seinem Stabe an die verschlossene Pforte und verlangt Einlaß: ,Wer ist da?' antwortet von innen der Guardian, ohne zu öffnen. ,Seine Majestät, der Allerdurchlauchtigste u. s. w.' Stimme von innen: ,Den kenn' ich nicht!' Der Zeremonienmeister klopft zum zweiten Male. ,Wer ist da?' — ,Der Kaiser von Österreich!' — ,Den kenn' ich nicht!' Der Zeremonienmeister klopft zum dritten Male. ,Wer ist da?' — ,Unser Bruder Franz!' — Augenblicklich rasselt die Pforte auf und der Sarg wird versenkt." (,Tagebücher", Band II, S. 418 f.)

Antwort von draußen.

Dein Bruder Siegfried,
Mit so viel Sünden, als er Haare hat.

Kaplan.

Thut auf!

Die Thüre wird geöffnet und Siegfrieds Leichnam auf der Bahre hereingetragen.
Ihm folgen Kriemhild und Ute mit den Mägden.

Kaplan (gegen den Sarg).

Du bist willkommen, toter Bruder,
1940 Du suchst den Frieden hier!

(Zu den Frauen, die er vom Sarge abschneidet, indem er, während dieser nieder-
gesetzt wird, zwischen sie und ihn tritt.)

Auch ihr willkommen,
Wenn ihr den Frieden sucht, wie er ihn sucht.

(Er hält Kriemhild das Kreuz vor.)

Du kehrst dich ab von diesem heil'gen Zeichen?

Kriemhild.

Ich suche hier die Wahrheit und das Recht.

Kaplan.

Du suchst die Rache, doch die Rache hat
1945 Der Herr sich vorbehalten, er allein
Schaut ins Verborgne, er allein vergilt![1]

Kriemhild.

Ich bin ein armes, halb zertretnes Weib
Und kann mit meinen Locken keinen Recken
Erdrosseln: welche Rache bliebe mir?

Kaplan.

1950 Was brauchst du denn nach deinem Feind zu forschen,
Wenn du an ihm nicht Rache nehmen willst,
Ist's nicht genug, daß ihn sein Richter kennt?

Kriemhild.

Ich möchte dem Unschuldigen nicht fluchen.

---

[1] Vgl. z. B. Römer 12, 19.

Kaplan.

So fluche keinem, und du thust es nicht! —
Du armes Menschenkind, aus Staub und Asche   1955
Geschaffen und vom nächsten Wind zerblasen,
Wohl trägst du schwer und magst zum Himmel schrein,
Doch schau auf den, der noch viel schwerer trug!
In Knechtsgestalt zu uns herabgestiegen,
Hat er die Schuld der Welt auf sich genommen   1960
Und büßend alle Schmerzen durchempfunden,
Die von dem ersten bis zum letzten Tage
Die abgefallne Kreatur verfolgen,
Auch deinen Schmerz, und tiefer als du selbst!
Die Kraft des Himmels saß auf seinen Lippen,   1965
Und alle Engel schwebten um ihn her,
Er aber war gehorsam bis zum Tode,
Er war gehorsam bis zum Tod am Kreuz.
Dies Opfer bracht' er dir in seiner Liebe,
In seinem unergründlichen Erbarmen,   1970
Willst du ihm jetzt das deinige verweigern?
Sprich rasch: Begrabt den Leib! Und kehre um![1]

Kriemhild.

Du hast dein Werk gethan, nun ich das meine!
(Sie geht zum Sarg und stellt sich zu Häupten.)
Tritt jetzt heran, wie ich, und zeuge mir!

Kaplan
(geht gleichfalls zum Sarg und stellt sich zu Füßen. Drei Posaunenstöße).

Hagen (zu Gunther).

Was ist geschehn?

Gunther.

Es ward ein Mann erschlagen.   1975

Hagen.

Und warum steh' ich hier?

---

[1] Vgl. zu diesen Worten des Kaplans: Philipper 2, 7 f.

Gunther.

Dich trifft Verdacht.

Hagen.

Den werden meine Sippen von mir nehmen,
Ich frage sie. — Seid ihr bereit, zu schwören,
Daß ich kein Meuchler und kein Mörder bin?

Alle Sippen bis auf Giselher.

1980 Wir sind bereit.

Hagen.

Mein Giselher, du schweigst?
Bist du bereit, für deinen Ohm zu schwören,
Daß er kein Meuchler und kein Mörder ist?

Giselher (die Hand erhebend).

Ich bin bereit.

Hagen.

Den Eid erlaß' ich euch.
(Er tritt in den Dom zu Kriemhild.)
Du siehst, ich bin gereinigt, wann ich will,
1985 Und brauche mich am Sarg nicht mehr zu stellen,
Allein ich thu's und will der Erste sein!
(Er schreitet langsam hinauf zum Sarg.)

Ute.

Schau weg, Kriemhild.

Kriemhild.

Laß, laß! Er lebt wohl noch!
Mein Siegfried! O, nur Kraft für einen Laut,
Für einen Blick!

Ute.

Unglückliche! Das ist
1900 Nur die Natur, die sich noch einmal regt.
Furchtbar genug!

Kaplan.

Es ist der Finger Gottes,

Der still in diesen heil'gen Brunnen taucht,
Weil er ein Kainszeichen schreiben muß.

Hagen (neigt sich über den Sarg).

Das rote Blut! Ich hätt' es nie geglaubt!
Nun seh' ich es mit meinen eignen Augen.   1995

Kriemhild.

Und fällst nicht um? (Sie springt auf ihn zu)
                Jetzt fort mit dir, du Teufel.
Wer weiß, ob ihn nicht jeder Tropfen schmerzt,
Den deine Mördernähe ihm entzapft!

Hagen.

Schau her, Kriemhild. So siedet's noch im Toten,
Was willst du fordern vom Lebendigen?   2000

Kriemhild.

Hinweg! Ich packte dich mit meinen Händen,
Wenn ich nur einen hätte, der sie mir
Zur Reinigung dann vom Leib herunter hiebe,
Denn Waschen wäre nicht genug, und könnt' es
In deinem Blut geschehn. Hinweg! Hinweg!   2005
So standest du nicht da, als du ihn schlugst,
Die wölf'schen Augen fest auf ihn geheftet,
Und durch dein Teufelslächeln den Gedanken
Voraus verkündigend! Von hinten schlichst
Du dich heran und miedest seinen Blick,   2010
Wie wilde Tiere den des Menschen meiden,
Und spähtest nach dem Fleck, den ich — du Hund,
Was schwurst du mir?

Hagen.

                Ihn gegen Feuer und Wasser
Zu schirmen.

Kriemhild.

        Nicht auch gegen Feinde?

Hagen.

Ja.

2015 Das hätt' ich auch gehalten.

Kriemhild.

Um ihn selbst

Zu schlachten, nicht?

Hagen.

Zu strafen!

Kriemhild.

Unerhört!

Ward je, solange Himmel und Erde stehn,
Durch Mord gestraft?

Hagen.

Den Recken hätte ich

Gefordert, und mir ist's wohl zuzutraun,
2020 Allein er war vom Drachen nicht zu trennen,
Und Drachen schlägt man tot. Warum begab sich
Der stolze Held auch in des Lindwurms Hut![1]

Kriemhild.

Des Lindwurms Hut! Er mußt' ihn erst erschlagen,
Und in dem Lindwurm schlug er alle Welt!
2025 Den Wald mit allen seinen Ungeheuern
Und jeden Recken, der den grimm'gen Drachen
Aus Furcht am Leben ließ, dich selber mit!
Du nagst umsonst an ihm! Es war der Neid,
Dem deine Bosheit grause Waffen lieh!
2030 Man wird von ihm und seinem Adel sprechen,
Solange Menschen auf der Erde leben,
Und ganz so lange auch von deiner Schmach.

Hagen.

Es sei darum!

(Er nimmt dem Leichnam den Balmung von der Seite.)

Nun hört's gewiß nicht auf!

(Er umgürtet sich mit dem Schwerte und geht langsam zu den Seinigen zurück.)

---

[1] Er begab sich in des Lindwurms Hut, insofern er sich durch das Bad in dessen Blut unverletzlich machte.

Kriemhild.

Zum Mord den Raub!

> (Gegen Gunther.)   Ich bitte um Gericht.

Kaplan.

Gedenke dessen, der am Kreuz vergab.   2035

Kriemhild.

Gericht! Gericht! Und wenn's der König weigert,
So ist er selbst mit diesem Blut bedeckt.

Ute.

Halt ein! Du wirst dein ganzes Haus verderben —

Kriemhild.

Es mag geschehn! Denn hier ist's überzahlt!

> (Sie wendet sich gegen den Leichnam und stürzt an der Bahre nieder.)

Dritte Abteilung:

Kriemhilds Rache.

Ein Trauerspiel in fünf Akten.

Personen.

König Gunther.

Hagen Tronje.

Volker.

Dankwart.

Rumolt.   5

Giselher.

Gerenot.

Kaplan.

König Etzel.

Dietrich von Bern.   10

Hildebrant, sein Waffenmeister.

Markgraf Rüdeger.

Iring [1] } nordische Könige.
Thüring [2] }

Werbel   } Etzels Geiger.   15
Swemmel   }

Ute.

Kriemhild.

Götelinde, Rüdegers Gemahlin.

Gudrun [3], deren Tochter.   20

Ein Pilgrim   }
Ein Heune   }
Otnit [4], ein Kind } stumm.
Eckewart   }

---

[1] Nach dem Nibelungenlied: ein dänischer Fürst.
[2] Kommt nicht im Nibelungenlied vor.
[3] Im Nibelungenlied heißt sie wie ihre Mutter.
[4] Heißt im Nibelungenlied Ortliep.

Erster Akt.

Worms. Großer Empfangssaal.

Erste Szene.

König Gunther auf dem Thron. Alle Burgunden. Hagen. Dankwart. Gernot.
Giselher. Ute. Etzels Gesandte. Rüdeger.

Gunther.

Gefällt es Euch, hochedler Rüdeger,
So mögt Ihr Eures Auftrags Euch entled'gen,
Denn die Burgunden sind um mich vereint.

Rüdeger.

So werb' ich denn im Namen meines Herrn,
5 Der überall gebietet und befiehlt
Und nur vor Euch als Bittender erscheint,
Um Kriemhild, deine königliche Schwester.
Denn sie allein ist würdig, der zu folgen,
Die er mit bittrem Schmerz verloren hat,
10 Und Witwer muß er bleiben, wenn Ihr ihm
Die einzige verweigert, welche Helke[1]
Ersetzen und das Volk, das sie betrauert,
Als hätt' ein jeder teil an ihr gehabt,
Mit einer neuen Wahl versöhnen kann.

Gunther.

15 Wenn du von deinem königlichen Herrn
Vermelden kannst, daß er nur selten bittet,

---

[1] Im Nibelungenlied lautet die Namensform: Helche; Simrock in seiner Übersetzung des Nibelungenliedes hat „Helke", ebenso Raupach im „Nibelungenhort".

So merk' dir auch, daß wir nur selten danken;
Doch Etzel hat den dunklen Heunenthron[1]
So hoch erhöht und seinen wilden Namen
So manchem Völkerrücken eingekerbt,   20
Daß ich mich gern erhebe und dir sage[2]:
Wir danken ihm und fühlen uns geehrt.

Rüdeger.

Und welche weitere Antwort bring' ich ihm?

Gunther.

Wenn wir nicht die Trompeten schallen lassen
Und die Johannisfeuer vor der Zeit   25
Auf allen Bergen weit und breit entzünden,
So glaube nicht, daß unser Fürstenstolz
Den Ausbruch unsres Jubels unterdrückt
Und daß wir mehr verlangen, als du bietest;
Das weißt du wohl, daß Kriemhild Witwe ist?   30

Rüdeger.

Wie Etzel Witwer, ja! Und eben dies
Verbürgt dem Bund der beiden Heil und Segen
Und gibt ihm Weihe, Adel und Bestand.
Sie suchen nicht, wie ungeprüfte Jugend
Im ersten Rausch ein unbegrenztes Glück,   35
Sie suchen nur noch Trost, und wenn Kriemhild
Den neuen Gatten auch mit Thränen küßt,
Und ihn ein Schauder faßt in ihren Armen,
So denkt sich jedes still: Das gilt dem Toten!
Und hält das andre doppelt wert darum.   40

Gunther.

So sollt' es sein! Doch trotz der langen Frist,
Die seit dem unglückfel'gen Tag verstrich,
Der ihr den Gatten raubte, mir den Bruder,

---

[1] Im Nibelungenlied findet sich die Form Hiunen. Der Dichter braucht hier
wieder dieselbe Form wie Simrock.

[2] Der Sitte gemäß ist Gunther schon beim Empfang des Gesandten aufgestanden.

Weilt meine Schwester bis zur Stunde mehr
45 An ihres Siegfrieds Gruft im Kloster Lorsch,
Als unter uns. Sie meidet jede Freude
So ängstlich wie ein andrer Missethat,
Und wär's auch nur ein Blick ins Abendrot
Oder aufs Blumenbeet zur Zeit der Rosen:
50 Wie schlösse sie den neuen Ehebund!

Rüdeger.

Ist's Euch genehm? Und werdet Ihr gestatten,
Daß ich ihr selbst die Wünsche meines Herrn
Zu Füßen legen darf?

Gunther.

Wir gönnen ihr
Das neue Glück und uns die neue Ehre
55 Und werden über alles andre Euch
Bescheiden, wenn wir Rat gehalten haben.
Fürs erste nehmt noch einmal unsern Dank!

(Rüdeger ab.)

Zweite Szene.

Hagen.

Nicht um die Welt!

Gunther.

Warum nicht, wenn sie will?

Hagen.

Wenn sie nicht wollte, könntest du sie zwingen,
60 Denn auch der Witwe Hand vergibst du frei.
Doch eher ließ' ich sie in Ketten schmieden,
Als zu den Heunen ziehn.

Gunther.

Und warum das?

Hagen.

Und warum das! Die bloße Frage schon

Macht mich verrückt. Habt ihr denn kein Gedächtnis?
Muß ich dich erst erinnern, was geschah?   65

Gunther (deutet auf Ute).

Vergiß nicht —

Hagen.

Deine Mutter? Gleisnerei!
Sie weiß es längst! Ei, wenn sie mir die Hand
Seit unsrer Jagd nicht einmal wieder reichte,
So hat sie dich ja auch wohl nicht geküßt.[1]

Gunther.

So ist's. Und da du selbst in deinem Trotz   70
Den dünnen Nebel zu zerblasen wagst,
Der das Geheimnis unsres Hauses deckt;
Da du das kümmerliche Grün zertrittst,
Das diese blut'ge Gruft besponnen hat,
Und mir die Knochen in das Antlitz schleuderst;   75
Da du den letzten Rest von Scham erstickst
Und höhnend auf die gift'ge Ernte zeigst,
Die aufgeschossen ist aus deiner Saat:
So hab's denn auch, daß ich einmal die Brust
Mir lüfte, daß ich dich und deinen Rat   80
Verfluche und dir schwöre: wär' ich nicht
So jung gewesen, nimmer hätt'st du mich
So arg bethört, und jetzt, jetzt würd' ich dir
Mit Abscheu das verbieten, was ich damals
Aus Schwachheit, nicht aus Haß, geschehen ließ.   85

Hagen.

Ich glaub's, denn jetzt ist Brunhild längst dein Weib.

Gunther.

Mein Weib! Jawohl! Sie ist soweit mein Weib,
Als sie mir wehrt, ein anderes zu nehmen,
Doch sonst —

---

[1] Im Nibelungenlied findet eine Versöhnung zwischen Kriemhild und Gunther dreiundeinhalbes Jahr nach dem Tode Siegfrieds statt.

Hagen.

Gibt's ein Geheimnis hier für mich?

Gunther.

90 Kann sein! Wie sie uns nach der That empfing,
Als ich den ersten Becher Weins ihr brachte,
Das weißt du wohl noch selbst: sie fluchte uns
Noch grauenvoller, als Kriemhild uns fluchte,
Und loderte in Flammen auf, wie nie,
95 Seit sie im Kampf erlag.

Hagen.

Sie brauchte Zeit,
Um sich hineinzufinden.

Gunther.

Als ich sie
Nun mahnte, daß sie selbst es ja geboten,
Goß sie den Wein mir ins Gesicht und lachte,
Wie ich die Menschheit noch nicht lachen hörte —
100 War's so? Sonst straf' mich Lügen!

Hagen.

Allerdings,
Dann aber fiel sie um, und alles war
Für immer aus.

Gunther.

Jawohl! So völlig aus,
Als hätt' sie ihre ganze Ewigkeit
In diesem einz'gen kurzen Augenblick
105 Durch ihren Feuerfluch voraus verzehrt,
Denn nur als Tote stand sie wieder auf!

Hagen.

Als Tote?

Gunther.

Ja, obgleich sie ißt und trinkt
Und in die Runen stiert. Du hattest recht,
Nur Siegfried war im Weg.

Hagen.

Ich glaubte — — Nein!

Gunther.

Das mild'ste Wort entlockt ihr nie ein Lächeln,   110
Und hätt' ich's Volkers frischem Liedermund
In einer goldnen Stunde abgefangen,
Das härteste noch minder eine Thräne,
Sie kennt den Schmerz und auch die Lust nicht mehr.

Ute.

So ist's! Die alte Amme deckt's nur zu!   115

Gunther.

Stumpf blickt sie drein, als wär' ihr Blut vergraben
Und wärme eines Wurmes kalt Gedärm,
Wie man's in alten Mären hört. Der ist
Jetzt mehr als seinesgleichen, und sie selbst
Ist weniger, unendlich weniger,   120
Bis ihn in hundert oder tausend Jahren,
Wie's blind der Zufall fügt, ihr Fuß zertritt.
Du magst dich freuen, Gerenot, dir ist
Die Krone der Burgunden schon gewiß,
Sie bringt mir keinen Erben.

Hagen.

Steht es so!   125

Gunther.

Du wunderst dich, daß du's erst jetzt erfährst?
Ich trug das alles still, doch heute hast
Du selbst das Licht ja auf den Tisch gestellt[1]:
Nun reiß die Augen auf und sieh dich um!
Im Hause Groll und Zwiespalt, draußen Schmach,   130
Entdeckst du mehr in irgend einem Winkel,
So zeig' mir deinen Fund.

---

[1] Matthäus 5, 15.

Hagen.

Ein andermal.

Gunther.

Doch von der Schmach kann diese Werbung uns
Erlösen, und so wahr ein Schwan sich taucht,
135 Wenn er das klare Wasser vor sich sieht
Und sich den Staub aus dem Gefieder wäscht,
So wahr auch will ich dieses Werk betreiben,
Wie ich noch nichts auf dieser Welt betrieb.

Hagen.

Mein König, eins von beidem kann nur sein:
140 Entweder liebte Kriemhild ihren Gatten,
Wie nie ein Weib den ihren noch geliebt —

Gunther.

Ich bin der Letzte, der dir dies bestreitet,
Ich kenne Unterschied!

Hagen.

Dann muß sie uns
Auch hassen, wie ein Weib noch niemals haßte —

Gunther.

145 Uns? Dich vielleicht!

Hagen.

Sie unterscheidet wohl!
Und wenn sie uns so haßt, so muß sie brennen,
Es darzuthun, denn selbst die Liebe ist
So gierig nicht nach Kuß und nach Umarmung,
Wie grimm'ger Haß nach Mord und Blut und Tod,
150 Und wenn der Liebe langes Fasten schadet,
So wird der Haß nur immer hungriger.

Gunther.

Du kannst es wissen.

Hagen.

Ja, ich weiß es auch,
Und darum warn' ich dich!

Gunther.
Wir sind versöhnt.[1]

Hagen.
Versöhnt! Nun, bei den namenlosen Göttern!
Wenn ich dein Mann, dein treuster Mann nicht wäre,   155
Wenn jeder Tropfen meines Blutes nicht
So für dich pochte wie das ganze Herz
Der übrigen, wenn ich, was du erst fühlst,
Wenn es dich trifft, nicht immer vorempfände,
Und tiefer oft wie du in Wirklichkeit: 160
Jetzt würd' ich schweigen und nicht einmal lachen,
Denn selbst die Warnung, die im Hohn noch liegt,
Verdient solch eine Rede nicht! Versöhnt!
Ja, ja, sie bot die Wange endlich dar,
Weil (er deutet auf Giselher und Ute)
    Dieser täglich bat und diese weinte,   165
Und — Trankt ihr auch?[2] Ich glaube nicht einmal,
Doch damit war die Rechnung nicht zerrissen,
Nein, die Versöhnung kam als neuer Posten
Hinzu, und nur noch größer ward die Schuld.

Ute.
Du denkst von meiner Tochter wie von dir!   170
Du magst die Wange bieten und nur fühlen,
Daß ihr des Mundes gift'ge Zähne mangeln,
Sie wird das heil'ge Zeichen nicht entweihn,
Das allem Hader unter Menschenkindern
Ein Ende setzte, seit die Erde steht.   175

Hagen.
Die Nibelungen haben ihren Vater[3]
Um Gold erschlagen, um dasselbe Gold,

---

[1] Siehe S. 166.
[2] Den Versöhnungstrank.
[3] Nach der nordischen Sagenfassung verlangen Fafnir und Regin von Hreidmar Anteil an dem Golde, das die Asen als Buße für den erschlagenen Otr gezahlt. Als er sich weigert, tötet ihn Fafnir.

Daß Siegfried an den Rhein gebracht. Wer hätte
Sich's wohl gedacht, bevor sie's wirklich thaten!
180 Doch ist's geschehn und wird noch oft geschehn.

Gerenot.

Ich hör' in allen Stücken gern auf dich,
Nur nicht in dem. Du übertrugst den Haß
Von Siegfried auf Kriemhild.

Hagen.

　　　　　　　Du kennst mich schlecht!
Zeig' mir das Land, wovon kein Weg zurück
185 In unsres führt, ich will's für sie erobern
Und ihr den Thron erbaun, so hoch sie mag:
Nur gebt ihr keine Waffen, muß ich raten,
Wenn sie euch selbst damit erreichen kann.
Glaubt ihr, ich habe ihr den Hort geraubt,
190 Um ihr aufs neue weh zu thun? O pfui!
Ich ehre ihren Schmerz und zürn' ihr nicht,
Daß sie mir flucht. Wer wünschte sich denn nicht
Ein Weib wie sie, wer möchte nicht ein Weib,
Das blind für alles ist, solang' man lebt,
195 Und wenn man stirbt, noch mit der Erde hadert,
Weil sie nicht strahlt und leuchtet, wo man liegt?
Ich that's nur, weil es nötig war.

Ute.

　　　　　　　　　Das hätte
Nicht mehr geschehen sollen.

Hagen.

　　　　　　　Die Versöhnung
Ward schlecht dadurch besiegelt, das ist wahr,
　　　　　　　(Zu Gunther.)
200 Und ob sie dich entschuldigt, weil du kurz
Vorher das Land verließest, weiß ich nicht
Und zweifle fast daran, da du versäumtest,
Den Räuber zu bestrafen, als du kamst!

Doch unterbleiben durft' es nicht, sie hätte
Ein Heer damit geworben.

Ute.
    Sie ein Heer!   205
Sie dachte nicht daran.

Hagen.
    Noch nicht, ich weiß.
Sie füllte links und rechts die offnen Hände
Mit Siegfrieds Gold und kümmerte sich nicht,
Ob einer einmal oder zehnmal kam.
Das war das Mittel, Freunde zu erwerben   210
Und zu erhalten.

Ute.
    Das geschah allein
Zu Siegfrieds Angedenken, und man wird
Auf dieser Welt das Bild nicht wiedersehn,
Wie sie in ihrem schwarzen Trauerkleide,
Das schöne, stille Auge immer feucht,   215
Die Edelsteine und das rote Gold
Verteilte unter die Verlangenden
Und es nicht selten wusch mit ihren Thränen,
Der höchste Jammer, vom Geschick erlesen,
Des höchsten Glückes Spender hier zu sein.   220

Hagen.
Dies meint' ich eben. Ja, es war ein Bild,
Den Stein zu rühren! Und da Wohlthat drückt
Und jeder, um die Last sich zu erleichtern,
Auf irgend eine Art zu danken wünscht,
So hätte von den vielen Tausenden,   225
Die sich allmählich um sie sammeln mußten,
Zuletzt wohl einer sie gefragt: Was weinst du?
Um auf den kleinsten Wink das Schwert zu ziehn
Und den zu rächen, der den Wurm erschlagen
Und auch den reichen Hort ins Land gebracht.   230

Ute.

Und diesen Wink — den hätte Kriemhild je
Gegeben, glaubst du? Ist sie nicht ein Weib?
Bin ich nicht ihre Mutter? Ist der König
Ihr Bruder nicht? Und sind ihr Gerenot
235 Und Giselher nicht wert bis diesen Tag?

Hagen.

Mir ist, als ob ich Siegfried reden hörte!
Die Raben kreisen warnend um ihn her,
Er aber denkt: Ich bin bei meinem Schwäher,
Und wirft sie mit dem Fuchs und jagt sie fort!

Gunther.

240 Ei was! — Es fragt sich nur, aus welchem Mund
Vernimmt sie wohl das erste Wort am liebsten!
(Zu Ute.)
Aus deinem, denk' ich. Sprich denn du mit ihr.
(Alle ab.)

Dritte Szene.

Kriemhilds Kemenate.
Kriemhild
(füttert ihre Vögel und ihr Eichkätzchen).

Ich hab' so oft mich über alte Leute
Gewundert, daß sie so an Tieren hängen,
245 Jetzt thu' ich's selbst.

Vierte Szene.

Ute tritt ein.
Ute.
Schon wieder deine Hand
Im Weizenkorb?

Kriemhild.
Du weißt, ich bin dazu
Noch eben reich genug und hab' sie gern.

Sie sind mit mir zufrieden, jedes kann
Entfliehn, sobald es will, denn offen steht
Der Käfig wie das Fenster, doch sie bleiben,   250
Sogar das Kätzchen, dieses Sonntagsstück
Des arbeitsmüden Schöpfers, das er lieblich,
Wie nichts, gebildet hat, weil ihm der schönste
Gedanke erst nach Feierabend kam,
Und das bei mir zum Kind geworden ist,   255
Wie sollt' ich sie nicht lieben![1]

Ute.

                    Immerhin,
Nur thust du Menschen weh. Denn uns entziehst du,
Was du an sie verschwendest, und wir sind
Doch mehr als sie.

Kriemhild.

                    Wer weiß das? Ist von Menschen
Dem edlen Siegfried einer nachgestorben?   260
Nicht einmal ich, doch wohl sein treuer Hund.

Ute.

Kind!

Kriemhild.

                    Der verkroch sich unter seinen Sarg
Und biß nach mir, da ich ihm Speise bot,
Als wollt' ich ihn zu Missethat verleiten,
Ich flucht' und schwur, doch aß ich hinterher.   265
Vergib mir, Mutter, aber unter Menschen
Erging's mir wohl zu schlecht, als daß ich nicht
Versuchen sollte, ob der wilde Wald
Nicht beßre Arten birgt.[2]

---

[1] Der Dichter hing mit wahrhaft abgöttischer Liebe an diesen Geschöpfen. Mit
Bezug auf diese Stelle schrieb er einmal an Strodtmann: „in Bezug auf Tiere bin
ich ganz Indier ... (die toten Eichkätzchen) werden in meinen ‚Nibelungen‘ in
fünf neu hinzugefügten Versen ihre Grabschrift finden“. Vgl. auch Hebbels Tage=
buch vom 6. und 11. November 1861 und vom 5. und 11. Januar 1862.

[2] Vgl. dazu Hebbels eigenes Geständnis: „Von den Menschen getäuscht, bin
ich zu den Tieren geflohen“ (Tagebuch vom 5. Januar 1862).

Ute.

Hör' davon auf,
270 Ich hab' dir was zu sagen!

Kriemhild (ohne auf sie zu hören).

Und ich glaub's.
Der grimm'ge Leu verschont den Schlafenden,
Zu edel hat ihn die Natur gebildet,
Als daß er würgt, was sich nicht wehren kann.
Den Wachenden zerreißt er zwar, doch nur
275 Aus Hunger, aus dem nämlichen Bedürfnis,
Das auch den Menschen auf den Menschen hetzt,
Nicht weil er ihm das Angesicht beneidet
Und ihm den freien stolzen Gang nicht gönnt,
Was unter uns aus Helden Mörder macht.

Ute.

280 Die Schlange aber sticht und fragt nicht lange,
Ob hinten oder vorn.

Kriemhild.

Wenn man sie tritt.
Auch kann sie mit der Zunge, die sie braucht,
Um ihren Feind zu töten, ihm nicht schwören,
Daß sie ihn küssen will. Sie führen Krieg
285 Mit uns, weil wir den heil'gen Gottesfrieden
Gebrochen haben, und versöhnen sich
Mit jedem einzelnen, sobald er mag.
Zu ihnen hätt' ich, meinen Sohn im Arm,
Mich flüchten sollen, denn den nackten Menschen,
290 Den Ausgestoßnen und Verlassenen,
Den sein Geschlecht verleugnet und verrät,
Beschützen sie, uralter Brüderschaft
Gedenkend, aus der Morgenzeit der Welt.
In Eurer Sprache hätt' ich ihm vertraut,
295 Was man an mir verübt, und sie in ihrer
Ihm zugeflüstert, wie's zu rächen sei.

Und wär' er dann, zum Mann herangewachsen,
Die wucht'ge Eichenkeule in der Hand,
Hervorgeschritten aus dem dunkln Wald,
So hätten sie ihn alle, wie den König   300
Die Seinen, in gedrängter Schar begleitet,
Vom Leuen an bis zu dem scheusten Wurm.

Ute.
Man wird ihm auch am Rhein das Fluchen lehren,
Denn Siegfrieds Vater hat das Recht dazu,
Und Siegfrieds Mutter kann es nicht mehr hindern[1],   305
Doch besser wär's gewesen, wenn du ihn
Bei dir behalten hättest.

Kriemhild.
     Schweig, o schweig,
Wenn ich nicht auch an dir noch zweifeln soll.
Ha! Siegfrieds Sohn am Hof der Nibelungen!
Man hätte nicht zu seinem dritten Zahn   310
Ihn kommen lassen.

Ute.
     Du bezahlst es teuer,
Daß du den Trost, den die Natur dir bot,
Von dir gestoßen hast.

Kriemhild.
     Mir ist's genug,
Daß ich das Kind den Mördern doch entzog,
Sobald ich seinen ersten Laut vernahm,   315
Und nimmer werd' ich's Giselher vergessen,
Daß er so treu dazu geholfen hat.

Ute.
Du hast die Strafe, denn du mußt dich jetzt
An die da hängen. (Deutet auf die Vögel.)

Kriemhild.
     Warum quälst du mich?

---

[1] Weil sie längst gestorben ist.

320 Du weißt doch wohl, wie's stand. Leg' einer Toten
Den Sohn ans Herz und fordre Milch von ihr:
Die heil'ge Quelle der Natur wird eher
In ihrer starren Brust aufs neue springen,
Als meine Seele aus dem Winterschlaf
325 Zu wecken war, der nie ein Tier so tief
Bis in das Herz beschlichen hat, wie mich.
Ich war so weit, daß meine Träume sich
Ins Wachen mischten und dem Morgenruf
Des muntren Hahnes trotzten: konnte ich
330 Wohl Mutter sein! Ich will auch nichts von ihm.
Er wurde nicht geboren, mich zu trösten,
Er soll den Mörder seines Vaters töten,
Und wenn er's that, so wollen wir uns küssen
Und dann auf ewig auseinandergehn.

Fünfte Szene.

Giselher und Gerenot treten ein.

Gerenot.

335 Nun, Mutter, nun?

Alte.

Ich sprach noch nicht davon.

Giselher.

So sprechen wir.

Kriemhild.

Was ist denn für ein Tag,
Daß alle meine Sippen sich so sammeln?
Treibt ihr den Tod aus?[1]

Gerenot.

Das ist längst geschehn!
Man spart ja schon auf das Johannisfeuer

---

[1] Todaustreiben ist eine alte Sitte, auch als Winteraustreiben bekannt. Im Frühjahr, am Sonntag Lätare, wird eine Strohpuppe ins Wasser geworfen und dabei von den Kindern gesungen: „Nun treiben wir den Tod hinaus."

Und steckt den Lauch mit nächstem[1] an den Balken,   340
Entfiel dir der Kalender denn so ganz?[2]

Kriemhild.

Seit mir die Kuchen nicht so viel mehr sind,
Vergeß' ich jedes Fest. Seid ihr dafür
Nur um so fröhlicher.

Gerenot.

    Das sind wir nicht,
Solange du die schwarzen Kleider trägst,   345
Auch kommen wir, um dir sie abzureißen,
Denn —

  (Zu Ute.) Mutter, nein, es ist doch besser, du!

Kriemhild.

Was gibt's, daß dieser sich so plötzlich wendet?

Ute.

Mein Kind, wenn du noch einmal so wie einst
An meiner Brust dein Haupt verbergen wolltest —   350

Kriemhild.

Gott spare dir und mir den bittren Tag,
An welchem das noch einmal nötig wird!
Vergaßest du?

Gerenot.

    Ach, davon heute nichts!

Ute.

Ich dachte an die Kinderzeit.

Giselher.

     Ihr könnt
Nicht fertig werden. Nun, ich half Euch oft   355
Und will Euch wieder helfen, ob Ihr mich
Nun tadelt oder lobt.

  (Zu Kriemhild.) Vernahmst du nicht

---

[1] Nächstens.
[2] Die Zeit der hier dargestellten Handlung liegt also zwischen dem Sonntag Lätare und Johanni (24. Juni).

Die ſchallenden Trompeten und den Lärm
Der Waffen und der Pferde? Das bedeutet:
360 Ein edler König wirbt um deine Hand.

Ute.

So iſt's.

Kriemhild.

Und meine Mutter hält für nötig,
Es mir zu melden? Hätt' ich doch gedacht,
Die ſtumpfſte Magd, die uns im Stalle dient,
Wär' Weib genug, das Nein für mich zu ſagen,
365 Wie iſt es möglich, daß du fragen kannſt!

Ute.

Sie bieten's dir.

Kriemhild.

Zum Hohn.

Ute.

Ich werde doch
Nicht ihres Hohnes Botin ſein?

Kriemhild.

Dich kann
Ich eben nicht verſtehn.
			(Zu den Brüdern.) Ihr ſeid zu jung,
Ihr wißt nicht, was ihr thut, euch will ich mahnen,
370 Wenn eure Stunde auch geſchlagen hat.
			(Zu Ute.)
Doch du — — Ich ſollte meinen edlen Siegfried
Im Tode noch verleugnen? Dieſe Hand,
Die er durch ſeinen letzten Druck geheiligt,
In eine andre legen? Dieſe Lippen,
375 Die, ſeit er hin iſt, nur den Sarg noch küßten,
In dem er ruht, beflecken? Nicht genug,
Daß ich ihm keine Sühne ſchaffen kann,
Sollt' ich ihn auch noch um ſein Recht verkürzen
Und ſein Gedächtnis trüben? Denn man mißt

12*

Die Toten nach dem Schmerz der Lebenden,
Und wenn die Witwe freit, so denkt die Welt:
Sie ist das letzte unter allen Weibern,
Oder sie hat den letzten Mann gehabt.
Wie kannst du's glauben!

Ute.

                        Ob du's nun verschmähst,
Ob du es annimmst: immer zeigt es dir,
Daß deine Brüder dir's von Herzen gönnen,
Wenn du noch irgend Freude finden kannst.

Giselher.

Ja, Schwester, das ist wahr. Auch gilt's so gut
Vom König wie von uns. Hätt'st du gehört,
Wie er den Tronjer schalt, als dieser sich
Dagegen stemmte, und wie unbekümmert
Um seinen Rat er that, was ihm gefiel,
Du würdest ihm von Herzen jetzt verzeihn,
Wie du ihm mit dem Munde längst verziehst.

Kriemhild.

So riet der Tronjer ab?

Giselher.

                        Wohl riet er ab.

Kriemhild.

Er fürchtet sich.

Ute.

                        Er thut es wirklich, Kind.

Gerenot.

Er glaubt, du könntest Etzel, denn kein andrer
Als Etzel ist's, mit allen seinen Heunen
Auf die Burgunden hetzen.

Ute.

                        Denke dir!

Kriemhild.

Er weiß, was er verdient.

Gerenot.

400
Doch weiß er nicht,
Daß er in unsrer Mitte sicher ist,
Wie einer von uns selbst!

Kriemhild.

Er mag sich wohl
Erinnern, wie es einem Bessern ging,
Der auch in eurer Mitte war.

Ute.

O Gott,
405 Hätt' ich's geahnt!

Gerenot.

Und wären wir nicht alle
So jung gewesen!

Kriemhild.

Ja, ihr wart zu jung,
Um mich zu schützen, aber alt genug,
Den Mörder zu beschirmen, als ihn Himmel
Und Erde zugleich verklagten.

Ute.

Sprich nicht so!
410 Du hast den Tronjer ganz wie sie geehrt
Und auch geliebt! Wenn dich als Kind im Traum
Das wilde Einhorn jagte oder auch
Der Vogel Greif[1] erschreckte, war es nicht
Dein Vater, der das Ungetüm erlegte:
415 Du sprangst dem Ohm des Morgens an den Hals
Und danktest ihm für Thaten, die er selbst
Nicht kannte, durch den ersten Kuß.

Giselher.

Ja, ja!
Und wenn die alten Knechte uns im Stall
Vom Donnrer Thor erzählten, daß wir glaubten,

---

[1] Fabelhafte Tiere.

Er dräue selbst beim falben Schein der Blitze   420
Durchs Bodenloch hinein, so sah er aus
Wie Hagen, wenn er seine Lanze wirft.

Gernot.

Laß, ich beschwör' dich, was vergangen ist,
Doch endlich auch einmal vergessen sein.
Du hast genug geklagt um deinen Helden,   425
Und hätt'st du dir im ersten Schmerz gelobt,
Jedweder seiner edlen Eigenschaften
Ein ganzes volles Thränenjahr zu widmen:
Du wärst herum und deines Eides quitt.
Nun trockne dir denn auch die Augen ab   430
Und brauche sie zum Sehen, statt zum Weinen,
Herr Etzel ist des ersten Blicks schon wert:
Den Toten kann dir keiner wiedergeben,
Hier ist der Beste aller Lebenden.

Kriemhild.

Ihr wißt, ich will nur eins noch auf der Welt,   435
Und nimmer laß' ich ab, es zu verlangen,
Bis ich den letzten Odemzug gethan.

Sechste Szene.

Gunther tritt ein.

Gunther (zu den Brüdern).

Wie steht's?

Kriemhild (kniet vor ihm nieder).

      Mein Herr, mein Bruder und mein König,
Ich bitte dich in Demut um Gehör.

Gunther.

Was soll das heißen?

Kriemhild.

      Wenn du wirklich heut,   440
Wie man mir sagte, dich zum erstenmal
Als Herrn erwiesen hast —

Gunther.

Zum erstenmal!

Kriemhild.

Wenn du die Krone und den Purpur nicht
Zum bloßen Staat mehr trägst, und Schwert und Zepter
445 Zum Spott —

Gunther.

Du redest scharf.

Kriemhild.

Das wollt' ich nicht!
Doch wenn's so ist und wenn auf deine Krönung
Die Thronbesteigung endlich folgen soll —

Gunther.

Nimm's immer an.

Kriemhild.

Dann ist ein großer Tag
Für die gekommen, welche schweres Unrecht
450 Erlitten haben und als Königin
Von allen, welche Leid im Lande tragen,
Bin ich die erste, die vor dir erscheint
Und Klage über Hagen Tronje ruft.

Gunther (stampft).

Noch immer fort!

Kriemhild (erhebt sich langsam).

Der Rabe, der im Wald
455 Den öden Platz umflattert, wo's geschah,
Hört nimmer auf zu kreisen und zu krächzen,
Bis er den Rächer aus dem Schlaf geweckt.[1]
Wenn er das Blut der Unschuld fließen sah,

---

[1] Vgl. dazu die Stelle aus dem sogen. „langen Sigurdslied" der Edda:
Südlich vom Rheine war Sigurd gefallen,
Da rief vom Baume ein Rabe gellend:
„Euer Blut wird Atlis Eisen färben,
Des Meineids Strafe die Mörder treffen."
(„Die Edda." übersetzt und erläutert von H. Gering, S. 219 f.)

So findet er die Ruh' nicht eher wieder,
Bis das des Mörders auch geflossen ist.   460
Soll mich ein Tier beschämen, das nicht weiß,
Warum es schreit, und dennoch lieber hungert,
Als seine Pflicht versäumt? Mein Herr und König,
Ich rufe Klage über Hagen Tronje,
Und Klage werd' ich rufen bis zum Tod.   465

Gunther.
Das ist umsonst!

Kriemhild.
Entscheide nicht so rasch!
Wenn du denn auch mit deiner armen Schwester
Und ihrem Jammer schneller fertig wirst,
Wie sie in bess'rer Zeit mit deiner Hand,
Als sie der wüt'ge Hirsch dir aufgeschlitzt;   470
Wenn du dem Schmerz, der ruhig sagen kann:
„Ist meinesgleichen irgend noch auf Erden,
So will ich lachen und mich selbst verspotten,
Und alle segnen, die ich sonst verflucht!"
Wenn du ihm kalt den kleinsten Trost verweigerst   475
Und ihn von hinnen schreckst mit finstern Brauen:
Erwäg' es doch und nimm dein Wort zurück.
Ich bin's ja nicht allein, die Klage ruft,.
Es ruft das ganze Land mit mir, das Kind
Braucht seinen ersten Odemzug dazu,   480
Der Greis den letzten, Bräutigam und Braut
Den köstlichsten, du wirst es schaudernd sehn,
Wenn's dir gefällt, sie vor den Thron zu laden,
Daß jedes Alter, jeder Stand erscheint,
Denn wie die brechend-schwere Donnerwolke   485
Hängt diese Blutschuld über ihnen allen
Und dräut mit jedem Augenblicke mehr.
Die schwangern Weiber zittern, zu gebären,
Weil sie nicht wissen, ob kein Ungeheuer

490 In ihrem Mutterschoß herangereift,
Und daß uns Sonn' und Mond noch immer leuchten,
Gilt manchem schon als Wunder der Natur.
Wenn du dein königliches Amt versäumst,
So könnten sie zur Eigenhülfe greifen,
495 Wie's einst geschah, bevor's noch Kön'ge gab,
Und wenn sich alle wild zusammenrotten,
So dürften sie, da du nun einmal fürchtest,
Noch fürchterlicher als der Tronjer sein!

Gunther.

Sie mögen's thun!

Kriemhild.

　　　　Du sprichst, als zeigt' ich dir
500 Einen Rock mit trocknem Blut, als hättest du
Den Helden nie gesehn, in dessen Adern
Es kreiste, seine Stimme nie gehört,
Noch seiner Hände warmen Druck gefühlt.
Kann das denn sein? So färbe du, o Erde,
505 Dich überall, wie dich der grause Mord
Bei den Burgunden färbte! Tauche dich
In dunkles Rot! Wirf's ab, das grüne Kleid
Der Hoffnung und der Freude! Mahne alles,
Was lebt, an diese namenlose That
510 Und bringe, da man mir die Sühne weigert,
Sie vor das ganze menschliche Geschlecht.

Gunther.

Genug! Ich kam in einer Absicht her,
Die Dank verdient.
　　　　　　(Zu Ute.) Hast du mit ihr gesprochen?
　　　　　　(Auf bejahendes Zeichen Utes.)
Gut! Gut! — Ich will dich nicht um Antwort fragen,
515 Der Bote mag sie selbst entgegennehmen,
Damit er sieht, daß du dich frei bestimmst.
Ich hoffe, du gestattest ihm Gehör,

Es ist der alte Markgraf Rüdeger,
Die Sitte will es, und er bittet drum.

Kriemhild.

Der Markgraf Rüdeger ist mir willkommen.   520

Gunther.

So send' ich ihn.

(Zu Ute und den Brüdern.)

Laßt ihr sie auch allein!

(Alle ab.)

Siebente Szene.

Kriemhild.

Er fürchtet sich! Er fürchtet Hagen Tronje,
Und Hagen Tronje, hör' ich, fürchtet mich! —
Du könntest Grund erhalten! Mag die Welt
Mich anfangs schmähn, sie soll mich wieder loben,   525
Wenn sie das Ende dieser Dinge sieht!

Achte Szene.

Rüdeger mit Gefolge tritt ein.

Kriemhild.

Seid mir willkommen, Markgraf Rüdeger! —
Doch sprecht, ist's wirklich wahr, was man mir meldet,
Ihr seid als Bote hier?

Rüdeger.

    So ist's! Doch nur
Als Bote Etzels, der kein einz'ges Zepter   530
In Königshänden unzerbrochen ließ,
Als das der Nibelungen.

Kriemhild.

    Einerlei,
Ich bin darum nicht weniger erstaunt!
Ihr seid mir längst gerühmt. Ein Abenteuer

535 Und Rüdeger, der's andern weggenommen,
Die wurden stets zugleich bei uns genannt,
Und wenn man Euch als Boten schicken kann,
So sollte man Euch doch so lange sparen,
Bis man ums Beste dieser Erde schickt.

Rüdeger.

540 Das hat mein Herr und König auch gethan.

Kriemhild.

Wie, Rüdeger, du wirbst um eine Witwe
Und suchst sie in der Mördergrube auf?

Rüdeger.

Was sagst du, Königin?

Kriemhild.

Die Schwalben fliegen
Von dannen, und die frommen Störche kehren
545 Ins hundertjähr'ge Nest nicht mehr zurück,
Doch König Etzel spricht als Freier ein.

Rüdeger.

Unselig sind die Worte, die du redest.

Kriemhild.

Unsel'ger noch die Thaten, die ich sah! —
Verstell' dich nicht! Du weißt, wie Siegfried starb,
550 Und hätt'st du nur das Ammenlied behorcht,
Womit man jetzt am Rhein die Kinder schreckt.

Rüdeger.

Und wenn ich's weiß?

Kriemhild.

Herr Etzel ist noch Heide,
Nicht wahr?

Rüdeger.

Wenn du's verlangst, so wird er Christ!

Kriemhild.

Er bleibe, was er ist! — Ich will dich nicht

Betrügen, Rüdeger, mein Herz ist tot,   555
Wie der, für den es schlug, doch meine Hand
Hat einen Preis.

Rüdeger.

          Ich biet' ein Königreich,
Das auf der Erde keine Grenzen hat.

Kriemhild.

Ein Königreich ist wenig oder viel,
Wie wird's bei Euch verteilt? Dem Mann das Schwert,   560
Nicht wahr, die Krone und den Herrscherstab,
Dem Weib die Flitter, das gestickte Kleid?
Nein, nein, ich brauche mehr.

Rüdeger.

               Was es auch sei,
Es ist gewährt, noch eh' du's fordern kannst.

Kriemhild.

Herr Etzel wird mir keinen Dienst versagen?   565

Rüdeger.

Ich bürge dir.

Kriemhild.

     Und du?

Rüdeger.

          Was ich vermag,
Ist dein bis auf den letzten Odemzug.

Kriemhild.

Herr Markgraf, schwört mir das!

Rüdeger.

               Ich schwör' es Euch.

Kriemhild (für sich).

Sie kennen meinen Preis, ich bin's gewiß!
(Zu den Dienern.) Die Könige!

Rüdeger.

          So hab' ich denn dein Wort?   570

Kriemhild.

Herr Etzel ist auch in Burgund bekannt,
Wer seinen Namen hört, der denkt zuerst
An Blut und Feuer, dann an einen Menschen,
Jawohl, du hast mein Wort! — Man sagt: die Krone
575 Muß ihm ums Angesicht zusammenschmelzen,
Der glüh'nde Degen aus den Händen tröpfeln.
Eh' er im Stürmen innehält! Das ist
Der Mann dafür, dem wird es Wollust sein!

Neunte Szene.

Ute und die Könige treten ein.

Kriemhild.

Ich hab's mir überlegt und füg' mich Euch!
580 Herr Markgraf Rüdeger, reicht mir die Hand,
Ich fasse sie, als ob es Etzels wäre,
Und bin von jetzt der Heunen Königin.

Rüdeger.

Ich huld'ge Euch! (Er zieht nebst den Seinigen das Schwert dabei.)

Ute.

Und ich, ich segne dich.

Kriemhild (weicht vor ihr zurück).

Laß! Laß! Dein Segen hat ja keine Kraft!
585 (Zu den Königen.) Doch ihr — Geleitet ihr mich selbst hinab,
Wie's König Dankrats Tochter fordern darf
Und wie's der Herr der Welt erwarten kann?

Gunther (schweigt).
Rüdeger.

Wie! Nein?

Kriemhild.

Ihr weigert mir mein Fürstenrecht?
(Zu Rüdeger.) Herr Markgraf, fragt bei König Gunther an,
590 Wodurch ich es verwirkt.

Gunther.

Ich weigre nichts,
Doch hab' ich Gründe, jetzt den Rhein zu hüten
Und bitte Euch, Herr Markgraf, meine Schwester
Dem Herrn, den sie gewählt, in meinem Namen
Zu übergeben und mich zu entschuld'gen,
Ich sehe später nach, wie er sie setzt.   595

Kriemhild.

Du gibst dein königliches Wort darauf?

Gunther.

Ich that es schon.

Rüdeger.

So übernehm' ich sie!

Kriemhild.

Nun noch ein letzter Gang zu Siegfrieds Gruft!
Beredet ihr indes das Übrige! (Eckewart tritt hervor.)
Mein treuer Eckewart [1] hat mich gewiegt,   600
Und ob auch alle andern mich verlassen,
Er fehlt gewiß nicht hinter meinem Sarg. (Ab.)

---

[1] Im Nibelungenlied als treuester Diener Kriemhildens bezeichnet. Er tritt
hier auch als Begleiter der ihrem Gemahl nach Niederland folgenden Kriemhild auf.

Zweiter Akt.

Donau=Ufer.

Erste Szene.

Gunther, Volker, Dankwart, Rumolt und ein großes Gefolge. Werbel und Swemmel vor dem König. Später wird das Schiff mit Hagen, dem Kaplan 2c. sichtbar.

Werbel.

Nun gib uns endlich Urlaub, hoher König,
Sie brauchen uns zu Hause, denn sie wissen
605 Den Fiedelbogen höchstens von der Lanze
Zu unterscheiden, aber nicht zu führen,
Und die als steife Boten Abschied nehmen,
Wirst du als flinke Geiger wiedersehn,
Wenn du den feierlichen Einzug hältst.

Gunther.

610 Ihr habt noch Zeit. Ich denke in Bechlarn
Beim alten Rüdeger die Rast zu halten,
Und so weit haben wir den gleichen Weg.

Werbel.

Wir kennen einen nähern und wir müssen
Uns sputen.

Gunther.

Nun so zieht.

Werbel.

Wir danken dir.

(Will mit Swemmel ab.)

Rumolt.

Vergeßt ihr die Geschenke? Wartet doch,   615
Bis sie herüberkommen.

     Werbel (kehrt mit Swemmel um).
    Das ist wahr!

     Rumolt.

Schon naht das Schiff.

     Volker.

    Das find' ich wunderlich,
Erst schlagen sie die reichen Gaben aus,
Dann lassen sie sie liegen!

    (Rasch zu Werbel.) Ist Kriemhild
Noch immer traurig?

     Werbel.

    Sagten wir Euch nicht,   620
Daß sie so fröhlich scheint, als hätte sie
Den Kummer nie gekannt?

     Volker.

    Das sagtet ihr.

     Werbel.

Nun denn.

     Volker.

    Es muß ein Land der Wunder sein,
Wo Etzel herrscht. Wer weiße Rosen pflanzt,
Pflückt rote, denk' ich, oder umgekehrt.   625

     Werbel.

Warum?

     Volker.

    Weil sie sich so verändert hat.
Als fröhlich haben wir sie nie gekannt,
Sie war sogar als Kind nur still vergnügt
Und lachte mit den Augen.

     Rumolt.

    Hagen kommt
Mit seiner letzten Fracht.

Volker.

630 Worin denn zeigt
Sich ihre Fröhlichkeit?

Werbel.

Das seht ihr ja!
Sie liebt die Feste und sie ladet euch
Zum größten ein. Ihr fragt uns sonderbar!
Ist's nicht natürlich, daß sie Boten schickt,
635 Wenn ihr nicht, wie ihr doch versprochen habt,
Von selbst erscheint? So sehr sie unsre Frauen
An Majestät und Schönheit übertrifft,
So seltsam finden die's, und das mit Recht,
Daß ihr Geschlecht sich nicht um sie bekümmert,
640 Als wär' sie seine Schmach und nicht sein Stolz.
Wenn das nicht anders wird, so wird der Neid
Ihr noch die fürstliche Geburt bezweifeln,
Und darum mahnt sie euch an euer Wort.

Volker.

Ei nun, wir kommen um die Sonnenwende,
645 Und, wie Ihr seht, (deutet auf das Gefolge)
mit unserm ganzen Staat!

Werbel.

Mit einem Heer, jawohl. Auf so viel Gäste
Ist Etzel kaum gefaßt, drum müssen wir
Voran!
(Sie gehen zu dem Schiff, das eben anlegt, und verschwinden rasch.)

Volker.

Die reden falsch! Das ist gewiß!
Doch wahr ist's auch, daß Kriemhild wünschen muß,
650 Uns dort zu sehn.

Rumolt.

Und thöricht wär's, zu glauben,
Daß sie den zweiten Mann beredet hätte,
Für ihren ersten Thron und Kopf zu wagen:

Das widerspricht sich selbst und ist zum Lachen,
Doch mag geschehn, was heimlich möglich ist!

Volker.

Und da wir unsre Augen für uns selbst   655
Nicht brauchen, denn was hätten wir zu fürchten,
So ist's, als ob der Tronjer tausend hätte,
Und die sind auch um Mitternacht genug.

Hagen
(der gleich bei der Ankunft des Schiffes herausgesprungen ist und dem Ausladen
zugeschaut hat).

Ist alles hier?

Dankwart.

Bis auf den Priester dort!
(Deutet auf den Kaplan.)
Der packt sich erst sein Meßgerät zusammen.   660

Hagen
(springt wieder ins Schiff und stürzt auf den Kaplan los).

Steh fest! (Er stößt ihn über Bord.)
                    Da liegt er, wie ein junger Hund,
Und meine ganze Mannheit kehrt mir wieder!

Volker (ist ihm nachgesprungen).

Pfui, Hagen, pfui, das war kein Stück für dich.

Hagen (heimlich).

Meerweiber traf ich, grün wie Schilf das Haar,
Und blau die Augen, die mir prophezeiten —¹ (Bricht ab.)   665
Was? Kannst du schwimmen, trotz des lahmen Armes?
Die Ruderstange her!

Volker (ergreift sie und hält sie fest).

Hagen.

Die Ruderstange!
Sonst spring' ich nach, gepanzert, wie ich bin!
(Er nimmt sie und schlägt ins Wasser.)

---

¹ Daß der Kaplan allein von der Fahrt ins Hunnenland zurückkehren würde.

Zu spät! Das ist ein Fisch! — So ist's denn wahr
670 Und nicht bloß Bosheit!

Kaplan (ruft herüber).

König, fahre wohl!

Ich geh' zurück!

Hagen.

Und ich —
(Zieht sein Schwert und zertrümmert das Schiff.)

Gunther.

Bist du von Sinnen,

Daß du das Schiff zerschlägst?

Hagen.

Frau Ute hat

Zu schlecht geträumt, als daß dir jeder Knecht
Zu Etzels Gastgebot mit Freuden folgte,
675 Doch nun ist auch der letzte dir gewiß.

Gunther.

Und halt' ich einen, den ein Traum erschreckt?

Volker.

Das war es nicht. Was hast du?

Hagen.

Tritt beiseite,

Damit uns keiner hört. Denn dir allein
Will ich's vertraun. (Heimlich.)

Meerweiber traf ich an,
680 Als ich vorhin das Schiff zu suchen ging,
Sie schwebten über einem alten Brunnen
Und glichen Vögeln, die im Nebel hüpfen,
Bald sichtbar, bald vom blauen Qualm verschluckt.
Ich schlich heran, da flohn sie scheu von dannen.
685 Allein die Kleider riß ich ihnen ab,
Und schmeichelnd riefen sie, in ihre Locken
Sich wickelnd und in einer Lindenkrone

13*

Sich bergend: „Gibst du uns den Raub zurück,
So wollen wir dir prophezein, wir wissen,
Was euch begegnen wird und melden's treu!"   690
Ich ließ die Kleider hoch im Winde flattern
Und nickte, da begannen sie zu singen,
Und nie vernahm ich noch ein schönres Lied
Von Glück und Sieg und allem, was man wünscht.

Volker.

Das ist ein beff'res Zeichen, als du denkst!   695
Wie das Insekt von Sonnenschein und Regen,
So haben sie vom Schicksal Witterung!
Nur reden sie nicht gern, denn jedes Wort
Bezahlen sie mit einem Lebensjahr,
Und uralt werden sie, wie Sonn' und Mond   700
Am Himmel, doch unsterblich sind sie nicht.

Hagen.

Um so verfluchter denn! Ich warf die Kleider
Mit Freuden wieder hin und stürzte fort.
Doch da erscholl ein Lachen hinter mir,
So widerwärtig und entsetzlich=häßlich,   705
Als käm's aus einem Sumpf von tausend Kröten
Und Unken, und ich sah mich schaudernd um.
Was war's? Die Weiber abermals, doch nun
In scheußlicher Gestalt. Sie schnitten mir
Gesichter und in seltsam=schnalz'gem Ton,   710
Als spräche statt des Vogels jetzt der Fisch,
In dem ihr schlanker Leib sich end'gen soll,
Höhnten sie mich: „Wir haben dich betrogen,
Ihr alle seht, wenn ihr ins Heunenland
Hinunterzieht, den grünen Rhein nicht wieder,   715
Und nur der Mann, den du am allermeisten
Verachtest, kommt zurück."

Volker.

        Doch nicht der Pfaff?

Hagen.

Du siehst es ja. Ich rief zwar spöttisch drein:
„Das heißt: Die Fremde wird uns so gefallen,
720 Daß wir die Heimat über sie vergessen",
Und lacht' und pfiff und fragte nach dem Schiff.
Doch traf's mich wie ein Schlag, und glaub's mir nur,
Es endet nimmer gut. (Laut.)
Man wird's erfahren,
Daß man, wenn Hagen Tronje einmal warnt,
725 Auf Hagen Tronje hören darf.

Gunther.

Warum
Hört Hagen Tronje denn nicht selbst auf sich
Und bleibt zurück? Wir haben Mut genug,
Auch ohne ihn das grause Abenteuer
Zu wagen, das in einer Schwester Armen
730 Sein Ende finden wird, wenn uns nicht gar
Zuletzt ein Kuß von unserm Schwäher droht.

Hagen.

Ho, ho! Ich bin wohl noch zu jung zum Sterben! —
Es ist mir nur um dich und nicht um mich.

Dankwart (zu Hagen).

Was ist denn das für Blut?

Hagen.

Wo hätt' ich Blut?

Dankwart
(taucht den Finger hinein und zeigt es ihm).

735 Ei, von der Stirne träuft's dir hell herunter,
Fühlst du's nicht selbst?

Hagen.

So sitzt mein Helm nicht fest.

Gunther.

Nein, sprich, was ist's?

Hagen.

Ich trug den Donauzoll
Im stillen für dich ab, du wirst nicht mehr
Gemahnt, der Mautner hat sein Teil. Doch wußte
(Er nimmt den Helm ab.)

Ich selber nicht, daß ich so reichlich gab.   740

Gunther.

So hast du doch den Fährmann —

Hagen.

Allerdings!
Ich seh's jetzt, Lügen haben kurze Beine[1]:
Er grüßte mich mit seinem dicken Ruder,
Ich dankte ihm mit meinem scharfen Schwert.

Gunther.

Gelfrat[2], den Riesen!

Hagen.

Ja, den Stolz der Bayern!   745
Er treibt im Fluß, verhauen, wie sein Schiff!
Doch unbesorgt. Ich trag' Euch auf dem Rücken
Hinüber, wenn Ihr hier zum zweitenmal
Die Fähre sucht.

Gunther.

So braucht's nur fortzugehn,
Und deine Rabenweisheit[3] kommt zu Ehren —   750

Hagen.

Das thut sie auch, wenn Ihr die Fiedel streicht!
So oder so, wir sind im Netz des Todes —

Volker.

Gewiß! Doch ist das neu? Wir waren's stets.

---

[1] Bekanntes Sprichwort.
[2] Im Nibelungenlied ist der Sachverhalt: Hagen erschlägt den Fährmann.
Gelfrat, der Markgraf des Bayernlands, will ihn rächen, dabei wird er von
Dankwart erschlagen.
[3] Dein Unheilkünden. Die Raben sind nach dem Volksglauben die Unglücksvögel.

Hagen.

Das ist ein Wort, mein Volker, habe Dank.
755 Jawohl, wir waren's stets, es ist nicht neu,
Und einen Vorteil haben wir voraus
Vor all den andern, welche sterben müssen:
Wir kennen unsern Feind und sehn das Netz —

Gunther

(unterbricht ihn scharf und schroff).

Fort! Fort! Sonst läßt der Bayernherzog sich
760 Den toten Mautner zahlen, wie die Maut,
Und König Etzel kommt um seinen Spaß.

(Ab mit den Seinigen bis auf Hagen und Volker.)

Hagen.

Und bei den Namenlosen sei's geschworen:
Wer mich hinunterstößt, den reiß' ich nach.

Volker.

Ich helf' dabei! Doch sagen muß ich dir:
765 Bis diese Stunde hab' ich wie die andern
Gedacht.

Hagen.

Ich auch. Doch weiß ich's selber erst,
So ist der Mensch, pfui über ihn und mich,
Seit ich die Weiber prophezeien hörte!

Volker.

Und jetzt noch möcht' ich zweifeln —

Hagen.

Nein, mein Volker,
770 Das wär' verkehrt. Die Probe ist gemacht.

Volker.

Doch ist auch alles wahr, was Ute sagte:
Sie ist ein Weib und müßte, um den Gatten
Zu rächen, ihre eignen Brüder töten
Und ihre alte Mutter mit!

Hagen.
Wie das?

Volker.
Die Kön'ge decken dich und Ute deckt   775
Die Kön'ge wieder, oder trifft man sie
Nicht auch, wenn man die Söhne trifft?

Hagen.
Gewiß.

Volker.
Und wird ein Weib wohl einen Pfeil versenden,
Der, eh' er dir die Haut nur ritzen kann,
Durch alle diese Herzen gehen muß?   780

Hagen.
Komme, was kommen mag, ich bin bereit.

Volker.
Ich hab' uns alle bluten sehn im Traum,
Doch jeder hatte seine Wunde hinten,
Wie sie der Mörder, nicht der Held, versetzt,
Drum fürchte nichts, als Mäusefallen, Freund!   785
(Beide ab.)

Zweite Szene.

Bechlarn.

Empfangsaal. Götelinde von der einen Seite mit Gudrun, Rüdeger von der
andern mit Dietrich und Hildebrant. Hinter ihnen Jring und Thüring.

Götelinde.
Es freut' mich, edler Dieterich von Bern,
Euch in Bechlarn zu sehn, nicht minder gern
Erblick' ich Euch, Herr Hildebrant. Ich habe
Nur eine Zunge, und ich kann mit ihr
Zwei tapfre Recken nicht auf einmal grüßen,   790
Allein ich hab' zwei Hände, die dem Herzen,
Das euch gleich stark entgegenschlägt, gleich willig

Gehorchen und (sie streckt ihre Hände aus)

      verbess're so den Fehl.

Dietrich (während der Begrüßung).

Zu milde Worte für so alte Knochen!

Hildebrant.

795 Das find' ich nicht. Ich küss' sie noch einmal,

      (Er küßt auch Gudrun.)

Da sie nun einmal doppelt vor mir steht.

Dietrich.

Die Ähnlichkeit ist wirklich groß genug,

Um die Verwechslung zu entschuldigen.

      (Er küßt Gudrun gleichfalls.)

Rüdeger.

Nur immer zu!

Dietrich.

      Ich und mein Waffenmeister,

800 Wir spielen heut: Wer ist der größte Narr?

Mit braunen Köpfen[1] haben wir gerauft,

Mit weißen küssen wir!

Götelinde (zu Jring und Thüring).

      Euch, edle Herrn

Von Dänemark und Thüring, hab' ich schon

So oft gesehn, daß ich Euch wohl als Freunde

805 Behandeln darf!

Jring (während der Begrüßung).

      Herrn Dieterich gebührt

Der Rang auch ohne das. Wo er erscheint,

Tritt alles gern zurück.

Dietrich.

      Wenn wir uns so

Zusammenfinden, wir, die Amelungen[2],

---

[1] Als wir noch jung waren.

[2] In der Heldensage der Name für die Amaler, jenes Geschlecht, dem Theo-
derich der Große (Tietrich von Bern in der Sage) angehörte.

Und ihr, die ihr aus fernstem Norden stammt,
Ein jeder mehr als hundertmal gekerbt   810
In blut'gen Kämpfen, wie ein Eichenbaum,
Den sich der Jäger für die Axt bezeichnet,
Doch nie gefällt, wie der, so möcht' ich glauben,
Wir haben, ohne selbst darum zu wissen,
Das Kraut gepflückt, das vor dem Tode schützt.[1]   815

Iring.
Ein Wunder ist's.

Thüring.
        Das Wunder ist nicht groß!
Einst saßen wir auf unsren eignen Thronen,
Jetzt sind wir hier, um für den Heunenfürsten
Die blut'gen Nibelungen zu begrüßen,
Und tragen unser Diadem zum Spott.   820
Herr Etzel hat sich seinen stolzen Hof
Aus Königen gebildet, und er sollte
Für sich auf einen neuen Namen sinnen,
Bei dem man gleich an dreißig Kronen denkt:
Wir aber hätten wohlgethan, das Zepter   825
Mit einem Bettelstabe zu vertauschen,
Der Stock, das schnöde Mittelding, entehrt.

Dietrich.
Auch ich bin unter euch und kam von selbst.

Thüring.
Jawohl, doch keiner ahnt, warum, und Etzel,
Das glaube nur, ist so erstaunt wie wir.   830
Wärst du von meinem Holz, so würd' ich glauben,
Du hätt'st dich eingefunden, um den Löwen
Zu spielen und ihn selber zu verschlingen,
Nachdem er Bär und Wolf im Magen hat.
Doch dies liegt deinem Wesen fern, ich weiß,   835

---

[1] Anlehnung an das Sprichwort: „Für den Tod ist kein Kraut gewachsen.“

Und da du ganz aus freien Stücken thust,
Was wir aus Klugheit und aus halbem Zwang,
So mußt du wunderbare Gründe haben,
Die unser plumper Kopf nicht faßen kann.

Dietrich.

840 Ich habe Gründe, und der Tag ist nah',
Wo Ihr sie kennen lernt.

Iring.

Ich brenne drauf,
Sie zu erfahren, denn daß du dich beugst,
Wo du gebieten könntest, ist so seltsam,
Daß es, ich sag' es frei, an Schande grenzt,
845 Besonders dieser Weg.

Thüring.

Das mein' ich auch!

Rüdeger.

Vergeßt nicht Etzels Sinn und edle Art!
Ich würd' ihm willig dienen, wenn ich auch
So frei wie Dietrich wäre, denn er ist
Uns gleich an Adel, doch wir hatten's leicht,
850 Wir erbten's mit dem Blut von unsern Müttern,
Er aber nahm es aus der eignen Brust!

Thüring.

So fühl' ich nicht, ich folge, weil ich muß,
Doch wäre ich wie der —

Iring.

Ich tröste mich
Mit unsern Göttern, denn derselbe Sturm,
855 Der uns die Kronen raubte, hat auch sie
Gestürzt, und wenn's mich auch einmal verdrießt,
Daß dieser (er faßt an sein Diadem)
Reif nicht länger blitzt wie sonst,
So tret' ich rasch in Wodans Eichenhain
Und denk' an den, der mehr verloren hat!

Dietrich.

So machst du's recht! — Das große Rad der Welt   860
Wird umgehängt, vielleicht gar ausgetauscht,
Und keiner weiß, was kommen soll.

Rüdeger.

      Wie das?

Dietrich.

Ich saß einst eine Nacht am Nixenbrunnen
Und wußte selbst nicht, wo ich war. Da hab' ich
Gar viel erlauscht.[1]

Rüdeger.

   Was denn?

Dietrich.

       Wer sagt's dir an?   865
Du hörst ein Wort und kannst es nicht verstehn,
Du siehst ein Bild und weißt es nicht zu deuten,
Und erst, wenn was geschieht, besinnst du dich,
Daß dir's die Norne schon vor Jahr und Tag
In Schattentänzen vorgegaukelt hat!   870

     (Trompeten.)

Iring.

Die Helden nahn!

Thüring.

   Die Mörder!

Rüdeger.

      Davon still!

Dietrich.

So blieb ein Rätsel mir im Ohre hängen,
Das lautete: Der Riese soll den Riesen
Nicht fürchten, nur den Zwerg! Hätt'st du's gelöst?
Seit Siegfrieds Tod versteh' ich's nur zu wohl.   875

Götelinde

  (am Fenster. Die Trompeten ganz nahe).

Da sind sie.

---

[1] Siehe unten, S. 271.

Gudrun.

Welche muß ich küssen, Mutter?

Götelinde.

Die Kön'ge und den Tronjer!

Rüdeger (zu den Recken).

Kommt denn, kommt!

Dietrich.

Ihr, um zu grüßen, um zu warnen ich.

Rüdeger.

Wie?

Dietrich.

Ja! Wenn sie auf meine Winke achten,
880 So trinken sie mit dir und kehren um!
(Im Abgehen.) Halt' Feuer und Schwefel auseinander, Freund,
Denn löschen kannst du nicht, wenn's einmal brennt.

(Alle ab.)

Dritte Szene.

Götelinde.

Tritt her zu mir, Gudrun, was zögerst du?
So edlen Gästen dürfen wir uns nicht
885 Gleichgültig zeigen.

Gudrun (tritt gleichfalls ans Fenster).

Mutter, sieh doch den,
Den Blassen mit den hohlen Totenaugen,
Der hat's gewiß gethan.

Götelinde.

Was denn gethan?

Gudrun.

Die arme Königin! Sie war doch gar
Nicht lustig auf der Hochzeit.

Götelinde.

Was verstehst

Denn du davon? Du bist ja eingeschlafen,   890
Bevor sie's werden konnte.

Gudrun.

Eingeschlafen!
Ich schlief in Wien¹ nicht einmal ein, so jung
Ich damals auch noch war! — So saß sie da,
Den Kopf gestützt, als dächte sie an alles,
Nur nicht an uns, und wenn Herr Etzel sie   895
Berührte, zuckte sie, wie ich wohl zucke,
Wenn eine Schlange uns zu nahe kommt.

Götelinde.

Pfui, pfui, Gudrun!

Gudrun.

Du kannst mir's sicher glauben,
Ihr habt's nur nicht bemerkt. Du lobst mein Auge
Doch sonst —

Götelinde.

Wenn's Nadeln aufzuheben gibt.   900

Gudrun.

Der Vater nennt mich seinen Hauskalender —

Götelinde.

Es soll nicht mehr geschehn, du wirst zu keck.

Gudrun.

So war sie lustig?

Götelinde.

Wie's der Witwe ziemt.
Nichts mehr davon! (Sie tritt vom Fenster zurück.)

Gudrun.

Es fiel mir ja nur ein,
Als ich — (Schreit auf)
Da ist er!   905

_____

¹ In Wien wurde nach dem Nibelungenlied die Hochzeit Etzels und Kriemhildens abgehalten.

Vierte Szene.

Rüdeger tritt mit seinen Gästen und den Nibelungen ein. Giselher folgt später
und hält sich abseits.

Hagen.

Wir erschrecken hier?

(Allgemeine Begrüßung.)

Hagen (zu Gudrun).

Man hat mich wohl verleumdet und verbreitet,
Daß ich nicht küssen kann? Hier der Beweis.

(Er küßt sie, dann zu Götelinde.)

Verzeiht mir, edle Frau! Ich war besorgt
Für meinen Ruf und mußte eilig zeigen,
910 Daß ich kein Lindwurm bin. Doch wär' ich's auch,
So hätt' ein Kuß von diesem Rosenmund
Mich so gewiß zum Schäfer umgewandelt,
Als es im schönsten Märchen je geschah.
Was soll ich? Veilchen suchen? Lämmer fangen?
915 Ich wette um den zweiten Kuß mit dir:
Die Blumen sollen nicht ein Blatt verlieren,
Die Lämmer nicht ein Haar! Sprich, gehst du's ein?

Rüdeger.

Zum Imbiß jetzt! Im Grünen ist gedeckt.

Hagen.

Erst laß uns deine Waffen doch besehn!

(Tritt vor einen Schild.)

920 Das ist ein Schild! Den Meister möcht' ich kennen,
Der ihn geschmiedet hat. Doch hast du selbst ihn
Gewiß nicht aus der ersten Hand.

Rüdeger.

Versuch's,
Ob du errätst, wer ihn vor mir besaß.

Hagen (nimmt den Schild von der Wand).

Ei, der ist schwer. Nur wen'ge gehn herum,
925 Die solch ein Erbstück nicht verschmähen müßten.

Götelinde.

Hörst du, Gudrun?

Hagen.

Du kannst ihn liegen lassen
Wie einen Mühlenstein, wo's dir gefällt,
Er schützt sich selbst.

Götelinde.

Habt Dank für dieses Wort.

Hagen.

Wie, edle Frau?

Götelinde.

Habt Dank, habt tausend Dank,
Es war mein Vater Nudung, der ihn trug.   930

Volker.

Dann hatt' er recht, als er Euch schwören ließ,
Euch keinem andern Recken zu vermählen
Als dem, der seine Waffen brauchen könne,
Man denkt zum Schild sich leicht das Schwert hinzu.

Hagen.

Das hab' ich nie gehört. Was solch ein Fiedler   935
Doch alles weiß!

Rüdeger.

Es war so, wie er sagt.

Hagen (will den Schild wieder aufhängen).

Nun, ich beklage seinen Tod von Herzen,
Ich hätt' — verzeiht — ihn selbst erschlagen mögen,
Es muß ein trotz'ger Held gewesen sein.

Götelinde.

Laßt ihn nur stehn.

Hagen.

Das thut kein Knecht für mich.   940

Rüdeger.

Schon gut. Wir wissen jetzt, was dir gefällt!

Hagen.

Meinst du? Zum Balmung würd' er freilich passen,

Den mir der wackre Siegfried hinterließ,
Und daß ich Waffen sammle, leugn' ich nicht.

Rüdeger.

945 Nur nimmst du keine aus der ersten Hand.

Hagen.

Ich liebe die erprobten, das ist wahr!

(Alle ab.)

Fünfte Szene.

Volker (hält Giselher zurück).

Mein Giselher, ich muß dir was vertraun.

Giselher.

Du mir?

Volker.

Auch bitt' ich dich um deinen Rat.

Giselher.

Wir ritten fast die ganze Zeit zusammen,
950 Und jetzt auf einmal? Nun, so faß' dich kurz!

Volker.

Sahst du das Mägdlein? Doch, was frag' ich noch,
Sie hielt ja keinen Becher in der Hand.

Giselher.

Sprich nicht so dumm, ich hab' sie wohl gesehn.

Volker.

Du hast ja aber doch den Kuß verschmäht,
955 Den sie dir schuldig war —

Giselher.

Was höhnst du mich?

Volker.

Ich muß dich prüfen, eh' ich's glauben kann,
Denn das vom Becher ist dein eignes Wort.
Wie alt erscheint sie dir?

Giselher.

Nun laß mich aus!

Volker.

Du hast noch Zeit. Führt sie den Mädchentitel
Schon unbestritten?

Giselher.

Kümmert's dich?

Volker.

Jawohl: 960

Ich möcht' hier werben, und ich muß doch wissen,
Daß sie den Bräutigam nicht stehen läßt,
Wenn sie zum Blindekuh gerufen wird.

Giselher.

Du willst hier werben? Du?

Volker.

Nicht für mich selbst!

Mein Helm ist, trotz der Beulen, die er hat,   965
Noch blank genug, mir mein Gesicht zu zeigen,
O nein, für Gerenot.

Giselher.

Für Gerenot?

Volker.

Nun frag' ich dich im Ernst: ist's euch genehm?
Dann thu' ich's gern! Hab' ich's doch selbst gesehn,
Daß ihn's durchfuhr, als ob der Blitz ihn träfe,   970
Wie er dies Kind am Fenster stehen sah.

Giselher.

Ihn? er hat nicht einmal hinauf geschaut! —
Das war ja ich.

Volker.

Das wärest du gewesen?

Sprachst du denn auch zu mir?

Giselher.

Das glaub' ich nicht,

975 Doch dafür sprech' ich jetzt. Ihr habt ja immer
Gedrängt, ich sollte frein, und Gerenot
Am allermeisten — nun, es wird geschehn!

Volker.

Auf einmal?

Giselher.

Wenn sie will. Ich hab' den Kuß
Der Höflichkeit verschmäht —

Volker.

Ist's wirklich so?

Giselher.

980 Verpaßt, wenn's dir gefällt, wie meinen Teil
Vom großen Kuchen, doch es ist mir gleich,
Einen andern oder keinen! (Rasch ab.)

Sechste Szene.

Volker.

Ei, das kommt
Wie's Fieber! Aber ganz zur rechten Zeit,
Drum blies ich auch hinein mit vollen Backen,
985 Denn wenn wir uns mit Rüdeger verschwähern,
Ist Etzels redlichster Vasall uns Freund. (Ab.)

Siebente Szene.

Garten.
Rüdeger und seine Gäste. Bankett im Hintergrunde.

Hagen.

Hast du ihr im geheimen nichts gelobt?[1]

Rüdeger.

Hätt' ich's gethan, so müßt' ich's wohl verschweigen.

---

[1] Der Kriemhild, als Rüdeger die Werbung Etzels überbrachte (siehe S. 188).

Hagen.

Ich glaub' es doch. Der Umsprung war zu rasch!
Erst war sie durch die Werbung tief gekränkt,   990
Dann war's ihr plötzlich recht.

Rüdeger.

                    Und wenn es wäre:
Kann sie verlangen, was man weigern muß?

Hagen.

Wer weiß! Doch mir ist's gleich!

Rüdeger.

                      Ich kenne das!
Wohl mag ein Weib, das schwer beleidigt ist,
Auf Rache sinnen und in blut'gen Plänen   995
Uns alle überbieten: kommt der Tag,
Wo sich ein Arm für sie erheben will,
So hält sie selbst mit Zittern ihn zurück
Und ruft: Noch nicht!

Hagen.

                Kann sein! — Wo bleibst du, Volker?

Achte Szene.

Volker tritt auf.

Volker.

Ich hatte Krankendienst! — Die Luft bei euch   1000
Ist nicht gesund. Hier brechen Fieber aus,
Die über zwanzig Jahre ruhig schliefen,
Und das so heftig, wie ich's nie gesehn.

Rüdeger.

Wo ist dein Kranker denn?

Volker.

                Da kommt er just!

Neunte Szene.

Giselher tritt auf.

Rüdeger.

1005 Zu Tisch! Dort lösen wir dies Rätsel auf,
Wenn wir die Nüsse und die Mandeln knacken.

Giselher.

Mein edler Markgraf, erst erlaubt ein Wort.

Rüdeger.

Soviel der Küchenmeister noch gestattet,
Nicht mehr, noch weniger.

Giselher.

Ich bitte Euch

1010 Um Eurer Tochter Hand.

Gerenot.

Ei, Giselher.

Giselher.

Ist's dir nicht recht? Sprich auch! Und laß uns schwören:
Wie uns das Los auch fällt, wir grollen nicht!
Du lachst? Du sprachst wohl schon und hast dein Ja?
Nun wohl, ich halt' auch dann, was ich gelobt,
1015 Doch nehm' ich nie ein Weib!

Gerenot.

Was fällt dir ein!

Rüdeger (winkt Frau und Tochter).

Tritt her, Gudrun!

Hagen (schlägt Giselher auf die Schulter).

Du bist ein braver Schmied! —
Das wird ein Ring![1] — Ich leg' mein Fürwort ein!

---

[1] Bei der altgermanischen Verlobung bildeten die Verwandten einen Ring und ließen das junge Paar hineintreten. Der Älteste der Familie richtete dann an das Mädchen und den jungen Mann die Frage, ob sie einander angehören wollten. Im Nibelungenlied wird diese Szene zweimal beschrieben. Hagen geht bei seinem bildlichen Ausdruck von der Vorstellung einer derartigen Verlobung aus.

Gunther.

Das thu' auch ich. Es wird mich hoch erfreun,
Wenn ich auf diese reine Jungfraunstirn
Die Krone setzen darf.

Giselher (zu Gudrun).

Und du?

Götelinde (da Gudrun schweigt).

O weh!   1020
So wißt Ihr's nicht schon längst durch das Gerücht?
Mein Kind ist taub und stumm.

Rüdeger.

Ich geb' Euch gern
Euer Wort zurück.

Giselher.

Ich hab's noch nicht verlangt,
Sie wäre ohne das zu gut für mich.

Hagen.

Recht, hämmre tüchtig zu! Denn solch ein Ring   1025
Paßt ganz in unsre Kette.
(Zu Volker.) Wenn sie's wagt,
So soll sie zehnmal blut'ger sein wie ich!

Giselher.

Gudrun — Ach, ich vergesse! Lehrt mich rasch
Die Zeichen, die ihr braucht, mit ihr zu reden,
Und diesmal fragt für mich.

Gudrun.

Ei, glaub's doch nicht,   1030
Ich schämte mich ja nur.

Volker.

Du liebes Kind!
Auf deinen Lippen muß ein Zauber wohnen,
Wer sich beim ersten Kuß was wünscht, der hat's.

Giselher.

So sprich!

Gudrun.

Mein Vater sprach ja auch noch nicht.

Hagen (zu Rüdeger).

1035 Da hast du Vollmacht! Siegle! Denn dein Koch
Wird ungeduldig.

Rüdeger (gegen Gunther).

Braucht es meiner noch?
Muß ich die Rolle jenes Narren spielen,
Dem eine Krone auf den Scheitel fiel,
Und der gen Himmel rief: „Ich nehm' sie an?
1040 Es sei, und also sag' ich ja!"

(Zu Hagen.) Nun weißt du,
Wie tief ich gegen euch verschworen bin.

Hagen.

So gebt euch denn die Hände! Brav! Der Ring
Ist fertig! Keinen Schlag mehr, Schmied! Die Hochzeit
Erst bei der Wiederkehr!

Giselher.

Warum?

Götelinde.

Ei wohl!

Rüdeger.

1045 Ich harrte sieben Jahr.

Hagen.

Doch darfst du nicht
Zurückgewiesen werden, wenn dir auch
Ein paar von deinen Gliedern fehlen sollten.
(Zu Gudrun.) Ich steh' dafür, er kommt nicht ohne Kopf.

Rüdeger.

Das gehn wir ein. Es gilt ja nur ein Fest.

Dietrich (tritt plötzlich hinzu).

1050 Wer weiß! Frau Kriemhild weint noch Tag und Nacht.

Hagen.

Und Etzel duldet's? Pah! Da schellt der Koch.

Dietrich.

Ich bin gekommen, um euch das zu sagen,
Es ist geschehn, nun achtet's, wie ihr wollt.

(Geht mit Rüdeger zum Bankett.)

Zehnte Szene.

Hagen.

Hört ihr's? Das sprach Herr Dieterich von Bern.

Dietrich (kehrt wieder um).

Seid auf der Hut, ihr stolzen Nibelungen,　　　　　　1055
Und wähnt nicht, daß ein jeder, der die Zunge
Jetzt für euch braucht, den Arm auch brauchen darf.

(Folgt Rüdeger.)

Elfte Szene.

Volker.

Das sprach ein König, der gewiß zuletzt
Auf Erden Argwohn schöpft.

Hagen.

　　　　　Sie kennen ihn.

Volker.

Und weise Nixen, die dem Zauberborn　　　　　　1060
Entstiegen —

Hagen.

　　　Willst du schwatzen?

Gunther.

　　　　　　　Nun, was ist's?

Hagen.

Sie meinten, gute Panzer thäten not —

Volker.

Und nützten doch zu nichts.

Gunther.

　　　　　　Was thut's? Die Hülfe
Ist bei der Hand.

Hagen.

　　Wie das?

Gunther.

Du gehst zurück!

Hagen.

1065 Zurück?

Gunther.

Jawohl! Du meldest meiner Mutter,
Was hier geschah, damit sie Betten stopft,
Und freust dich, daß du uns gerettet hast.
Denn die Gefahr, vor der du ewig warnst,
Ist nur für dich und nicht für uns vorhanden,
1070 Wir sind gedeckt, sobald du selbst nur willst,
Und deinen Auftrag hast du! Kehr' denn um!

Hagen.

Gebeutst du's mir?

Gunther.

Wenn ich gebieten wollte,
So hätt' ich's schon zu Worms am Rhein gethan!

Hagen.

Dann ist's ein Dienst, den ich dir weigern muß.

Gunther.

1075 Siehst du? Es ist dir nicht allein um mich!
Du willst nicht fehlen, wo man spotten könnte:
Wo bleibt er denn? Er fürchtet sich doch nicht?
Nun, was dich treibt, das treibt auch mich! Ich will
Nicht warten, bis der Heunenkönig mir
1080 Ein Spinnrad[1] schickt. Ja, wenn die Norne selbst
Mit aufgehobnem Finger mich bedräute,
Ich wiche keinen Schritt zurück! Und du
Bist unser Tod, wenn's drunten wirklich steht,
Wie du's uns prophezeist. Doch —

(Er schlägt Hagen auf die Schulter.)

Komm nur, Tod!

(Folgen den andern.)

----

[1] Zeichen furchtsam=weibischer Gesinnung bei dem, der es erhält.

Dritter Akt.

Hennenland. König Ezels Burg. Empfangssaal.

Erste Szene.
Kriemhild, Werbel, Swemmel.

Kriemhild.

So wagt er's ungeladen? Hagen Tronje,   1085
Ich kannte dich!

Werbel.
            Er zieht voran und führt.

Kriemhild.

Greift gleich nach ihren Waffen, wenn sie kommen,
Ihr wißt, mit List.

Werbel.
            Es liegt uns selbst daran.

Kriemhild.

Habt ihr denn auch noch Mut, nun ihr sie kennt?

Werbel.

Dem Hornisschwarm erlag schon mancher Leu! -   1090
Weiß Ezel etwas?

Kriemhild.
            Nein! — und doch wohl: ja

Werbel.

Es ist nur —

Kriemhild.
        Was?

Werbel.
            Auch in der Wüste ehren
Wir einen Gast.

Kriemhild.
        Ist Gast, wen keiner lud?

Werbel.

Bei uns sogar der Feind.

Kriemhild.

Vielleicht ist alles

1095 Nicht nötig. Hier wird König Gunther frei,
Und wenn sich in Burgund der Henker findet,
So brauche ich die Heunschen Rächer nicht.

Werbel.

Doch Königin —

Kriemhild.

Euch halte ich auch dann,
Was ich euch schwur. Der Nibelungen Hort
1100 Ist euer, wenn er liegt. Ich frage nicht,
Durch wen er fiel!

Werbel.

Auch wenn wir nichts gethan?
Trotz Etzels Zorn, dein bis zum Tod dafür!

Kriemhild.

Habt ihr die Königin Burgunds gesehn?

Werbel.

Die sieht kein Mensch.

Kriemhild.

Auch nicht von ihr gehört?

Werbel.

1105 Die wunderlichsten Reden gehen um.

Kriemhild.

Was denn für Reden?

Werbel.

Nun, es wird geflüstert,
Daß sie in einem Grabe haust.

Kriemhild.

Und doch
Nicht tot?

Werbel.

Sie hat es gleich nach dir bezogen,
Fort in der Nacht, nach Wochen erst entdeckt,
1110 Und nicht mehr wegzubringen.

Kriemhild.

Sie — Brunhild --

In Siegfrieds heil'ger Ruhestatt?

Werbel.

So ist's.

Kriemhild.

Vampyr.

Werbel.

Am Sarge kauernd.

Kriemhild.

Teufelskünste

Im Sinn.

Werbel.

Kann sein. Allein im Auge Thränen,
Und mit den Nägeln bald ihr Angesicht
Zerkratzend, bald das Holz.

Kriemhild.

Da seht ihr's selbst!   1115

Werbel.

Der König gab Befehl, sie einzumauern,
Doch eilig setzte ihre graue Amme
Sich in die Thür.

Kriemhild.

Dich treib' ich wieder aus! —

(Nach einer Pause.)

Und meine Mutter schickt mir diese Locke
Und fügte nicht ein einz'ges Wort hinzu?   1120

Werbel.

So ist's.

Kriemhild.

Sie soll mich mahnen, denk' ich mir,
Daß ich die Brüder nicht zu lange halte.

Werbel.

Es mag wohl sein.

Kriemhild.

Sie ist so weiß wie Schnee.

Werbel.

Doch hätte sie gewiß nicht dran gedacht,
1125 Wenn sie ihr Traum nicht so geängstigt hätte,
Denn sie betrieb die Reise selbst mit Fleiß.

Kriemhild.

Was für ein Traum?

Werbel.

Sie sah die Nacht, bevor
Wir ziehen sollten, alle Vögel tot
Vom Himmel fallen.

Kriemhild.

Welch ein Zeichen!

Werbel.

Nicht?

1130 Die Kinder scharrten sie mit ihren Füßen
Zusammen, wie im Herbst die dürren Blätter —

Kriemhild.

Und ihre Träume gehen immer aus!¹ —
Das ist ein Pfand!

Werbel.

Du jubelst? Sie erschrak
Und schnitt, als wir zu Pferde steigen wollten,
1135 Vom greisen Haupt die Locke sich herunter
Und gab sie mir, wie einen Brief, für dich.

Kriemhild.

Nun richtet euch!

Werbel.

Das Netz ist schon gestellt.

(Werbel und Swemmel ab.)

———

Zweite Szene.

Kriemhild (die Locke erhebend).

Ich kann dich wohl verstehn! Doch fürchte nichts!

¹ Erfüllen sich.

Mir ist's nur um den Geier, deine Falken[1]
Sind sicher bis auf ihre letzte Feder,   1140
Es wäre denn — Doch nein, sie hassen sich!

———————

Dritte Szene.

Etzel (tritt mit Gefolge ein).

Nun wirst du doch mit mir zufrieden sein?
Und wenn du's noch nicht bist, so wirst du's werden,
Bevor ich dich verlasse. Sag' nur an,
Wie ich die Deinigen begrüßen soll.   1145

Kriemhild.

Mein König —

Etzel.

Stocke nicht! Bedinge dir's,
Wie's dir gefällt! Ich bin bis an das Thor,
Als ich den alten Dieterich von Bern
Zuerst empfing, und trug ein Diadem.
Dies war bis jetzt mein Höchstes, aber heut   1150
Bin ich zu mehr bereit, damit sie sehn,
Daß auch der Heune dich zu schätzen weiß.
Bis an die fernsten Marken meines Reichs
Hab' ich die Könige vorausgesandt,
Die mehr aus Wahl mir dienen, als aus Zwang,   1155
Und Freudenfeuer, die von Berg zu Berg
Entzündet werden, flammen ihnen zu,
Daß sie an Etzels Hof willkommen sind,
Und uns, auf welcher Straße sie sich nahn.
Soll ich nun auch noch Kronenprobe halten   1160
Und meinen Purpur einmal wieder lüsten,
So sprich's nur aus und kehr' dich nicht daran,

———————

[1] Mit dem Geier ist Hagen gemeint, die Falken sind die Burgunderkönige. Vgl. dazu Kriemhildens Traum, S. 28.

Daß mich ein Zentner Eisen nicht so drückt,
Wie eine Unze Gold. Ich wähle mir
1165 Die leichteste, und wenn du danken willst,
So kannst du sie mit einem roten Band
Mir für das Fest der Sonnenwende merken,
Damit ich sie sogleich zu finden weiß.

Kriemhild.

Mein Herr und mein Gemahl, das wär' zu viel.

Etzel.

1170 Zu viel vielleicht für sie, doch nicht für dich!
Denn du erfülltest mir den letzten Wunsch,
Der mir auf Erden noch geblieben war,
Du schenktest mir den Erben für mein Reich,
Und was ich dir im ersten Vaterrausch
1175 Gelobte, halt' ich auch: Du kannst nicht fordern,
Was ich versagte, seit ein Sohn mir lebt.
Und wenn du nichts für dich verlangen magst,
So laß mich's an den Deinigen beweisen,
Daß es mir Ernst mit dieser Rede ist.

Kriemhild.

1180 Vergönne denn, daß ich sie nach Verdienst
Und Würdigkeit empfange und behandle,
Ich weiß am besten, was sich für sie schickt,
Und sei gewiß, daß jeder das erhält,
Was ihm gebührt, wie seltsam ich das Fest
1185 Auch richten und die Stühle setzen mag.

Etzel.

So sei's! Ich lud ja nur auf deinen Wunsch,
Denn Vettern, die mich sieben[1] Jahr verschmähn,
Kann ich im achten, wie sie mich, entbehren,
Drum ordne alles, wie es dir gefällt.
1190 Wenn du mein halbes Reich verschwenden willst,

---

[1] Nach dem Nibelungenlied ist Kriemhild bereits dreizehn Jahre mit Etzel verheiratet.

So steht's dir frei, du bist die Königin,
Und wenn du deine Kuchen lieber sparst,
So ist's mir recht, du bist des Hauses Frau!

Kriemhild.

Mein Herr und König, edel bist du stets
Mit mir verfahren, doch am edelsten   1195
In dieser Stunde. Habe Dank dafür.

Etzel.

Um ein's nur bitt' ich: Laß mich deiner Huld
Den alten Dieterich von Bern empfehlen,
Wenn du ihn ehrst, so thust du, was mich freut.

Kriemhild.

Es soll geschehn, und das von Herzen gern.   1200

Etzel.

Die Herrn von Thüring und von Dänemark
Schick' ich hinab, die Gäste zu begrüßen,
Doch Dietrich zog aus freien Stücken mit.

Kriemhild.

Er wird sie kennen!

Etzel.

Nein, er kennt sie nicht.

Kriemhild.

Sie ehren oder fürchten!

Etzel.

Auch nicht! Nein!   1205

Kriemhild.

Dann ist es viel!

Etzel.

Weit mehr noch als du glaubst.
Denn sieh: Es sind drei Freie auf der Welt,
Drei Starke, welche die Natur, wie's heißt,
Nicht schaffen konnte, ohne Mensch und Tier
Vorher zu schwächen und um eine Stufe   1210
Herabzusetzen --

Kriemhild.

Drei?

Etzel.

Der erste ist —
Vergiß! Er war! Der zweite bin ich selbst,
Der dritte und der mächtigste ist er!

Kriemhild.

Dietrich von Bern!

Etzel.

Er hält es gern geheim
1215 Und rührt sich nur, wie sich die Erde rührt,
Wenn er nicht anders kann, doch sah ich's selbst.
Du kennst die Heunen: tapfer, wie sie sind,
Muß ich den Übermut gewähren lassen,
Der sie erfüllt vom Wirbel bis zur Zeh'!
1220 Wer's Handwerk kennt, der weiß, daß der Soldat
Im Feld nur darum unbedingt gehorcht,
Weil er im Stall zuweilen trotzen darf,
Und willig läßt er ihm das kleine Recht,
Die Feder so, die Spange so zu tragen,
1225 Das er mit seinem Blut so teuer zahlt.
Drum kann ich auch die edlen Könige
Nicht so vor aller Ungebühr bewahren,
Wie ich's wohl möchte, auch mein letzter Knecht
Will seinen Teil von Etzels Macht und Ruhm,
1230 Die er als allgemeines Gut betrachtet,
Und zeigt's, indem er pfeift, wenn andre beten,
Und schnalzt, wenn er sie höflich grüßen sieht.
So wagte einer hinter Dietrichs Rücken
Denn auch ein freches Wort, und das den Tag,
1235 An dem er kam, er sah sich schweigend um
Und schritt zu einer Eiche, riß sie aus
Und legte sie dem Spötter auf den Rücken,

Der knickte unter ihrer Last zusammen,
Und alles schrie: Der Berner lebe hoch!

Kriemhild.
Das ahnt' ich nicht!

Etzel.
Er schwört sein Lob so ab   1240
Wie andre ihre Schande, und er würde
Die Thaten gern verschenken, wie die Beute,
Wenn sich nur Nehmer fänden. Doch so ist's!

Kriemhild.
Und dennoch? — Über allem Menschenkind,
Und dein Vasall?

Etzel.
Ich selbst erschrak, als er   1245
Mit abgelegter Krone vor mich trat
Und seinen Degen senkte. Was ihn trieb,
Das weiß ich nicht, allein er dient mir treuer
Wie viele, die ich überwand im Feld,
Und schon an sieben Jahr! Ich hätt' ihn gern   1250
Mit meinen reichsten Lehen ausgestattet,
Doch nahm er nichts als einen Meierhof,
Und auch von diesem schenkt er alles weg,
Bis auf ein Osterei[1], das er verzehrt.

Kriemhild.
Seltsam!

Etzel.
Errätst auch du ihn nicht? Er ist   1255
Ja Christ, wie du, und eure Bräuche sind
Uns fremd und unverständlich. Kriecht doch mancher
Von euch in Höhlen und verhungert da,
Wenn ihm kein Rabe Speise bringt, erklettert
In heißer Wüste schroffe Felsenklippen   1260

---

[1] Soll bedeuten: etwas ganz Geringfügiges.

Und horstet drauf, bis ihn der Wirbelwind
Herunterschleudert —

Kriemhild.

Heilige und Büßer,
Doch Dietrich trägt ein Schwert.

Etzel.

Gleichviel! Gleichviel! —
Ich möcht' ihm endlich danken, und mir fehlt
1265 Die Gabe, die er nimmt. Thu du's für mich!
Du bist uns noch das erste Lächeln schuldig:
Schenk's ihm.

Kriemhild.

Du sollst mit mir zufrieden sein!

Vierte Szene.

Werbel und Swemmel treten auf.

Werbel.

Mein Fürst, es flammt schon von den nächsten Bergen!
Die Nibelungen nahn!

Etzel (will hinunter).

Kriemhild (hält ihn zurück).

Ich geh' hinab
1270 Und führ' sie in den Saal. Du aber bleibst
Und wartest ihrer, mag die Treppe ihnen
Auch länger werden als der ganze Weg
Vom Rhein bis in die Heunenburg.

Etzel.

Es sei.
Sie hatten auch ja Zeit. Ich will derweil
1275 Die Helden durch das Fenster mir betrachten;
Komm, Swemmel, zeig' mir einen jeden an.

(Ab. Swemmel folgt.)

15*

Fünfte Szene.

Kriemhild.

Nun hab' ich Vollmacht — Sie ist weit genug!
Er braucht mir nicht zu helfen, ich vollbringe
Es schon allein, wenn er mich nur nicht hindert,
Und daß er mich nicht hindert, weiß ich jetzt! (Ab.)   1280

Sechste Szene.

Schloßhof.
Die Nibelungen mit Dietrich, Rüdeger, Iring und Thüring treten auf.

Hagen.

Da sind wir denn! Hier sieht's ja prächtig aus!
Was ist das für ein Saal?

Rüdeger.

       Der ist für euch,
Du wirst ihn noch vor Abend kennen lernen,
Er hat für mehr als tausend Gäste Raum.

Hagen.

Wir glaubten auch, in keiner Bärenhöhle   1285
Zu sitzen, weil wir nicht vom Rauch mehr leiden,
Wie unsre Väter in der alten Zeit,
Doch das ist ganz was andres!
    (Zu den Königen.) Hütet euch,
Den asiat'schen Schwäher einzuladen:
Der schickt sein Pferd in euer Prunkgemach   1290
Und fragt euch dann, wo Obdach ist für ihn.

Rüdeger.

Herr Etzel sagt: Die Völker denken sich
Den König wie das Haus, worin er wohnt!
Drum wendet er auf dieses all' die Pracht,
Die er an seinem Leibe stolz verschmäht.   1295

Hagen.

Dann denken sie sich ihn mit so viel Augen,

Als ihnen Fenster hier entgegen funkeln,
Und zittern schon von fern. Doch hat er recht!

Rüdeger.

Da kommt die Königin!

— — —

Siebente Szene.

Kriemhild mit großem Gefolge tritt auf.

Hagen.

Noch immer schwarz!

Kriemhild (zu den Nibelungen).

1300 Seid ihr es wirklich? Sind das meine Brüder?
Wir glaubten schon, es käm' ein Feind gezogen,
So groß ist euer Troß. Doch seid gegrüßt!

(Bewillkommnung, aber ohne Kuß und Umarmung.)

Mein Giselher, den Herren von Burgund
Entbot die Heunenkönigin den Gruß,
1305 Dich küßt die Schwester auf den treuen Mund.
Herr Dieterich, mir trug der König auf,
Euch Dank zu sagen, daß Ihr seine Gäste
Empfangen habt. Ich sag' Euch diesen Dank!

(Reicht ihm die Hand.)

Hagen.

Man grüßt die Herren anders als die Mannen,
1310 Das ist ein Zeichen wunderlicher Art,
Das manchen dummen Traum zu Ehren bringt.

(Bindet seinen Helm fester.)

Kriemhild.

Auch du bist da? Wer hat denn dich geladen?

Hagen.

Wer meine Herren lud, der lud auch mich!
Und wem ich nicht willkommen bin, der hätte
1315 Auch die Burgunden nicht entbieten sollen,
Denn ich gehör' zu ihnen wie ihr Schwert.

Kriemhild.

Dich grüße, wer dich gerne sehen mag:
Was bringst du mir, daß du's von mir erwartest?
Ich habe dich des Abschieds nicht gewürdigt.
Wie hoffst du jetzt auf freundlichen Empfang!   1320

Hagen.

Was sollt' ich dir wohl bringen, als mich selbst?
Ich trug noch niemals Wasser in das Meer
Und sollte neue Schätze bei dir häufen?
Du bist ja längst die Reichste von der Welt.

Kriemhild.

Ich will auch nichts, als das, was mir gehört,   1325
Wo ist's? Wo blieb der Hort der Nibelungen?
Ihr kommt mit einem Heer! Es war wohl nötig,
Ihn herzuschaffen. Liefert ihn denn aus!

Hagen.

Was fällt dir ein? Der Hort ist wohl bewahrt,
Wir wählten einen sichren Ort für ihn,   1330
Den einzigen, wo's keine Diebe gibt,
Er liegt im Rhein, wo er am tiefsten ist.

Kriemhild.

So habt ihr das nicht einmal gut gemacht,
Was doch noch heut in eurem Willen steht?
Dich, sagst du, hielt man nötig für die Fahrt,   1335
Und nicht den Hort? Ist das die neue Treu'?

Hagen.

Wir wurden auf das Fest der Sonnenwende
Geladen, aber nicht zum Jüngsten Tag;
Wenn wir mit Tod und Teufel tanzen sollen,
So sagte man's uns nicht zur rechten Zeit.   1340

Kriemhild.

Ich frage nicht für mich nach diesen Schätzen,
Ich hab' an meinem Fingerhut genug,

Doch Königinnen werden schlecht geachtet,
Wenn ihre Morgengabe gar nicht kommt.

Hagen.

1345 Wir trugen allzuschwer an unserm Eisen,
Um uns auch noch mit deinem Gold zu schleppen,
Wer meinen Schild und meinen Panzer wiegt,
Der bläst das Sandkorn ab und nicht hinzu.

Kriemhild.

Ich bin hier noch die Brautgeschenke schuldig,
1350 Doch das ist Etzels Sache, meine nicht,
So legt denn ab und folgt mir in den Saal,
Er wartet längst mit Ungeduld auf euch.

Hagen.

Nein, Königin, die Waffen nehm' ich mit,
Dir ständen Kämmrerdienste übel an!

(Zu Werbel, der auf Kriemhilds Wink Hagens Schild ergreift.)

1355 Auch du bist gar zu höflich, süßer Bote,
Die Klauen sind dem Adler nie zur Last.

Kriemhild.

Ihr wollt in Waffen vor den König treten?
So hat euch ein Verräter auch gewarnt,
Und kennt' ich ihn, so sollt' er selbst erleiden,
1360 Womit er euch aus Hinterlist bedroht.

Dietrich (tritt ihr gegenüber).

Ich bin der Mann, ich, Dietrich, Vogt von Bern!

Kriemhild.

Das würd' ich keinem glauben, als Euch selbst!
Euch nennt die Welt den edlen Dieterich
Und blickt auf Euch, als wärt Ihr dazu da,
1365 Um Feuer und Wasser einen Damm zu setzen
Und Sonne und Mond den rechten Weg zu zeigen,
Wenn sie einmal verirrten auf der Bahn.
Sind das die Tugenden, für die's der Zunge

An Namen fehlt, weil sie kein Mensch vor Euch
Besessen haben soll, daß Ihr Verwandte,   1370
Die sich versöhnen wollen, neu verhetzt
Und Euren Mund zum Blasebalg erniedrigt,
Der tote Kohlen anzufachen sucht?

Dietrich.

Ich weiß, worauf du sinnst, und bin gegangen,
Es zu verhüten.

Kriemhild.

         Und was wär' denn das?   1375
Wenn du den Wunsch in meiner Seele kennst,
Den du als Mann und Held verdammen darfst,
So nenn' ihn mir und schilt mich, wie du magst.
Doch wenn du schweigen mußt, weil du nicht wagst,
Mich eines Unrechts zu beschuldigen,   1380
So fordre diesen ihre Waffen ab.

Hagen.

Das braucht er nur zu thun, so hat er sie.

Dietrich.

Ich steh' dir für sie ein!

Kriemhild.

           Für Etzel auch,
Daß er die Doppelschmach nicht grimmig rächt?
Mit meinen Perlen schmückt die Nixe sich,   1385
Mit meinem Golde spielt der plumpe Fisch[1],
Und statt sich hier zum Pfand des Friedens jetzt
Den Arm zu binden, blitzt ihr Schwert als Gruß.

Hagen.

Herr Etzel war noch nimmer in Burgund,
Und wenn du selbst es ihm nur nicht verrätst,   1390
So weiß er viel, was Brauch ist unter uns.

---

[1] Der Nibelungenhort liegt im Rhein.

Kriemhild.

Ein jeder wählt sein Zeichen, wie er will,
Ihr tretet unter dem des Blutes ein,
Doch merkt euch! wer da trotzt auf eignen Schutz,
1395 Der ist des fremden quitt, und damit gut.

Hagen.

Wir rechnen immer nur auf uns allein
Und achten alles übrige gering.

Dietrich.

Ich werde selbst das Salzfaß überwachen,
Damit kein Zank entsteht.

Kriemhild.

　　　　　Du kennst sie nicht
1400 Und wirst noch viel bereun!

Hagen (zu Rüdeger)

　　　　　Herr Markgraf, stellt
Euch doch als Blutsfreund vor. Da sieht sie gleich,
Daß wir ein friedliches Geschäft betreiben,
Denn Hochzeitsstifter suchen keinen Streit.
Ja, Königin, wir gehen zwar in Eisen,
1405 Allein wir haben Minnewerk gepflogen
Und bitten dich, den neu geschloss'nen Bund,
Der Giselher vereinigt mit Gudrun,
Mit deinem Segen zu bekräftigen.

Kriemhild.

Ist's so, Herr Rüdeger, und kann's so sein?

Giselher.

1410 Ja, Schwester, ja!

Kriemhild.

　　　　　Ihr seid vermählt?

Giselher.

　　　　　　　　Verlobt.

Hagen.

Die Hochzeit erst, wenn du gesegnet hast!

(Zu Gunther.) Jetzt aber, scheint mir, wird es endlich Zeit,
Zu Hof zu gehn! Was sollen wir uns länger
Begaffen lassen?

Dietrich.

Ich geleite euch! (Ab mit den Nibelungen.)

Kriemhild (im Abgehen zu Rüdeger).

Herr Rüdeger, gedenkt Ihr Eures Schwurs?   1415
Die Stunde naht, wo Ihr ihn lösen müßt.

(Beide ab, es erscheinen immer mehr Heunen.)

Achte Szene.

Rumolt.

Wie dünkt Euch das?

Dankwart.

Wir wollen unser Volk
Zusammen halten und das übrige
Erwarten.

Rumolt.

Seltsam ist's, daß König Etzel
Uns nicht entgegenkam. Er soll doch sonst   1420
Von seinen Sitten sein.

Dankwart.

Und wie das glupt[1]
Und stiert und heimlich an den Arm sich stößt
Und wispert!

(Zu einigen Heunen, die zu nahe kommen.)

Halt! Der Platz ist schon besetzt!
Auch der! Und der! Schon zwanzig Schritt von hier
Fängt meine große Zehe an. Wer wagt's,   1425
Mir drauf zu treten?

Rumolt (nach hinten rufend).

Ebensoviel Raum

---

[1] Glupen: mit dem Blick eines Heimtückischen, der einen nicht frei und gerade
ansieht, finster und verstedt blicken.

Brauch' ich für meinen Buckel, und er ist
Empfindlich wie ein Hühnerei.

Dankwart.

Das hilft! --
Sie knurren zwar, doch ziehn sie sich zurück;
1430 Unheimliches Gesindel, klein und frech.

Rumolt.

Ich guckt' einmal in eine finstre Höhle
Durch einen Felsenspalt hinein. Da glühten
Wohl dreißig Augenräder mir entgegen,
Grün, blau und feuergelb, aus allen Ecken
1435 Und Winkeln, wo die Tiere kauerten,
Die Katzen und die Schlangen, die sie zwinkernd
In ihren Kreisen drehten. Schauerlich
Sah's aus, es kam mir vor, als hätt' sich eine
Gestirnte Hölle tief im Mittelpunkt
1440 Der Erde aufgethan, wie all' die Funken
So durcheinander tanzten, und ich fuhr
Zurück, weil ich nicht wußte, was es war.
Das kommt mir in den Sinn, nun ich dies Volk
So tückisch glupen sehe, und je dunkler
1445 Der Abend wird, je besser trifft's.

Dankwart.

An Schlangen
Und Katzen fehlt's gewiß nicht. Ob auch Löwen
Darunter sind?

Rumolt.

Die Probe muß es lehren,
In meiner Höhle fehlten sie. Ich suchte
Den Eingang auf, sobald ich mich besann,
1450 Denn draußen war es hell, und schoß hinein.
Auch traf gar mancher Pfeil, wie das Geächz'
Mir meldete, doch hört' ich kein Gebrüll

Und kein Gebrumm, es war die Brut der Nacht,
Die dort beisammen saß, die feige Schar,
Die kratzt und sticht, anstatt zu offnem Kampf   1455
Mit Tatze, Klau' und Horn hervorzuspringen,
Und ebenso erscheinen mir auch die.
Gib acht, wenn sie uns nicht beschleichen können,
So hat's noch keine Not.

Dankwart.

         Verachten möcht' ich
Sie nicht, denn Etzel hat die Welt mit ihnen   1460
Erobert.

Rumolt.

         Hat er's auch bei uns versucht?
Er mähte Gras[1] und ließ die Arme sinken,
Als er auf deutsche Eichen stieß!

— — — — —

Neunte Szene.

Werbel, schon vorher mit Swemmel unter den Heunen sichtbar, ihnen unbemerkt
folgt Eckewart.

Werbel.

         Nun, Freunde,
Verlangt euch nicht ins Nachtquartier?

Dankwart.

         Es ist
Uns noch nicht angewiesen.

Werbel.

Alles steht   1465

Schon längst bereit.
(Zu den Seinigen.) Kommt! Mischt euch, wie sich's ziemt.

Dankwart.

Halt! Wir Burgunden bleiben gern allein.

---

[1] Anspielung auf den alten Volksspruch, daß da kein Gras mehr gewachsen
sei, wohin Attilas Fuß trat.

Werbel
(ermuntert die Seinigen, zu kommen).

Ei, was!

Dankwart.
Noch einmal! Das ist unser Brauch.

Werbel.
1470 Im Krieg! Doch nicht beim Zechgelag!

Dankwart.
Zurück!

Sonst laß' ich ziehn!

Werbel.
Wer sah noch solche Gäste!

Rumolt.
Sie gleichen ihren Wirten auf ein Haar.
(Es wird geklatscht.)

Dankwart.
Man klatscht uns zu. Wer ist's?

Rumolt.
Errätst du's nicht?

Dankwart.
Ein unsichtbarer Freund.

Rumolt.
Ich sah vorhin
1475 Den alten Eckewart vorüberschleichen,
Der Frau Kriemhild hinabgeleitet hat.

Dankwart.
Glaubst du, daß der es war?

Rumolt.
Ich denk' es mir.

Dankwart.
Der hat ihr Treu' geschworen bis zum Tode
Und war ihr immer hold und dienstbereit,
1480 Das wär' ein Wink für uns.[1]

---

[1] Siehe S. 190.

Zehnte Szene.
Hagen kommt mit Volker zurück.

Hagen.
Wie steht's denn hier?

Dankwart.
Wir halten uns, wie du's befohlen hast.

Rumolt.
Und Kriemhilds Kämmrer klatscht uns Beifall zu.

Hagen.
Nun, Etzel ist ein Mann nach meinem Sinn.

Dankwart.
So?

Rumolt.
Ohne Falsch?

Hagen.
Ich glaub's.   Er trägt den Rock   1485
Des besten Recken, den sein Arm erschlagen,
Und spielt darin des Toten Rolle fort.
Das Kleid ist etwas eng für seine Schultern,
Auch platzt die Naht ihm öfter, als er's merkt,
Doch meint er's gut.

Dankwart.
Warum denn kein Empfang?

Volker.
Mir kam es vor, als wär' er angebunden,   1490
Und hätte uns nur darum nicht begrüßt.

Hagen.
So war es auch.   Sein Weib hat ihm gewehrt,
Hinabzusteigen, doch das bracht' er reichlich
Durch seine Milde[1] wieder ein.

Volker.
Ich dachte
An meinen Hund, als er so überfreundlich   1495

---
[1] Freigebigkeit, wie im Mittelhochdeutschen.

Die Hand uns bot. Der wedelt immer doppelt,
Wenn ihn sein Strick verhindert, mir entgegen
Zu springen bis zur Thür.

Hagen.

        Ich dachte nicht
An deinen Hund, ich dachte an den Leuen,
1500 Der Eisenketten, wie man sagt, zerreißt
Und Weiberhaare schont.

    (Zu Dankwart und Rumolt.) Nun eßt und trinkt!
Wir haben's hinter uns und übernehmen
Die Wacht für euch!

Dankwart (zu Werbel und Swemmel).

So führt uns, wenn's gefällt.

Werbel (zu Swemmel).

Thu' du's!
    (Heimlich.) Ich muß sogleich zur Königin.

(Alles zerstreut sich. Werbel geht in den Palast. Edewart wird wieder sichtbar.)

———

Elfte Szene.

Volker.

1505 Was meinst du?

Hagen.

        Nimmer wird's mit Etzels Willen
Geschehen, daß man uns die Treue bricht,
Denn er ist stolz auf seine Redlichkeit,
Er freut sich, daß er endlich schwören kann,
Und füttert sein Gewissen um so besser,
1510 Als er's so viele Jahre hungern ließ.
Doch sicher ist der Boden nicht, er dröhnt,
Wohin man tritt, und dieser Geiger ist
Der Maulwurf, der ihn heimlich unterwühlt.

Volker.

O, der ist falsch, wie 's erste Eis! — Auch wollen

Wir überall des zahmen Wolfs gedenken,   1515
Der plötzlich unterm Lecken wieder beißt.
Was nicht im Blut liegt, hält nicht vor. Doch sieh,
Wer schiebt sich da mit seinem weißen Haar
So wunderlich vorbei?

Eckewart schreitet langsam vorüber, wie einer, der in Gedanken mit sich selbst redet. Seine Gebärden in Einklang mit Volkers Schilderung.

Hagen (ruft).

Ei, Eckewart!

Volker.

Er raunt, er murmelt etwas in die Lüfte   1520
Und stellt sich an, als sähe er uns nicht,
Ich will ihm folgen, denn er rechnet drauf.

Hagen.

Pfui, Volker, ziemt es sich für uns, zu lauschen?
Schlag an den Schild und klirre mit dem Schwert!

(Er rasselt mit seinen Waffen.)

Volker.

Jetzt macht er Zeichen.

Hagen.

        Nun, so kehr' dich um.   1525

(Sie thun es; sehr laut.)

Wer was zu melden hat, der meld' es dort,
Wo man es noch nicht weiß.

Volker.

        Das ist —

Hagen.

                Schweig still,
Willst du dem Heunenkönig Schmach ersparen?
Er sehe selbst zu.

(Eckewart schüttelt den Kopf und verschwindet.)

Volker.

        Das ist mir zu kraus!

Hagen (faßt ihn unter den Arm).

1580 Mein Freund, wir sind auf deinem Totenschiff[1],
Von allen zweiunddreißig Winden[2] dient
Uns keiner mehr, ringsum die wilde See
Und über uns die rote Wetterwolke.
Was kümmert's dich, ob dich der Hai verschlingt,
1535 Ob dich der Blitz erschlägt? Das gilt ja gleich,
Und etwas Bess'res sagt dir kein Prophet!
Drum stopfe dir die Ohren zu, wie ich,
Und laß dein innerstes Gelüsten los,
Das ist der Todgeweihten letztes Recht.

Zwölfte Szene.

Die Könige treten auf mit Rüdeger.

Gunther.

1540 Ihr schöpft noch frische Luft?

Hagen.
                                    Ich will einmal
Die Lerche wieder hören.

Giselher.
                          Die erwacht
Erst mit der Morgenröte.

Hagen.
                          Bis dahin
Jag' ich die Eule und die Fledermaus.

Gunther.
Ihr wollt die ganze Nacht nicht schlafen gehn?

Hagen.
1545 Nein, wenn uns nicht Herr Rüdeger entkleidet.

---

[1] Anspielung auf das nordische Totenschiff Naglfar, das aus Nägeln gestorbener Menschen verfertigte Schiff, dessen sich die Riesen zu ihrer letzten Heerfahrt gegen die Götter bedienen. Es fährt im wilden Wogenschwall vom Norden her. (vgl. Gering, „Die Edda", S. 13 und 348).
[2] Die Windrose ist in 32 Teile geteilt.

Rüdeger.

Bewahr' mich Gott!

Giselher.

Dann wache ich mit euch.

Hagen.

Nicht doch! Wir sind genug und stehn euch gut
Für jeden Tropfen Bluts, bis auf den einen,
Von dem die Mücke lebt.

Gerenot.

So glaubst du —

Hagen.

Nichts!

Es ist nur, daß ich gleich zu finden bin,   1550
Wenn man mich sucht. Nun kriecht in euer Bett,
Wie's Zechern ziemt.

Gunther.

Ihr ruft?

Hagen.

Seid unbesorgt,
Es wird Euch keiner rufen, als der Hahn.

Gunther.

Dann gute Nacht!

(Ab in den Saal mit den andern.)

Dreizehnte Szene.

Hagen (ihm nach).

Und merk' dir deinen Traum,
Wie's deine Mutter bei der Abfahrt that![1]   1555
(Zu Volter.) Wir passen auf, daß er sich nicht erfüllt,
Bevor du ihn erzählen kannst! — Der ahnt
Noch immer nichts.

------

[1] Siehe S. 221.

Volker.

Doch! Er ist nur zu stolz,

Es zu bekennen.

Hagen.

Nun, er wär' auch blind,

1560 Wenn er's nicht sähe, wie sich die Gesichter

Um uns verdunkeln, und die besten eben

Am meisten.

(Viele Heunen sind zurückgekehrt.)

Volker.

Schau!

Hagen.

Da hast du das Geheimnis

Des Alten! Doch ich hatt' es wohl gedacht! —

Komm, setz' dich nieder! Mit dem Rücken so!

(Sie setzen sich, den Heunen ihre Rücken wendend.)

1565 Fängt's hinter dir zu trippeln an, so huste,

Dann wirst du's laufen hören, denn sie werden

Als Mäuse kommen und als Ratten gehn!

Vierzehnte Szene.

Kriemhild erscheint mit Werbel oben auf der Stiege.

Werbel.

Siehst du! Dort sitzen sie!

Kriemhild.

Die sehn nicht aus,

Als wollten sie zu Bett!

Werbel.

Und wenn ich winke,

1570 Stürzt meine ganze Schar heran.

Kriemhild.

Wie groß

Ist die?

Werbel.

An Tausend.

16*

Kriemhild

(macht gegen die Heunen eine ängstlich zurückweisende Bewegung).

Werbel.

Was bedeutet das?

Kriemhild.

Geh, daß sie sich nicht regen.

Werbel.

Thun die Deinen

Dir plötzlich wieder leid?

Kriemhild.

Du blöder Thor,

Die klatscht der Tronjer dir allein zusammen,
Indes der Spielmann seine Fiedel streicht.
Du kennst die Nibelungen nicht! Hinab!

(Beide verschwinden.)

Fünfzehnte Szene.

Volker (springt auf).

So geht's nicht mehr! (Geigt eine lustige Melodie.)

Hagen (schlägt ihm auf die Fiedel).

Nein, das vom Totenschiff!

Das letzte, wie der Freund den Freund ersticht[1],
Und dann die Fackel — Das geht morgen los.

---

[1] Die Zeit des „Fimbulwinters", d. h. des großen Winters, wo das Totenschiff herangefahren kommt und alles dem Untergang verfällt. In der Snorra-Edda heißt es: „Es kommen drei Winter hintereinander und kein Sommer dazwischen; vorher aber gehen schon drei andre Winter, in denen in der ganzen Welt Krieg sich erhebt. Brüder töten einander aus Habgier, und bei dem Gemetzel schont keiner weder Vater noch Sohn noch sonstige Verwandtschaft." Vgl. auch die „Vo̧luspo̧", 45 (Gering, „Die Edda", S. 11 und 348).

Vierter Akt.

Tiefe Nacht.

Erste Szene.

Volker steht und geigt. Hagen sitzt wie vorher. Die Heunen in verwunderten und aufmerksamen Gruppen um beide herum. Man hört Volkers Spiel, bevor der Vorhang sich erhebt. Gleich nachher entfällt einem der Heunen sein Schild

Hagen.

1380 Hör' auf! Du bringst sie um, wenn du noch länger
So spielst und singst. Die Waffen fallen schon.
Das war ein Schild! Drei Bogenstriche noch,
So folgt der Speer. Wir brauchen weiter nichts,
Als die Erzählung dessen, was wir längst
1385 Vollbrachten, eh' wir kamen, neuer Thaten
Bedarf es nicht, um sie zu bändigen.

Volker (ohne auf ihn zu achten, visionär).

Schwarz war's zuerst! Es blitzte nur bei Nacht,
Wie Katzen, wenn man sie im Dunkeln streicht,
Und das nur, wenn's ein Hufschlag spaltete.
1590 Da rissen sich zwei Kinder um ein Stück,
Sie warfen sich in ihrem Zorn damit,
Und eines traf das andere zu Tod.

Hagen (gleichgültig).

Er fängt was Neues an. Nur zu, nur zu!

Volker.

Nun ward es feuergelb, es funkelte,
1595 Und wer's erblickte, der begehrte sein
Und ließ nicht ab.

Hagen.

Dies hab' ich nie gehört! —
Er träumt wohl! Alles andre kenn' ich ja!

Volker.

Da gibt es wildern Streit und gift'gern Neid,
Mit allen Waffen kommen sie, sogar
Dem Pflug entreißen sie das fromme Eisen   1600
Und töten sich damit.

Hagen (immer aufmerksamer).

Was meint er nur?

Volker.

In Strömen rinnt das Blut, und wie's erstarrt,
Verdunkelt sich das Gold, um das es floß,
Und strahlt in hellerm Schein.

Hagen.

Ho, ho! Das Gold!

Volker.

Schon ist es rot, und immer röter wird's   1605
Mit jedem Mord. Auf, auf, was schont Ihr Euch?
Erst wenn kein einz'ger mehr am Leben ist,
Erhält's den rechten Glanz, der letzte Tropfen
Ist nötig wie der erste.

Hagen.

O, ich glaub's.

Volker.

Wo blieb's? — Die Erde hat es eingeschluckt,   1610
Und die noch übrig sind, zerstreuen sich
Und suchen Wünschelruten. Thöricht Volk!
Die gier'gen Zwerge haben's gleich gehascht
Und hüten's in der Teufe.¹ Laßt es dort,
So habt Ihr ew'gen Frieden!   1615

(Setzt sich und legt die Fiedel beiseite.)

¹ Alte Form für Tiefe, noch üblich in der Bergmannssprache.

Hagen.

Wachst du auf?

Volker (springt wieder auf, wild).

Umsonst! Umsonst! Es ist schon wieder da!
Und zu dem Fluch, der in ihm selber liegt,
Hat noch ein neuer sich hinzugesellt:
Wer's je besitzt, muß sterben, eh's ihn freut.

Hagen.

1620 Er spricht vom Hort. Nun ist mir alles klar.

Volker (immer wilder).

Und wird es endlich durch den Wechselmord[1]
Auf Erden herrenlos, so schlägt ein Feuer
Daraus hervor mit zügelloser Glut,
Das alle Meere nicht ersticken können,
1625 Weil es die ganze Welt in Flammen setzen
Und Ragnaroke[2] überdauern soll. (Setzt sich.)

Hagen.

Ist das gewiß?

Volker.

So haben es die Zwerge
In ihrer Wut verhängt, als sie den Hort
Verloren.

Hagen.

Wie geschah's?

Volker.

Durch Götterraub!
1630 Odin und Loke[3] hatten aus Versehn
Ein Riesenkind erschlagen, und sie mußten
Sich lösen.

---

[1] Dem Untergang der Welt soll nach christlicher Überlieferung (Matthäus 10, 21;
Markus 13, 12; Lukas 12, 53) wie nach dem nordischen Glauben (s. Anmerkung
zu S. 241) ein Kampf aller gegen alle vorausgehen.
[2] Ragnarok oder ragnarökkr (nordisch): Die Götterdämmerung.
[3] Die Erzählung von Odin und Loki findet sich in der Edda im Liede von
Regin, dem Reginsmol, doch sind dort drei Götter erwähnt, außer den genannten
noch Hönir (vgl. Gering, „Die Edda", S. 195 ff. und 366 ff.).

Hagen.

Gab's denn einen Zwang für sie?

Volker.

Sie trugen menschliche Gestalt und hatten
Im Menschenleibe auch nur Menschenkraft.

Zweite Szene.

Werbel erscheint unter den Heunen, flüsternd.

Werbel.

Nun! Seid ihr Spinnen, die man mit Musik   1635
Verzaubert und entseelt? Heran! Es gilt!

Dritte Szene.

Kriemhild mit Gefolge steigt herunter. Fackeln.

Hagen.

Wer naht sich da?

Volker.

        Es ist die Fürstin selbst.
Geht die so spät zu Bett? Komm, stehn wir auf!

Hagen.

Was fällt dir ein? Nein, nein, wir bleiben sitzen.

Volker.

Das brächt' uns wenig Ehre, denn sie ist   1640
Ein edles Weib und eine Königin.

Hagen.

Sie würde denken, daß wir uns aus Furcht
Erhöben. Balmung, thu' nicht so verschämt!

(Legt den Balmung übers Knie.)

Dein Auge funkelt dräuend durch die Nacht
Wie der Komet. Ein prächtiger Rubin!   1645
So rot, als hätt' er alles Blut getrunken,
Das je vergossen ward mit diesem Stahl.

Kriemhild.

Da sitzt der Mörder.

Hagen.

Wessen Mörder, Frau?[1]

Kriemhild.

Der Mörder meines Gatten.

Hagen.

Weckt sie auf,
1650 Sie geht im Traum herum. Dein Gatte lebt,
Ich habe noch zur Nacht mit ihm gezecht
Und stehe dir mit diesem guten Schwert
Für seine Sicherheit.

Kriemhild.

O pfui! Er weiß
Recht wohl, von wem ich sprach, und stellt sich an,
1655 Als wüßt' Er's nicht.

Hagen.

Du sprachst von deinem Gatten,
Und das ist Etzel, dessen Gast ich bin.
Doch, es ist wahr, du hast den zweiten schon,
Denkst du in seinem Arm noch an den ersten?
Nun freilich, diesen schlug ich tot.

Kriemhild.

Ihr hört!

Hagen.

1660 War das hier unbekannt. Ich kann's erzählen,
Der Spielmann streicht die Fiedel wohl dazu! —

(Als ob er singen wollte.)

Im Odenwald[2], da springt ein muntrer Quell —

Kriemhild (zu den Heunen).

Nun thut, was euch gefällt. Ich frag' nicht mehr,
Ob ihr's zu Ende bringt.

---

[1] Bedeutet hier „Herrin", wie im Mittelhochdeutschen.
[2] Die Ermordung Siegfrieds fand im Odenwald statt.

Hagen.
                    Zu Bett! Zu Bett!
Du hast jetzt andre Pflichten.
                    Kriemhild.
                        Deinen Hohn   1665
Erstick' ich gleich in deinem schwarzen Blut:
Auf, Etzels Würger, auf, und zeigt es ihm,
Warum ich in das zweite Eh'bett stieg.
                    Hagen (steht auf).
So gilt's hier wirklich Mord und Überfall?
Auch gut! (Klopft auf den Panzer.)
                    Das Eisen kühlt schon allzu stark,   1670
Und nichts vertreibt den Frost so bald wie dies.
                        (Zieht den Balmung.)
Heran! Ich seh' der Köpfe mehr als Rümpfe!
Was drückt ihr euch da hinten so herum?
Der Helme Glanz verriet euch längst. (Legt aus.)
                                    Sie fliehn!
Noch ist Herr Etzel nicht dabei! — Zu Bett!   1675
                    Kriemhild.
Pfui! Seid ihr Männer?
                    Hagen.
                    Nein, ein Haufen Sand,
Der freilich Stadt und Land verschütten kann,
Doch nur, wenn ihn der Wind ins Fliegen bringt.
                    Kriemhild.
Habt ihr die Welt erobert?
                    Hagen.
                        Durch die Zahl!
Die Million ist eine Macht, doch bleibt   1680
Das Körnchen, was es ist!
                    Kriemhild.
                        Hört ihr das an
Und rächt euch nicht?
                    Hagen.
                    Nur zu! Brauch deinen Hauch,

Ich blase mit hinein!

(Zu den Heunen) Kriecht auf dem Bauch
Heran und klammert euch an unsre Beine,
1685 Wie ihr's in euren Schlachten machen sollt.
Wenn wir ins Stolpern und ins Straucheln kommen
Und durch den Purzelbaum zu Grunde gehn,
Um Hilfe schrein wir nicht, das schwör' ich euch!

Kriemhild.

Wenn ihr nur wen'ge seid, so braucht ihr auch
1690 Mit wen'gen nur zu teilen!

Hagen.

Und der Hort
Ist reich genug, und käm' die ganze Welt.
Ja, er vermehrt sich selbst, es ist ein Ring
Dabei, der immer neues Gold erzeugt,
Wenn man[1] — Doch nein! Noch nicht!

(Zu Kriemhild.) Das hast auch du
1695 Vielleicht noch nicht gewußt? Ihr könnt mir's glauben,
Ich hab's erprobt und teile das Geheimnis
Dem mit, der mich erschlägt! Es mangelt nur
Der Zauberstab, der Tote wecken kann!
(Zu Kriemhild) Du siehst, es hilft uns allen beiden nichts,
1700 Wir können diesen spröden Sand nicht ballen,
Drum stehn wir ab. (Setzt sich nieder.)

Kriemhild (zu Werbel).
Ist das der Mut?

Werbel.
Es wird
Schon anders werden.

Volker (mit dem Finger deutend).
Eine zweite Schar!

---

[1] Hier weicht der Dichter vom Nibelungenlied ab und folgt dem Berichte der Snorra=Edda (Gering, „Die Edda", S. 368).

Die Rüstung blitzt im ersten Morgenlicht,
Und abermals ein Geiger, der sie führt.
Hab' Dank, Kriemhild, man sieht's an der Musik,   1705
Zu welchem Tanz du uns geladen hast.
Kriemhild.
Was siehst du? Wenn der Zorn mich übermannte,
So tragt ihr selbst durch euren Hohn die Schuld,
Und wenn der Gast nicht schläft, so wird doch auch
Wohl für den Wirt das Wachen rätlich sein.   1710
Hagen (lacht).
Schickt Etzel die?
Kriemhild.
    Nein, Hund, ich that es selbst,
Und sei gewiß, du wirst mir nicht entkommen,
Wenn du auch noch die nächste Sonne siehst.
Ich will zurück in meines Siegfrieds Gruft,
Doch muß ich mir das Totenhemd erst färben,   1715
Und das kann nur in deinem Blut geschehn.
Hagen.
So ist es recht! Was heucheln wir, Kriemhild?
Wir kennen uns. Doch merke dir auch dies:
Gleich auf das erste Meisterstück des Hirsches,
Dem Jäger zu entrinnen, folgt das zweite,   1720
Ihn ins Verderben mit hinabzuziehn,
Und eins von beidem glückt uns sicherlich!

Vierte Szene.
Gunther im Nachtgewand; Giselher, Gerenot zc. folgen.
Gunther.
Was gibt es hier?
Kriemhild.
    Die alte Klägerin!
Ich rufe Klagen über Hagen Tronje
Und fordre jetzt zum letztenmal Gericht.   1725

Gunther.

Du willst Gericht und pochst in Waffen an?

Kriemhild.

Ich will, daß ihr im Ring zusammentretet,
Und daß ihr schwört, nach Recht und Pflicht zu sprechen,
Und daß ihr sprecht und euren Spruch vollzieht.

Gunther.

1730 Das weigre ich.

Kriemhild.

So gebt den Mann heraus!

Gunther.

Das thu' ich nicht.

Kriemhild.

So gilt es denn Gewalt.
Doch nein, erst frag' ich um. Mein Giselher
Und Gerenot, ihr habt die Hände rein,
Ihr dürft sie ruhig an den Mörder legen,
1735 Euch kann er der Genossenschaft nicht zeihn!
So tretet ihr denn frei von ihm zurück
Und überlaßt ihn mir! — Wer zu ihm steht,
Der thut's auf seine eigene Gefahr.

Gerenot und Giselher
(treten Hagen mit gezogenen Schwertern zur Seite).

Kriemhild.

Wie? In den Wald seid ihr nicht mit geritten,
1740 Und habt die That verdammt, als sie geschah,
Jetzt wollt ihr sie verteidigen?

Gunther.

Sein Los
Ist unsres!

Kriemhild.

Doch!

Giselher.

O, Schwester, halte ein,
Wir können ja nicht anders.

Kriemhild.

> Kann denn ich?

Giselher.

Was hindert dich? Wir häuften ew'ge Schmach
Auf unser Haupt, wenn wir den Mann verließen,   1745
Der uns in Not und Tod zur Seite stand.

Kriemhild.

Das habt ihr längst gethan! Ihr seid mit Schmach
Bedeckt, wie niemals noch ein Heldenstamm.
Ich aber will euch an die Quelle führen,
Wo ihr euch waschen könnt. (Stößt Hagen vor die Brust.)

> Hier sprudelt sie.   1750

Hagen (zu Gunther).

Nun?

Gunther.

> Ja, du hätt'st zu Hause bleiben sollen,
Doch das ist jetzt gleichviel.

Kriemhild.

> Ihr habt die Treue
Gebrochen, als es höchste Tugend war,
Nicht einen Finger breit von ihr zu wanken,
Wollt ihr sie halten, nun es Schande ist?   1755
Nicht die Verschwägrung und das nahe Blut,
Nicht Waffenbrüderschaft noch Dankbarkeit
Für Rettung aus dem sichern Untergang,
Nichts regte sich für ihn in eurer Brust,
Er ward geschlachtet wie ein wildes Tier,   1760
Und wer nicht half, der schwieg doch, statt zu warnen
Und Widerstand zu leisten —

> (Zu Giselher.) Du sogar!
Fällt alles das, was nicht ein Sandkorn wog,
Als es Erbarmen mit dem Helden galt,
Auf einmal wie die Erde ins Gewicht,   1765
Nun seine Witwe um den Mörder klopft?

(Zu Gunther.)

Dann siegelst du die That zum zweitenmal
Und bist nicht mehr durch Jugend halb entschuldigt,

(Zu Giselher und Gerenot.)

Ihr aber tretet bei und haftet mit.

Hagen.

1770 Vergiß dich selbst und deinen Teil nicht ganz!
Du trägst die größte Schuld.

Kriemhild.
Ich!

Hagen.

Du! Ja, du!

Ich liebte Siegfried nicht, das ist gewiß,
Er hätt' mich auch wohl nicht geliebt, wenn ich
Erschienen wäre in den Niederlanden,

1775 Wie er in Worms bei uns, mit einer Hand,
Die alle unsre Ehren spielend pflückte,
Und einem Blick, der sprach: Ich mag sie nicht!
Trag' einen Strauß, in dem das kleinste Blatt
An Todeswunden mahnt, und der dich mehr

1780 Des Blutes kostet, als dein ganzer Leib
Auf einmal in sich faßt, und laß ihn dir
Nicht bloß entreißen, nein, mit Füßen treten,
Dann küsse deinen Feind, wenn du's vermagst.
Doch dieses auf dein Haupt! Ich hätt's verschluckt,

1785 Das schwör' ich dir bei meines Königs Leben,
So tief der Groll mir auch im Herzen saß.
Da aber kam der scharfe Zungenkampf,
Er stand, du selbst verrietst es uns im Zorn,
Auf einmal eid= und pflichtvergessen da,

1790 Und hätt' Herr Gunther ihm vergeben wollen,
So hätt' er auch sein edles Weib verdammt.
Ich leugne nicht, daß ich den Todesspeer
Mit Freuden warf, und freue mich noch jetzt,

Doch deine Hand hat mir ihn dargereicht,
Drum büße selbst, wenn hier zu büßen ist.   1795

Kriemhild.

Und büß' ich nicht? Was könnte dir geschehn,
Das auch nur halb an meine Qualen reichte?
Sieh diese Krone an und frage dich!
Sie mahnt an ein Vermählungsfest, wie keins
Auf dieser Erde noch gefeiert ward,   1800
An Schauderküsse, zwischen Tod und Leben
Gewechselt in der fürchterlichsten Nacht,
Und an ein Kind, das ich nicht lieben kann!
Doch meine Hochzeitsfreuden kommen jetzt,
Wie ich gelitten habe, will ich schwelgen,   1805
Ich schenke nichts, die Kosten sind bezahlt.
Und müßt' ich hundert Brüder niederhauen,
Um mir den Weg zu deinem Haupt zu bahnen,
So würd' ich's thun, damit die Welt erfahre,
Daß ich die Treue nur um Treue brach. (Ab)   1810

- - - -

Fünfte Szene.

Hagen.

Nun werft euch in die Kleider, aber nehmt
Die Waffen, statt der Rosen, in die Hand.

Giselher.

Sei unbesorgt! Ich halte fest zu dir
Und nimmer krümmt sie mir ein Haar, auch hab'
Ich's nicht um sie verdient.

Hagen.

        Sie thut's, mein Sohn,   1815
Drum rat' ich, reite nach Bechlarn zurück!
Daß sie dich ziehen läßt, bezweifl' ich nicht,
Doch mehr erwarte nicht von ihr und eile,
Sie hat ja recht, ich that ihr grimmig weh!

Giselher.

1820 Du hast schon manchen schlechten Rat gegeben,
Dies ist der schlechteste!

(Ab mit Gunther und Gerenot ins Haus.)

Sechste Szene.

Hagen.

Begreifst du den?
Er hat kein mildes Wort mit mir gesprochen,
Seit wir zurück sind aus dem Odenwald,
Und jetzt —

Volker.

Ich habe nie an ihm gezweifelt,
1825 So finster seine Stirn auch war. Gib acht:
Er flucht dir, doch er stellt sich vor dich hin,
Er tritt dir mit der Ferse auf die Zehen
Und fängt zugleich die Speere für dich auf!
Des Weibes Keuschheit geht auf ihren Leib,
1830 Des Mannes Keuschheit geht auf seine Seele,
Und eher zeigt sich dir das Mägdlein nackt,
Als solch ein Jüngling dir das Herz entblößt.

Hagen.

Es thut mir leid um dieses junge Blut! —
Der Tod steht aufgerichtet hinter uns,
1835 Ich wickle mich in seinen tiefsten Schatten,
Und nur auf ihn fällt noch ein Abendrot.

(Beide ab.)

Siebente Szene.

Etzel und Dietrich treten auf.

Dietrich.

Nun siehst du selbst, wozu Kriemhild sie lud.

Etzel.

Ich seh's.

Dietrich.

Mir schien sie immer eine Kohle,
Die frischen Windes in der Asche harrt.

Etzel.

Mir nicht.

Dietrich.

Hast du denn nichts gewußt?

Etzel.

Doch, doch!   1840

Allein ich sah's mit Rüdegers Augen an
Und dachte, Weiberrache sei gesättigt,
Sobald sie ausgeschworen.

Dietrich.

Und die Thränen?

Das Trauerkleid?

Etzel.

Ich hörte ja von dir,
Daß eure Weise sei, den Feind zu lieben   1845
Und mit dem Kuß zu danken für den Schlag:[1]
Ei nun, ich hab's geglaubt.

Dietrich.

So sollt' es sein,
Doch ist nicht jeder stark genug dazu.

Etzel.

Auch dacht' ich mir, als sie so eifrig trieb,
Die Boten endlich doch hinabzusenden,   1850
Es sei der Mutter wegen, denn ich weiß,
Daß sie nicht allzu kindlich von ihr schied,
Und auch, daß sie's bereut!

Dietrich.

Die Mutter ist

---

[1] Matthäus 5, 44 und 5, 39.

Daheim geblieben, und ich zweifle selbst,
1855 Daß man sie lub. Die andern aber haben
Den Hort, um den sie doch so viel gewagt,
Die Nacht vor ihrer Fahrt bei Fackelschein
Auf Nimmerwiedersehn im Rhein versenkt.

Etzel.

Warum denn blieben sie nicht auch daheim?
1860 Sie fürchteten doch nicht, daß ich den Geigern
Mit Ketten und Schwertern folgte?

Dietrich.

     Herr, sie hatten
Kriemhild ihr Wort gegeben und sie mußten
Es endlich lösen, denn wen gar nichts bindet,
Den bindet das nur um so mehr, auch war
1865 Ihr Sinn zu stolz, um die Gefahr zu meiden
Und Rat zu achten. Du bist auch gewohnt,
Dem Tod zu trotzen, doch du brauchst noch Grund,
Sie nicht! Wie ihre wilden Väter sich
Mit eigner Hand nach einem lust'gen Mahl
1870 Bei Sang und Klang im Kreise ihrer Gäste
Durchbohrten, wenn des Lebens beste Zeit
Vorüber schien, ja wie sie trunknen Muts[1]
Wohl gar ein Schiff bestiegen und sich schwuren,
Nicht mehr zurückzukehren, sondern draußen
1875 Auf hoher See im Brudermörderkampf,
Der eine durch den anderen, zu fallen[2]
Und so das letzte Leiden der Natur
Zu ihrer letzten höchsten That zu stempeln[3],
So ist der Teufel, der das Blut regiert,

---

[1] Sinnes, wie im Mittelhochdeutschen.
[2] Der Dichter hat hier wohl wieder jene Schilderung des „großen Winters"
in der Ebba vor Augen gehabt.
[3] Das, was sonst die Natur verhängt, nämlich den Tod, selbst zu verhängen.

Auch noch in ihnen mächtig, und sie folgen   1880
Ihm freudig, wenn es einmal kocht und dampft.

Etzel.

Sei's, wie es sei, ich danke dir den Gang,
Denn nimmer möcht' ich Kriemhilds Schuldner bleiben,
Und jetzt erst weiß ich, wie die Rechnung steht.

Dietrich.

Wie meinst du das?

Etzel.

     Ich glaubte viel zu thun,   1885
Daß ich mich ihrer nach der Hochzeitsnacht
Sogleich enthielt —

Dietrich.

   Das war auch viel.

Etzel.

       Nein, nein,
Das war noch nichts! Doch so gewiß ich's that,
Und noch gewisser, thu' ich mehr für sie,
Wenn sie's verlangt. Das schwör' ich hier vor dir!   1890

Dietrich.

Du könntest —

Etzel.

   Nichts, was du verdammen wirst,
Und doch wohl mehr, als sie von mir erwartet,
Sonst hätt' sie längst ein andres Spiel versucht.
(Im Abgehen.) Ja, ja, Kriemhild, ich schlage meine Schwäher
Nicht höher an, wie deine Brüder du,   1895
Und wenn sie nur noch Mörder sind für dich,
Wie sollten sie für mich was Bess'res sein!

      (Beide ab).

———————

Achte Szene.

Dom.

Viele Gewappnete auf dem Platz. Kriemhild tritt mit Werbel auf.

Kriemhild.

Hast du die Knechte von den Herrn getrennt?

Werbel.

So weit, daß sie sich nicht errufen können.

Kriemhild.

1900 Wenn sie in ihrem Saal beisammen sitzen
Und essen, überfallt ihr sie und macht
Sie alle nieder.

Werbel.

Wohl, es wird geschehn.

Kriemhild

(wirft ihren Schmuck unter die Heunen).

Da habt ihr Handgeld! — Reißt euch nicht darum,
Es gibt genug davon, und wenn ihr wollt,
1905 So regnet's solche Steine noch vor Nacht.

(Jubelgeschrei.)

Neunte Szene.

Rüdeger tritt auf.

Rüdeger.

Du schenkst das halbe Königreich schon weg?

Kriemhild.

Doch hab' ich dir das Beste aufgehoben.

(Zu den Heunen.)

Seid tapfer! Um den Hort der Nibelungen
Kauft ihr die Welt, und wenn von euch auch tausend
1910 Am Leben bleiben, braucht ihr nicht zu zanken,
Es sind noch immer tausend Könige!

(Die Heunen zerstreuen sich in Gruppen.)

Kriemhild (zu Rüdeger).

Hast du nicht was zu holen aus Bechlarn?

Rüdeger.
Nicht, daß ich wüßte!

Kriemhild.
Oder was zu schicken?

Rüdeger.
Noch wen'ger, Fürstin.

Kriemhild.
Nun, so schneide dir
Mit deinem Degen eine Locke ab,   1915
Da stiehlt sich eine unterm Helm hervor —

Rüdeger.
Wozu?

Kriemhild.
Damit du was zu schicken hast.

Rüdeger.
Wie? Komm' ich denn nicht mehr nach Haus zurück?

Kriemhild.
Warum?

Rüdeger.
Weil du ein Werk wie dies verlangst.
Das thut bei uns die Liebe an dem Toten,   1920
Wenn sich der Tischler mit dem Hammer naht,
Der ihn in seinen Kasten nageln soll.

Kriemhild.
Die Zukunft kenn' ich nicht. Doch nimm's nicht so!
Zu deinem Boten wähle Giselher
Und gib ihm auf, an keinem Blumengarten   1925
Vorbeizureiten, ohne eine Rose
Für seine Braut zu pflücken. Ist der Strauß
Beisammen, steckt er ihn in meinem Namen
Ihr an die Brust und ruht sich aus bei ihr,
Bis sie aus deiner Locke einen Ring   1930
Für mich geflochten hat. Daß ich den Dank
Verdiene, wird sich zeigen.

Rüdeger.

Königin,

Er wird nicht gehn.

Kriemhild.

Befiehl es ihm mit Ernst,

Du bist ja jetzt sein Vater, er dein Sohn,

1935 Und wenn er den Gehorsam dir verweigert,

So wirfst du ihn zur Strafe in den Turm.

Rüdeger.

Wie könnt' ich das?

Kriemhild.

Lock' ihn mit List hinein,

Wenn's mit Gewalt nicht geht. Dann ist's so gut,

Als wär' er auf der Reise, und bevor

1940 Er sich befreien kann. ist alles aus,

Der Jüngste Tag ist auch der kürzeste![1]

Erwidre nichts! Wenn deine Tochter dir

Am Herzen liegt, so thust du, was ich sage,

Ich machte dir ein königlich Geschenk,

1945 Denn — — Doch du kannst wohl selber prophezein!

Die blutigen Kometen sind am Himmel

Anstatt der frommen Sterne aufgezogen,

Und blitzen dunkel in die Welt hinein.

Die guten Mittel sind erschöpft, es kommen

1950 Die bösen an die Reihe, wie das Gift,

Wenn keine Arzenei mehr helfen will,

Und erst wenn Siegfrieds Tod gerochen ist,

Gibt's wieder Missethaten auf der Erde,

So lange aber ist das Recht verhüllt

1955 Und die Natur in tiefen Schlaf versenkt. (Ab.)

---

[1] Weil er keine Nacht hat; vgl. das bekannte Rätsel: „Welcher Tag hat keine Nacht?"

Zehnte Szene.

Rüdeger.

Ist dies das Weib, das ich in einem See
Von Thränen fand? Mir könnte vor ihr grauen,
Doch kenn' ich jetzt den Zauber, der sie bannt.[1]
Ich Giselher verschicken! Eher werf' ich
Des Tronjers Schild ins Feuer.

Elfte Szene.

Die Nibelungen treten auf.

Rüdeger.

　　　　　　　　　Nun, ihr Recken,　　　　1960
So früh schon da?

Hagen.

　　　　Es ist ja Messezeit,
Und wir sind gute Christen, wie Ihr wißt.

Volker (deutet auf einen Heunen).

Wie? Gibt es so geputzte Leute hier?
Man sagt bei uns, der Heune wäscht sich nicht,
Nun läuft er gar als Federbusch herum?　　　　1965
(Zu Hagen.) Du frugst mich was.

Hagen.

　　　　Ei wohl, es geht zum Sterben,
Da muß ich dich doch fragen: Stirbst du mit?

Volker (wieder gegen den Heunen).

Ist's aber auch ein Mensch und nicht ein Vogel,
Der rasch die Flügel braucht, wenn man ihn schreckt?
(Wirft seinen Speer und durchbohrt ihn.)
Doch! — Hier die Antwort! Lebt' ich nicht auch mit?　　1970

Hagen.

Brav, doppelt brav!

---

[1] Bleibt Giselher an Etzels Hof, so sind auch die übrigen Burgunden vor Kriemhilds Rache sicher.

Werbel (zu den Heunen).

Nun? Ist es jetzt genug?
(Großes Getümmel.)

— —

Zwölfte Szene.

Etzel tritt rasch mit Kriemhild und seinen Königen auf und wirft sich zwischen
die Heunen und die Nibelungen.

Etzel.

Bei meinem Zorn! Die Waffen gleich gestreckt!
Wer wagt es, meine Gäste anzugreifen?

Werbel.

Herr, deine Gäste griffen selber an:
1975 Schau her!

Etzel.

Das that Herr Volker aus Versehn!

Werbel.

Vergib! Hier steht der Markgraf Rüdeger —

Etzel (wendet ihm den Rücken).

Seid mir gegrüßt, ihr Vettern! Doch warum
Noch jetzt im Harnisch?

Hagen (halb gegen Kriemhild).

Das ist Brauch bei uns,
Wenn wir auf Feste gehn. Wir tanzen nur
1980 Nach dem Geklirr der Degen, und wir hören
Sogar die Messe mit dem Schild am Arm.

Etzel.

Die Sitte ist besonders.[1]

Kriemhild.

Die nicht minder,
Den größten Unglimpf ruhig einzustecken
Und sich zu stellen, als ob nichts geschehn.

---

[1] Sonderbar; in diesem Sinne wurde „besonders" vielfach in vorigen Jahrhundert gebraucht.

Wenn du dafür von mir den Dank erwartest,   1985
So irrst du dich.

Dietrich.

Ich bin heut Kirchenvogt[1],
Wer in die Messe will, der folge mir.
(Er geht voran, die Nibelungen folgen in den Dom.)

Dreizehnte Szene.

Kriemhild
(faßt Etzel während dem bei der Hand).

Tritt auf die Seite, Herr, recht weit, recht weit,
Sonst stoßen sie dich um, und wenn du liegst,
So kannst du doch nicht schwören, daß du stehst.   1990

Etzel.

Herr Rüdeger, keine Waffenspiele heut.

Kriemhild.

Vielleicht dafür ein allgemeines Fasten?

Etzel.

Ich bitt' Euch, sagt's den Herrn von Dänemark
Und Thüring auch. Der alte Hildebrant
Weiß schon Bescheid.

Kriemhild.

Herr Rüdeger, noch eins: 1995
Was habt Ihr mir zu Worms am Rhein geschworen?

Rüdeger.

Daß dir kein Dienst geweigert werden soll.

Kriemhild.

Geschah das bloß in Eurem eignen Namen?

Etzel.

Was Rüdeger gelobte, halte ich.

Kriemhild.

Nun: König Gunther wandte still den Rücken,   2000

---

[1] Kirchenvogt heißt der weltliche Schutzherr einer Kirche, bzw. eines Kirchensprengels.

Als Hagen Tronje seinen Mordspieß warf,
Hätt'st du den deinen heute auch gewandt,
So wärst du quitt gewesen gegen mich,
Doch da du's hinderst, daß ich selbst mir helfe,
2005 So fordre ich des Mörders Haupt von dir!

Etzel.

Ich bring's dir auch, wenn er dir nicht das meine
Zu Füßen legt.
(Zu Rüdeger.) Nun geh!

Kriemhild.

Wozu denn noch?
Bei Waffenspielen gibt es immer Streit,
Und nie vollbringt ihr euer Werk so leicht,
2010 Als wenn die wilde Flamme einmal lodert
Und alles grimmig durcheinander rast.
Ich kam, weil ich mich hier erraten glaubte,
Verstehst du mich noch heute nicht? Darauf!

Etzel.

Nein, Kriemhild, nein, so ist es nicht gemeint!
2015 Solang' er unter meinem Dach verweilt,
Wird ihm kein Haar gekrümmt, ja könnt' ich ihn
Durch bloße Wünsche töten, wär' er sicher:
Was soll noch heilig sein, wenn nicht der Gast?
(Er winkt Rüdeger, dieser geht.)

Vierzehnte Szene.

Kriemhild.

So redest du? Das wird dir schlecht gedankt!
2020 Man hält dich für den Brecher und Verächter
Von Brauch und Sitte, für den Hüter nicht,
Und wundert sich noch immer, wenn ein Bote
Von dir erscheint, daß er mit dir gesprochen
Und doch nicht Arm und Bein verloren hat.

Etzel.

Man sieht mich, wie ich war, nicht wie ich bin! —   2025
Ich ritt einmal das Roß, von dem dir nachts
In dem gekrümmten, funkelnden Kometen
Am Himmel jetzt der Schweif entgegen blitzt.
Im Sturme trug es mich dahin, ich blies
Die Throne um, zerschlug die Königreiche   2030
Und nahm die Könige an Stricken mit.
So kam ich, alles vor mir niederwerfend,
Und mit der Asche einer Welt bedeckt,
Nach Rom, wo euer Hoherpriester thront.[1]
Den hatt' ich bis zuletzt mir aufgespart,   2035
Ich wollt' ihn samt der Schar von Königen
In seinem eignen Tempel niederhauen,
Um durch dies Zorngericht, an allen Häuptern
Der Völker durch dieselbe Hand vollstreckt,
Zu zeigen, daß ich Herr der Herren sei,   2040
Und mit dem Blute mir die Stirn zu salben,
Wozu ein jeder seinen Tropfen gab.

Kriemhild.

So hab' ich mir den Etzel stets gedacht,
Sonst hätt' Herr Rüdeger mich nicht geworben:
Was hat ihn denn verwandelt?

Etzel.

Ein Gesicht   2045
Furchtbarer Art, das mich von Rom vertrieb.
Ich darf es keinem sagen, doch es hat
Mich so getroffen, daß ich um den Segen
Des Greises flehte, welchem ich den Tod
Geschworen hatte, und mich glücklich pries,   2050
Den Fuß zu küssen, der den Heil'gen trug.[2]

---

[1] Bischof Leo, der 452 Rom vor der Zerstörung durch Etzel bewahrt haben soll.

[2] Der fromme Glaube schrieb den Abzug des „Verwüsters von Italien“ der himmlischen Erscheinung des Apostels Petrus zu, der seinem Nachfolger (Leo I.) mit drohendem Schwerte zur Seite gestanden habe.

Kriemhild.

Was denkst du denn zu thun, den Eid zu lösen?

Etzel (deutet gen Himmel).

Mein Roß steht immer noch gesattelt da,
Du weißt, es ist schon halb zum Stall heraus,
2055 Und wenn sich's wieder wandte und den Kopf
In Wolken tief versteckte, so geschah's
Aus Mitleid und Erbarmen mit der Welt,
Die schon sein bloßer Schweif mit Schrecken füllt.
Denn seine Augen zünden Städte an,
2060 Aus seinen Nüstern dampfen Pest und Tod,
Und wenn die Erde seine Hufen fühlt,
So zittert sie und hört zu zeugen auf.
Sobald ich winke, ist es wieder unten,
Und gern besteig' ich's in gerechter Sache
2065 Zum zweitenmal und führe Krieg für dich.
Ich will dich rächen an den Deinigen
Für all dein Leid und hätt' es längst gethan,
Hätt'st du dich mir vertraut, nur müssen sie
In vollem Frieden erst geschieden sein.

Kriemhild.

2070 Bis dahin aber dürsten sie beginnen,
Was sie gelüstet und den Bart dir rupfen,
Wenn's ihnen so gefällt?

Etzel.

Wer sagt dir das?

Kriemhild.

Sie stechen deine Mannen tot, und du
Erklärst es für Versehn.

Etzel.

Sie glaubten sich
2075 Verraten, und ich mußte ihnen zeigen,
Daß sie's nicht sind. In dieser letzten Nacht
Geschah gar viel, was ich nicht loben kann

Und sie entschuldigt. Sonst verlaß dich drauf:
Wie ich die Pflichten eines Wirtes kenne,
So kenn' ich die des Gastes auch, und wer   2080
Den Spinnwebsfaden, der uns alle bindet,
Wenn wir das Haus betreten, frech zerreißt,
Der trägt die Eisenkette, eh' er's denkt.
Sei unbesorgt und harre ruhig aus,
Ich bringe dir für jeden Becher Wein,   2085
Den sie hier trinken, eine Kanne Blut,
Wenn ich auch jetzt die Mücken für sie klatsche,
Nur duld' ich nicht Verrat und Hinterlist. (ab.)

Fünfzehnte Szene.

Kriemhild.

Krieg! Was soll mir der Krieg! Den hätt' ich längst
Entzünden können! Doch das wäre Lohn,   2090
Anstatt der Strafe. Für die Schlächterei
Im dunklen Wald der offne Heldenkampf?
Vielleicht sogar der Sieg? Wie würd' er jubeln,
Wenn er's erlangen könnte, denn er hat
Von Jugend auf nichts Besseres gekannt!   2095
Nein, Etzel, Mord um Mord! Der Drache sitzt
Im Loch, und wenn du dich nicht regen willst,
Als bis er dich gestochen hat, wie mich,
So soll er's thun! — Jawohl, so soll er's thun! (ab.)

Sechszehnte Szene.

Werbel zieht mit den Seinigen vorüber.

Werbel.

Sie sind bei Tisch! Nun rasch! Besetzt die Thüren,   2100
Wer aus dem Fenster springt, der bricht den Hals.
(Die Heunen jubeln und schlagen die Waffen zusammen.)

Siebzehnte Szene.

Großer Saal. Bankett.

Dietrich und Rüdeger treten ein.

Dietrich.

Nun, Rüdeger?

Rüdeger.

Es steht in Gottes Hand,
Doch hoff' ich immer noch.

Dietrich.

Ich sitze wieder
Am Nixenbrunnen wie in jener Nacht,
2105 Und hör' in halbem Schlaf und wie im Traum
Das Wasser rauschen und die Worte fallen,
Bis plötzlich — Welch ein Rätsel ist die Welt!
Hätt' sich zur Unzeit nicht ein Tuch verschoben,
So wüßt' ich mehr, wie je ein Mensch gewußt!

Rüdeger.

2110 Ein Tuch?

Dietrich.

Ja, der Verband um meinen Arm,
Denn eine frische Wunde hielt mich wach.
Sie pflogen drunten Zwiesprach, schienen selbst
Den Mittelpunkt der Erde auszuhorchen,
Den Nabel, wie ich sie, und flüsterten
2115 Sich zu, was sie erfuhren, zankten auch,
Wer recht verstanden oder nicht und raunten
Von allerlei. Vom großen Sonnenjahr,
Das über alles menschliche Gedächtnis
Hinaus in langen Pausen wiederkehrt.
2120 Vom Schöpfungsborn, und wie er kocht und quillt
Und überschäumt in Millionen Blasen,
Wenn das erscheint. Von einem letzten Herbst,
Der alle Formen der Natur zerbricht,
Und einem Frühling, welcher beß're bringt.

Von alt und neu, und wie sie blutig ringen,   2125
Bis eins erliegt.   Vom Menschen, der die Kraft
Des Leuen sich erbeuten muß, wenn nicht
Der Leu des Menschen Witz erobern soll.
Sogar von Sternen, die den Stand verändern,
Die Bahnen wechseln und die Lichter tauschen,   2130
Und wovon nicht!

Rüdeger.
Allein das Tuch! Das Tuch!

Dietrich.
Sogleich! Du wirst schon sehn.   Dann kamen sie
Auf Ort und Zeit, und um so wichtiger
Die Kunde wurde, um so leiser wurde
Das Flüstern, um so gieriger mein Ohr.   2135
Wann tritt dies Jahr denn ein? So fragt' ich mich
Und bückte mich hinunter in den Brunnen
Und horchte auf. Schon hört' ich eine Zahl
Und hielt den Odem an. Doch da erscholl
Ein jäher Schrei: Hier fällt ein Tropfen Bluts,   2140
Man lauscht! Hinab! Husch, husch! Und alles aus.

Rüdeger.
Und dieser Tropfen?

Dietrich.
War von meinem Arm,
Ich hatte, aufgestützt, das Tuch verschoben
Und kam so um das Beste, um den Schlüssel,
Jetzt aber, fürcht' ich, brauch' ich ihn nicht mehr!   2145

Achtzehnte Szene.
Die Nibelungen treten ein, von Iring und Thüring geführt. Zahlreiches Gefolge.

Rüdeger.
Sie kommen.

Dietrich.
Wie zur Schlacht.

Rüdeger.

Nur nichts bemerkt.

Hagen.

Ihr lebt hier still, Herr Dietrich. Wie vertreibt
Ihr Euch die Zeit?

Dietrich.

Durch Jagd und Waffenspiel.

Hagen.

Doch! Davon hab' ich heut nicht viel erblickt.

Dietrich.

2150 Wir haben einen Toten zu begraben.

Hagen.

Ist's der, den Volker aus Versehn erstach?
Wann wird das sein? Da dürfen wir nicht fehlen,
Um Reu' und Leid zu zeigen.

Dietrich.

Wir erlassen's
Euch gern.

Hagen.

Nein, nein! wir folgen!

Dietrich.

Still! Der König!

Neunzehnte Szene.

Etzel tritt mit Kriemhild ein.

Etzel.

2155 Auch hier in Waffen?

Hagen.

Immer.

Kriemhild.

Das Gewissen
Verlangt es so.

Hagen.

Dank, edle Wirtin, Dank!

Etzel (setzt sich).

Gefällt es Euch?

Kriemhild.

Ich bitte, wie es kommt.

Gunther.

Wo sind denn meine Knechte?

Kriemhild.

Wohl versorgt.

Hagen.

Mein Bruder steht für sie.

Etzel.

Und ich, ich stehe

Für meinen Koch.

Dietrich.

Das ist das Wichtigste!   2160

Hagen.

Der leistet wirklich viel. Ich hörte oft,
Der Heune haue vom lebend'gen Ochsen
Sich eine Keule ab und reite sich
Sie mürbe unterm Sattel[1] —

Etzel.

Das geschieht,

Wenn er zu Pferde sitzt, und wenn's an Zeit   2165
Gebricht, ein lust'ges Feuer anzumachen.
Im Frieden sorgt auch er für seinen Gaumen
Und nicht bloß für den undankbaren Bauch.

Hagen.

Schon gestern abend hab' ich das bemerkt.
Und solch ein Saal dabei! Auf dieser Erde   2170
Kommt nichts dem himmlischen Gewölb' so nah',
Man sieht sich um nach dem Planetentanz.

--- --- ---

[1] Das berichtet der römische Geschichtschreiber Ammianus Marcellinus (um 410).

Etzel.

Den haben wir nun freilich nicht gebaut!
Es ging mir wunderlich auf meinem Zug:
2175 Als ich ihn antrat, war ich völlig blind,
Ich schonte nichts, ob Scheune oder Tempel,
Dorf oder Stadt, ich warf den Brand hinein.
Doch als ich wiederkehrte, konnt' ich sehn,
Und halbe Trümmer, um die letzte Stunde
2180 Mit Sturm und Regen kämpfend, drangen mir
Das Staunen ab, das ich dem Bau versagt,
Als er noch stand in seiner vollen Pracht.

Volker.

Das ist natürlich. Sieht man doch den Toten
Auch anders an als den Lebendigen,
2185 Und gräbt ihm mit demselben Schwert ein Grab,
Mit dem man kurz zuvor ihn niederhieb.

Etzel.

So hatt' ich auch dies Wunderwerk zerstört
Und fluchte meiner eignen Hand, als ich's
Im Schutt nach Jahren wieder vor mir sah.
2190 Da aber trat ein Mann zu mir heran,
Der sprach: Ich hab's das erste Mal erbaut,
Es wird mir auch das zweite Mal wohl glücken!
Den nahm ich mit, und darum steht es hier.

Zwanzigste Szene.

Ein **Pilgrim** tritt ein, umwandelt die Tafel und bleibt bei **Hagen** stehen.

Pilgrim.

Ich bitt' Euch um ein Brot und einen Schlag,
2195 Das Brot für Gott den Herrn, der mich geschaffen,
Den Schlag für meine eigne Missethat.

(Hagen reicht ihm ein Brot.)

18*

Ich bitt'! Mich hungert, und ich darf's nicht essen,
Bevor ich auch den Schlag von Euch empfing.

Hagen.

Seltsam!

(Gibt ihm einen sanften Schlag. Pilgrim geht.)

Einundzwanzigste Szene.

Hagen.

Was war denn das?

Dietrich.

Was meint Ihr wohl?

Hagen.

Verrückt?

Dietrich.

Nicht doch! Ein stolzer Herzog ist's.   2200

Hagen.

Wie kann das sein!

Dietrich.

Ein hoher Thron steht leer,
Solang' er pilgert, und ein edles Weib
Sieht nach ihm aus.

Hagen (lacht).

Die Welt verändert sich.

Rüdeger.

Man sagt, er sei schon einmal heimgezogen
Und an der Schwelle wieder umgekehrt.   2205

Hagen.

Fort mit dem Narren! Käm' er noch einmal,
So weckt' ich rasch mit einem andern Schlag
Den Fürsten in ihm auf.

Dietrich.

Es ist doch was!
Zehn Jahre sind herum, und endlich kommt er

2210 Des Abends auf sein Schloß. Schon brennt das Licht,
Er sieht sein Weib, sein Kind, er hebt den Finger,
Um anzupochen, da ergreift es ihn.
Daß er des Glückes noch nicht würdig ist,
Und leise, seinem Hund, der ihn begrüßt,
2215 Den Mund verschließend, schleicht er wieder fort,
Um noch einmal die lange Fahrt zu machen,
Von Pferdestall zu Pferdestall sich bettelnd
Und, wo man ihn mit Füßen tritt, verweilend,
Bis man ihn küßt und an den Busen drückt.
2220 Es ist doch was!

Hagen (lacht).

Ha, ha! Ihr sprecht wie unser
Kaplan am Rhein!

Etzel.

Wo bleiben aber heut
Die Geiger nur?

Kriemhild.

Es ist ja einer da,
Der alle andern zum Verstummen bringt.
So spielt denn auf, Herr Volker!

Volker.

Sei's darum,
2225 Nur sagt mir, was Ihr hören wollt.

Kriemhild.

Sogleich.
(Sie winkt einem Diener, welcher abgeht.)

Giselher (erhebt den Becher und trinkt).

Schwester!

Kriemhild
(gießt ihren Becher aus, zu Rüdeger).

Du hast dein Haar zu lieb gehabt,
Jetzt wirst du mehr verlieren!

———

Zweiundzwanzigste Szene.

Otnit wird von vier Reisigen auf goldenem Schild hereingetragen.

Etzel.

Das ist recht!

Kriemhild.

Seht ihr dies Kind, das mehr der Kronen erbt,
Als es auf einmal Kirschen essen kann?   2230
So singt und spielt zu seinem Ruhm und Preis.

Etzel.

Nun, Vettern? Ist der Junker groß genug
Für seine Jahre?

Hagen.

Gebt ihn erst herum,
Daß wir ihn recht besehn.

Kriemhild (zu Otnit).

Mach' du den Hof,
Bis man ihn dir macht.

(Otnit wird herumgegeben; wie er zu Hagen kommt:)

Etzel.

Nun?

Hagen.

Ich möchte schwören,   2235
Er lebt nicht lange!

Etzel.

Ist er denn nicht stark?

Hagen.

Ihr wißt, ich bin ein Elfenkind[1] und habe
Davon die Totenaugen, die so schrecken,
Doch auch das doppelte Gesicht. Wir werden
Bei diesem Junker nie zu Hofe gehn.   2240

---

[1] Nach dem Bericht der Thidrekssaga, dem hier der Dichter folgte, war Hagen ein Albensohn (vgl. Golther in der „Zeitschrift für vergleichende Litteraturgeschichte". Neue Folge XII, 193 ff.).

Kriemhild.

Ist dies das Lied? Da spricht wohl nur dein Wunsch!
Macht Ihr es gut, Herr Volker, stimmt nicht länger.
Der junge König nimmt's noch nicht genau.

— — —

Dreiundzwanzigste Szene.
Dankwart tritt in blutbedecktem Panzer ein.

Dankwart.

Nun, Bruder Hagen, nun? Ihr bleibt ja lange
2245 Bei Tische sitzen! Schmeckt's denn heut so gut?
Nur immer zu, die Zeche ist bezahlt!

Gunther.

Was ist geschehn?

Dankwart.

Von allen den Burgunden,
Die Ihr mir anvertrautet, ist nicht e i n e r
Am Leben mehr. Das war für Euren Wein.

Hagen (steht auf und zieht. Getümmel).

2250 Und du?

Kriemhild.
Das Kind! Mein Kind!

Hagen
(sich über Otnit lehnend zu Dankwart).

Du triefst von Blut!

Kriemhild.

Er bringt es um!

Dankwart.
Das ist nur roter Regen,
(Er wischt sich das Blut ab.)
Du siehst, es quillt nicht nach, doch alle andern
Sind hin.

Kriemhild.

Herr Rüdeger! Helft!

Hagen (schlägt Otnit den Kopf herunter).

Hier, Mutter, hier! —

Dankwart, zur Thür!

Volker.

Auch da ist noch ein Loch!

(Tankwart und Volker besetzen beide Thüren des Saales.)

Hagen (springt auf den Tisch).

Nun laßt denn sehn, wer Totengräber ist.   2255

Etzel.

Ich! — Folgt mir!

Dietrich (zu Volker).

Platz dem König!

(Etzel und Kriemhild schreiten hindurch, Rüdeger, Hildebrant, Jring und Thüring
folgen; als sich auch andere anschließen:)

Volker.

Ihr zurück!

Etzel (in der Thür).

Ich wußte nichts vom Mord an euren Knechten
Und hätt' ihn so bestraft, daß ihr mir selbst
Ins Schwert gefallen wärt. Dies schwör' ich euch!
Dies aber auch: Jetzt seid ihr aus dem Frieden   2260
Der Welt gesetzt und habt zugleich die Rechte
Des Kriegs verwirkt! Wie ich aus meiner Wüste
Hervorbrach, unbekannt mit Brauch und Sitte,
Wie Feuer und Wasser, die vor weißen Fahnen
Nicht stehen bleiben und gefaltne Hände   2265
Nicht achten, räch' ich meinen Sohn an euch
Und auch mein Weib. Ihr werdet diesen Saal
Nicht mehr verlassen, Ihr, Herr Dieterich,
Bürgt mir dafür, doch was den Heunenkönig
Auf dieser Erde einst so furchtbar machte,   2270
Das sollt ihr sehn in seinem engen Raum!

(Ab. Allgemeiner Kampf.)

Fünfter Akt.

Vor dem Saal. Brand, Feuer und Rauch. Er ist rings mit Amelungen=
schützen umstellt. Zu dem Saale führen von beiden Seiten breite Stiegen
hinauf, die in einem Balkon zusammenstoßen.

Erste Szene.
Hildebrant, Dietrich.
Hildebrant.
Wie lange soll der Jammer denn noch dauern?
Dietrich.
So lange, fürcht' ich, bis der letzte fiel.
Hildebrant.
Sie werden Herr des Feuers. Seht nur, seht!
2275 Schon schluckt der Rauch die lichte Flamme ein.
Dietrich.
Dann löschen sie mit Blut.
Hildebrant.
      Sie waten drin
Bis an das Knie und können ihre Helme
Als Eimer brauchen.

Zweite Szene.
Die Thür des Saales wird aufgerissen, Hagen erscheint.
Hagen.
Puh!
(Kehrt sich um.)
    Wer lebt, der ruft!

Hildebrant.

Der edle Hagen dem Ersticken nah'!
Er taumelt!

Dietrich.

Etzel, du bist fürchterlich!   2280
Das Schreckgesicht, das du gesehn am Himmel,
Das stellst du wohl auf Erden vor uns hin.

Hagen.

Komm, Giselher, hier gibt es frische Luft!

Giselher (von innen).

Ich finde nicht!

Hagen.

So taste an der Mauer,
Und folge meiner Stimme.

(Tritt halb in den Saal zurück.)

    Falle nicht,   2285
Da ist der Totenberg!

(Führt Giselher heraus.)

Giselher.

Ha!   das erquickt!
Ich lag schon! Dieser Qualm! Noch eher Glut!

Dritte Szene.

Gunther, Dankwart und Gerenot erscheinen mit Rumolt in ihrer Mitte.

Gunther.

Da ist das Loch.

Dankwart.

Schnell! Schnell!

Gerenot (aufatmend).

Das ist was wert!

Gunther (zu Rumolt, der zu fallen anfängt).

Dem hilft's nicht mehr.

Hagen.

Tot?

Dankwart.
Küchenmeister, auf! —

2290 Vorbei!

Giselher.
Durst, Durst!

Hagen.
Ei, geh doch in die Schenke
Zurück, an rotem Wein gebricht's ja nicht,
Noch sprudelt manches Faß.

Hildebrant.
Versteht Ihr das?
(Deutet auf den Totenwinkel.)
Die ausgelaufnen Fässer liegen dort!

Dietrich.
Gott helfe uns!

Hagen.
Ein Glück nur, daß der Saal
2295 Gewölbt ist. Ohne diesen Ziegelrand,
Der uns beschirmte vor dem Kupferregen,
Hätt' alles nichts geholfen.

Gunther.
Brätst du nicht
In deinem Eisen?

Hagen.
Stell' dich an den Wind,
Jetzt können wir ihn brauchen.

Gunther.
Weht's denn noch?

—

Vierte Szene.

Kriemhild (aus einem Fenster).
2300 Nun, Waffenmeister?

Hildebrant.
Schießt!
(Die Schützen erheben ihre Bogen.)

Hagen.

Ich decke euch!

(Er erhebt seinen Schild, dieser entfällt ihm und rollt die Treppe herunter.)

Hinein!

(Ruft herab.)

Beseht den Schild, bevor ihr lacht!
Er ward nur schwerer, doch mein Arm nicht schwächer,
Denn alle eure Speere stecken drin.

(Folgt den übrigen.)

Fünfte Szene.

Hildebrant.

Ich halt' es nicht mehr aus. Wollt Ihr denn nicht
Ein Ende machen?

Dietrich.

Ich? Wie könnt' ich das?   2305
Ich bin des Königs Mann, und um so eher
Verpflichtet, treu zu bleiben, als ich mich
Freiwillig und aus bloßem Herzensdrang
Ihm unterwarf!

Hildebrant.

Vergeßt nicht!

Dietrich.

Davon nichts.

Hildebrant.

Die Zeit ist abgelaufen, die Ihr selbst   2310
Euch setztet, im Gehorsam Euch zu üben
Und Eure Zeugen leben!

Dietrich.

Heute das?

Hildebrant.

Heut oder nie! Die Helden können sterben,
Die Gott bis jetzt so wunderbar verschont.

Dietrich.

2315 Dann soll ich eben bleiben, was ich bin!
Das setz' ich mir zum Zeichen, wie du weißt,
Ob ich die Krone wieder tragen oder
Bis an den Tod zu Lehen gehen soll,
Und ich, ich bin zu beidem gleich bereit.

Hildebrant.

2320 Nun, wenn Ihr selber schweigt, so rede ich!

Dietrich.

Das thust du nicht! Auch bessertest du nichts!
(Legt ihm die Hand auf die Schulter.)
Mein Hildebrant, wenn eine Feuersbrunst
Im Haus entsteht, so kehrt der Knecht noch um,
Der seiner Pflicht gerade ledig ward,
2325 Und hätt' er schon die Schwelle überschritten:
Er zieht die Feierkleider wieder aus
Und wirft sein Bündel hin, um mit zu löschen,
Und ich, ich zöge ab am Jüngsten Tag?

Hildebrant.

Sie werfen wieder Tote aus den Fenstern,
2330 Herr, endigt jetzt! Der Teufel hat genug!

Dietrich.

Wenn ich auch wollte, wie vermöcht' ich's wohl?
Hier hat sich Schuld in Schuld zu fest verbissen,
Als daß man noch zu einem sagen könnte:
Tritt du zurück! Sie stehen gleich im Recht.
2335 Wenn sich die Rache nicht von selbst erbricht
Und sich vom letzten Brocken schaudernd wendet,
So stopst ihr keiner mehr den grausen Schlund.

Hildebrant
(ist auf die Seite gegangen und kehrt zurück).

Nun folgen unsre Edlen endlich auch
Den armen Knechten nach. Die meisten sind

Nur noch an ihrem Panzer zu erkennen,   2340
Der tapfre Jring flog der Schar voran.
Herr, geht nicht hin, Ihr könnt ihn doch nicht küssen,
Sein Kopf ist ganz verkohlt.

Dietrich.
Das treue Blut!
(Hagen wird oben wieder sichtbar.)

Hildebrant.
Hagen noch einmal.

— —

Sechste Szene.
Kriemhild tritt auf.

Kriemhild.
Schießt!
(Hagen verschwindet wieder.)
Wie viele leben

Denn noch?

Hildebrant (deutet auf den Totenwinkel).
Wie viele tot sind, siehst du hier!   2345

Dietrich.
Alle Burgunden, die ins Land gezogen,
Sind auch gefallen —

Kriemhild.
Aber Hagen lebt!

Dietrich.
An siebentausend Heunen liegen dort —

Kriemhild.
Und Hagen lebt!

Dietrich.
Der stolze Jring fiel.

Kriemhild.
Und Hagen lebt!

Dietrich.
Der milde Thüring auch,   2350
Irnfried und Blödel und die Völker mit.

Kriemhild.

Und Hagen lebt! Schließt Eure Rechnung ab,
Und wärt Ihr selbst darin die letzten Posten,
Die ganze Welt bezahlt mich nicht für ihn.

Hildebrant.

2355 Unhold!

Kriemhild.

　　　Was schiltst du mich? Doch schilt mich nur!
Du triffst, was du gewiß nicht treffen willst,
Denn was ich bin, das wurde ich durch die,
Die ihr der Strafe gern entziehen möchtet,
Und wenn ich Blut vergieße, bis die Erde
2360 Ertrinkt, und einen Berg von Leichen türme,
Bis man sie auf den Mond begraben kann,
So häuf' ich ihre Schuld, die meine nicht.
O, zeigt mir nur mein Bild! Ich schaudre nicht
Davor zurück, denn jeder Zug verklagt
2365 Die Basilisken dort, nicht mich. Sie haben
Mir die Gedanken umgefärbt. Bin ich
Verräterisch und falsch? Sie lehrten mich,
Wie man den Helden in die Falle lockt,
Und bin ich für des Mitleids Stimme taub?
2370 Sie waren's, als sogar der Stein zerschmolz.
Ich bin in allem nur ihr Widerschein,
Und wer den Teufel haßt, der spuckt den Spiegel
Nicht an, den er befleckt mit seiner Larve,
Er schlägt ihn selbst und jagt ihn aus der Welt.

———

Siebente Szene.

Hagen erscheint wieder.

Hagen.

2375 Ist König Etzel hier?

Kriemhild.
Ich sprech' für ihn.

Was wollt Ihr?

Hagen.
Offnen Kampf in freier Luft.

Kriemhild.
Das weigr' ich Euch, und wär's nach mir gegangen,
So gäb's auch drinnen keinen Kampf als den
Mit Hunger und Durst und Feuer!

Dietrich.
Der König selbst!

Achte Szene.

Etzel tritt auf.

Hagen.
Herr Etzel, ist's geschehn mit Eurem Willen,   2380
Daß man den Saal in Brand gesteckt, als wir
Die Wunden uns verbanden?

Etzel.
Habt Ihr uns
Die Toten ausgeliefert! Habt Ihr mir
Nicht selbst mein Kind verweigert?

Dietrich.
Das war schlimm!

Etzel.
Wir pflegen unsre Toten zu verbrennen!   2385
Wenn Euch das unbekannt gewesen ist,
So wißt Ihr's jetzt.

Hagen.
Dann seid Ihr quitt mit uns!
Gewährt uns denn, was Ihr nicht weigern könnt,
Wenn Ihr den größten Schimpf nicht wagen wollt.

Kriemhild.
Der größte Schimpf ist, Euch das Ohr zu leihn.   2390
Schießt! Schießt!

Hagen.
Trägt sie die Krone?

Etzel.
Was wollt Ihr mehr?

Ich legte Euer Los in Schwesterhand.

Kriemhild.
Die Toten hielten sie als Pfand zurück,
Um auch die Lebenden hinein zu locken,
2395 Die nicht aus Thorheit kamen.

Etzel.
Stamm um Stamm!

Sie haben meinen ausgelöscht, sie sollen
Auch selbst nicht fortbestehn.

(Hagen verschwindet wieder.)

Kriemhild.
Was gibt's denn hier?

Der alte Rüdeger in Wut!

———————

Neunte Szene.

Rüdeger jagt einen Hennen über die Bühne und schlägt ihn mit der Faust zu Boden.

Rüdeger.
Da liege

Und spei' noch einmal Gift.

Etzel.
Herr Rüdeger,

2400 Ihr helft dem Feind? Wir haben der Erschlagnen
Auch ohne Euch genug.

Kriemhild.
Was hat der Mann

Gethan?

Rüdeger (zu Etzel).
Bin ich dein bloßer Zungenfreund?

Schnapp' ich nach Gaben, wie der Hund nach Fleisch?

Trag' ich den Sack, der keinen Boden hat,
2405 Und obendrein ein festgeleimtes Schwert?

Hebbel. III.   19

Etzel.

Wer sagt denn das?

Rüdeger.

Wenn man's nicht sagen darf,
So schilt mich nicht, daß ich den Buben strafte:
Der warf mir das soeben ins Gesicht,
Als ich mit Thränen all des Jammers dachte,
Den diese Sonnenwende uns beschert,   2410
Und brüllend stimmte ihm sein Haufe bei.

Kriemhild.

So stand ein ganzer Haufe hinter ihm?
Herr Rüdeger, die Strafe war zu hart,
Denn viele, wenn nicht alle, denken so.
Und eine beßre Antwort wär's gewesen,   2415
Wenn Ihr sogleich das Schwert gezogen hättet,
Um auf die Nibelungen einzuhaun.

Rüdeger.

Ich? Hab' ich sie nicht selbst ins Land gebracht?

Etzel.

Drum eben ist's an dir, sie fortzuschaffen.

Rüdeger.

Nein, König, das begehrst du nicht von mir!   2420
Du hast mir kaum gestattet, dir die Dienste
Zu leisten, die ich dir entgegen trug,
Und solltest fordern, was ich weigern müßte,
Und hinge Haut und Haar und alles dran?
Ich kann und will sie nicht verteidigen,   2425
Doch hab' ich sie auf Treue hergeführt,
Und darf ich sie nicht schützen gegen dich,
So leih' ich dir doch auch nicht meinen Arm.

Kriemhild.

Du thust, als wärst du noch ein freier Mann
Und könntest dich entscheiden, wie du willst!   2130

Rüdeger.

Kann ich's denn nicht? Was hindert mich, wenn ich
Die Lehen niederlege?

Kriemhild.

Was? — Dein Eid!
Du bist bis an den letzten Odemzug
Mein Knecht und darfst mir keinen Dienst verweigern,
2435 Wohlan denn, dieser ist es, den ich will.

Rüdeger.

Ich kann nicht sagen, daß du lügst, und doch
Ist's nicht viel besser, denn ein andres Weib
Hat meinen Eid gefordert und erhalten,
Ein andres aber legt ihn heute aus.

Etzel.

2440 Du sprichst von Treue, Rüdeger. Ich darf
Dich wohl zum Zeugen nehmen, daß ich sie
Heilig zu halten weiß. Doch, gilt das hier?
Sie stehen jenseits der Natur und brauchen
Als Waffe, was im Abgrund still versank,
2445 Eh' sich der Bau der Welt zusammenschloß.
Sie werfen uns den Kot der Elemente,
Der, ausgeschieden, unten sitzen blieb,
Als sich die Kugel rundete, hinein.
Sie reißen alle Nägel aus und sägen
2450 Die Balken durch. Da mußt auch du den Damm
Wohl überspringen, wenn du helfen willst.

Kriemhild.

So ist's. Der gift'ge Degen ist die Schande
Des Ersten, doch der Zweite schwingt ihn frei!

Rüdeger.

Es mag so sein, es ist gewiß auch so,
2455 Ich will mit euch nicht streiten. Doch bedenkt:
Ich habe sie mit Wein und Brot begrüßt,
Als sie die Donaugrenze überschritten,

19*

Und sie geleitet bis zu eurer Schwelle,
Kann ich das Schwert wohl gegen sie erheben,
Nun sie in ihren größten Nöten sind?   2460
Wenn alle Arme, die man zählt auf Erden,
Im allgemeinen Aufstand der Natur
Sich gegen sie bewaffneten, wenn Messer
Und Sensen blitzten und die Steine flögen,
So fühlte ich mich immer noch gebunden,   2465
Und höchstens stände mir ein Spaten an.

Etzel.

Ich hab' dich auch geschont, solang' ich konnte,
Und ruf' dich ganz zuletzt.

Rüdeger.

Barmherzigkeit!

Was soll ich sagen, wenn mein Eidam mir,
Der junge Giselher, entgegentritt   2470
Und mir die Hand zum Gruße beut? Und wenn
Mein Alter seine Jugend überwindet,
Wie tret' ich wohl vor meine Tochter hin?

(Zu Kriemhild.)

Dich treibt der Schmerz um den Verlorenen,
Willst du ihn auf ein Kind, das liebt, wie du,   2475
Und nichts verbrach, vererben und es töten?
Das thust du, wenn du mich zum Rächer wählst,
Denn wie das blut'ge Los auch fallen mag,
Ihr wird der Sieger immer mit begraben,
Und keiner von uns beiden darf zurück.   2480

Kriemhild.

Das alles hättest du erwägen sollen,
Bevor der Bund geschlossen ward. Du wußtest,
Was du geschworen!

Rüdeger.

Nein, ich wußt' es nicht

Und, beim allmächt'gen Gott, du hast es selbst

2485 Noch weniger gewußt. Das ganze Land
War deines Preises voll. In deinem Auge
Sah ich die erste Thräne und zugleich
Die letzte auch, denn alle andern hattest
Du abgewischt mit deiner milden Hand.

2490 Wohin ich trat, da segnete man dich,
Kein Kind ging schlafen, ohne dein zu denken,
Kein Becher ward geleert, du hattest ihn
Gefüllt, kein Brot gebrochen und verteilt,
Es kam aus deinem Korb: wie konnt' ich glauben,

2495 Daß diese Stunde folgte! Eher hätt' ich
Bedächtig vor dem Eid den eignen Hals
Mir ausbedungen, als die Sicherheit
Der Kön'ge, deiner Brüder. Wär's dir selbst
Wohl in den Sinn gekommen, wenn du sie

2500 Im Kreis um deine alte graue Mutter
Versammelt sahst, um in den Dom zu gehn,
Daß du dereinst ihr Leben fordern würdest?
Wie sollte ich's denn ahnen und den ersten
Und edelsten der Jünglinge verschmähn,

2505 Als er um meine Tochter warb?

Kriemhild.

Ich will
Ihr Leben auch noch heute nicht! Die Thür
Steht offen für sie alle bis auf einen:
Wenn sie die Waffen drinnen lassen wollen
Und draußen Frieden schwören, sind sie frei.

2510 Geh hin und rufe sie zum letztenmal.

————

Zehnte Szene.
Giselher erscheint oben.
Giselher.

Bist du es, Schwester? Habe doch Erbarmen
Mit meinem jungen Leib.

Kriemhild.

Komm nur herab!
Wer jetzt beim Mahle sitzt, und wär' er noch
So hungrig, soll dir weichen, und ich selbst
Kredenze dir des Kellers kühlsten Trunk!   2515

Gijelher.

Ich kann ja nicht allein.

Kriemhild.

So bringe mit,
Was Ute wiegte[1], daß sie nicht mit Schmerz
Begraben muß, was sie mit Lust gebar.

Gijelher.

Wir sind noch mehr.

Kriemhild.

Du wagst, mich dran zu mahnen?
Nun ist die Gnadenzeit vorbei, und wer   2520
Noch Schonung will, der schlage erst das Haupt
Des Tronjers ab und zeig's!

Gijelher.

Mich reut mein Wort.
(Verschwindet wieder.)

Elfte Szene.

Rüdeger.

Du siehst!

Kriemhild.

Das eben ist's, was mich empört!
Heut sind sie untreu, morgen wieder treu:
Das Blut des Edelsten vergießen sie   2525
Wie schmutz'ges Wasser, und den Höllengischt,
Der in den Adern dieses Teufels kocht,
Bewachen sie bis auf den letzten Tropfen,

---

[1] Seine Brüder.

Als wär' er aus dem heil'gen Graal[1] geschöpft.
2530 Das konnt' ich auch nicht ahnen, als ich sie
So miteinander habern sah. Mein Grab
Im Kloster war nicht still genug, daß ich
Den ew'gen Zank nicht hörte: konnt' ich denken,
Daß sie, die sich das Brot vergifteten,
2535 Sich hier so dicht zusammenknäueln würden,
Als hingen sie an einer Nabelschnur?
Gleichviel! Der grimm'ge Mörder sprach am Sarg
In bittrem Hohn zu mir: Dein Siegfried war
Vom Drachen nicht zu trennen, und man schlägt
2540 Die Drachen tot.[2] Das wiederhol' ich jetzt!
Ich schlag' den Drachen tot und jeden mit,
Der sich zu ihm gesellt und ihn beschirmt.

Etzel.

Ihr habt den Kampf verlangt, als ich gebot,
Sie mit den stillen Schrecken einzuschließen,
2545 Die nach und nach aus allen Wänden kriechen
Und wachsen, wie der Tag — Ihr habt den Hunger
Beneidet um sein Totengräberamt,
Als ich's ihm übertrug, und statt zu lachen,
Wie die Verlornen Euch aus List verhöhnten,
2550 Um euch hineinzulocken, Eure Wappen
Emporgehalten und durchs erste Murren
Ein Ja von mir ertrotzt. Nun fechtet's aus!
Ich werd's auch an mir selbst nicht fehlen lassen,
Wenn mich die Reihe trifft, denn Wort ist Wort.

Rüdeger.

2555 So schwer wie ich ward noch kein Mensch geprüft,
Denn was ich thun, und was ich lassen mag,

---

[1] Die Schüssel, in der nach der Legende Joseph von Arimathia das Blut des
Heilands auffing.
[2] Siehe „Siegfrieds Tod", S. 159.

So thu' ich bös und werde drob gescholten,
Und laß' ich alles, schilt mich jedermann.

(Aus dem Saal heraus Becherklang.)

Kriemhild.

Was ist denn das? Es tönt wie Becherklang!

(Hildebrant steigt hinauf.)

Mich dünkt, sie hören uns! Das ist die Art   2560
Der Fröhlichen. Sie scheppern[1] mit den Helmen
Und stoßen an.

Hildebrant.

Nur einen Blick hinein,
So bist du stumm! Sie sitzen auf den Toten
Und trinken Blut.

Kriemhild.

Sie trinken aber doch!

Hildebrant.

Rührt dich denn nichts? Noch niemals standen Männer   2565
Zusammen wie die Nibelungen hier,
Und was sie auch verbrochen haben mögen,
Sie haben's gut gemacht durch diesen Mut
Und diese Treue, die sie doppelt ehrt,
Wenn's ist, wie du gesagt!

Rüdeger.

Mein Herr und König,   2570
Du hast mich so mit Gaben überschüttet
Und mir den Dank dafür so ganz erlassen,
Daß dir kein Knecht verpflichtet ist wie ich.
Kriemhild, ich habe dir den Eid geschworen
Und muß ihn halten, das erklär' ich laut   2575
Für meine Pflicht und mäkle nicht daran.
Wenn ihr mich dennoch niederknieen seht,
So denkt des Hirsches, der in höchster Not
Sich auch noch gegen seinen Jäger wendet

---

[1] Scheppern: klirren, vom Klange eines zerbrochenen Geschirrs, in oberdeutschen Mundarten üblich.

2580 Und ihm die einz'ge blut'ge Thräne zeigt,
Die er auf dieser Erde weinen darf,
Ob er vielleicht Erbarmen in ihm weckt.
Ich flehe nicht um Gold und Goldeswert,
Nicht um mein Leben oder meinen Leib,
2585 Nicht einmal um mein Weib und um mein Kind,
Das alles fahre hin, ich fleh' zu euch
Um meine Seele, die verloren ist,
Wenn ihr mich nicht von diesem Eide löst.
                    (Zu Etzel.)
Ich biete nicht, was dir von selbst verfällt,
2590 Wenn des Vasallen Zunge auch nur stockt,
Und wenn sein Auge nicht vor Freuden funkelt,
Sobald du winkst: mein Land ist wieder dein!
                    (Zu Kriemhild.)
Ich sage nicht: wenn du mein Leben willst,
So nimm es hin, und wenn du meinen Leib
2595 Verlangst, so spann' mich morgen vor den Pflug!
                    (Zu beiden.)
Ich biete mehr, obgleich dies alles scheint,
Was einer bieten kann: wenn ihr es mir
Erlaßt, den Arm in diesem Kampf zu brauchen,
Soll er mir sein, als hätt' ich ihn nicht mehr.
2600 Wenn man mich schlägt, so will ich mich nicht wehren,
Wenn man mein Weib beschimpft, sie nicht beschützen,
Und wie ein Greis, den die gewalt'ge Zeit
Von seinem Schwerte schied, in voller Kraft
An einem Bettelstab die Welt durchziehn.

Kriemhild.

2605 Du thust mir leid, allein du mußt hinein!
Glaubst du, daß ich die Seele rettete,
Als ich nach einem Kampf, dem keiner gleicht,
Mit Etzel in das zweite Eh'bett stieg?
O sei gewiß, der kurze Augenblick,

Wo ich den Frauengürtel lösen sollte,   2610
Und fest und immer fester um mich knüpfte,
Bis er ihn zornig mit dem Dolch zerschnitt,
Der Augenblick enthielt der Martern mehr
Als dieser Saal mit allen seinen Schrecken,
Mit Glut und Brand, mit Hunger, Durst und Tod.   2615
Und wenn ich endlich überwand im Kampf
Und, statt den Dolch zu rauben und zu töten,
Gleichviel, ob mich, ob ihn, sein Bett beschritt[1],
So war's dein Eid, der mir die Kraft verlieh,
So war es dieser Tag, auf den ich hoffte,   2620
Und diese Stunde, die ihn krönen muß.
Nun sollt' es enden wie ein Possenspiel,
Ich hätt' mich selbst als Opfer dargebracht
Und sollte doch verzichten auf den Preis?
Nein, nein, und müßte ich der ganzen Welt   2625
Zur Ader lassen, bis zur jüngsten Taube
Herunter, die das Nest noch nicht verließ,
Ich schauderte auch davor nicht zurück.
Drum, Markgraf Rüdeger, besinnt Euch nicht,
Ihr müßt, wie ich, und wenn Ihr fluchen wollt,   2630
So flucht auf die, sie zwingen Euch wie mich.

Rüdeger (zu den Seinen).
So kommt!

Kriemhild.
Erst noch die Hand.

Rüdeger.
Beim Wiedersehn.

Hildebrant.
Herr Dietrich von Bern, jetzt mahn' ich Euch!
Werft Euren schnöden Wächterspieß beiseite

---

[1] Hebbel hat sich hier vielleicht an jenen Bericht erinnert, wonach König Etzel (Attila) am Morgen nach seiner Brautnacht mit der Germanin Hildico im Bette ermordet aufgefunden wurde.

2635 Und schreitet ein, wie's einem König ziemt.

Zurück noch, Rüdeger, er darf's und kann's,

Er trat auf sieben Jahr' in Etzels Dienst,

Und die sind um, es galt nur ein Gelübde,

Und wer's nicht glaubt, dem stell' ich Zeugen auf.

Etzel.

2640 Dein Wort genügt.

Dietrich
(der die Schwurfinger in die Höhe hob, während Hildebrant sprach).

So war's, mein Herr und König,

Doch weiß mein alter Waffenmeister nicht,

Daß ich's im stillen neu beschworen habe,

Indem er sprach, und diesmal bis zum Tod.

Hildebrant (tritt Rüdeger aus dem Wege).

So zieht! Doch reicht mir noch zum letztenmal

2645 Die Hand, denn niemals wird es mehr geschehn,

Ob Ihr nun siegen oder fallen mögt.

Rüdeger.

Herr Etzel, Euch befehl' ich Weib und Kind

Und auch die armen Landsvertriebenen,

Denn was Ihr selbst an mir gethan im Großen,

2650 Das hab' ich Euch im Kleinen nachgemacht.

Zwölfte Szene.

Hagen und die Nibelungen schauen aus, wie Rüdeger mit den Seinigen emporsteigt.

Giselher.

Es gibt noch Frieden. Seht Ihr? Rüdeger!

Hagen.

Es gilt den letzten und den schwersten Kampf,

Jetzt soll sich würgen, was sich liebt.

Giselher.

Du meinst?

Hagen.

Trat die Versöhnung je in Eisen auf?
Braucht man den Panzer, um sich zu umarmen,   2655
Treibt man die Küsse mit den Schwertern ein
Und nimmt man all sein Volk als Zeugen mit?

Giselher.

Wir tauschten alle in Bechlarn die Waffen,
Ich trag' die seinen, er die meinigen,
Und das geschieht in aller Welt doch nur,   2660
Wenn man sich niemals wieder schlagen will.

Hagen.

Hier gilt das nicht. Nein, reicht euch nur die Hände
Und sagt euch gute Nacht. Wir sind am Ziel.

Giselher (tritt Rüdeger entgegen).

Willkommen!

Rüdeger.

      Ich bin taub! — Musik! Musik!
(Rauschende Musik.)

Hagen.

Hätt' ich nur einen Schild!

Rüdeger.

        Dir fehlt der Schild?   2665
An einem Schilde soll's dir nimmer fehlen,
Hier ist der meinige.
(Reicht Hagen seinen Schild, während Hildebrant ihm den seinigen wiedergibt.)
      Musik! Musik!
Schlagt an die Panzer, rasselt mit den Speeren,
Ich habe jetzt das letzte Wort gehört!
(Tritt mit den Seinigen in den Saal. Kampf.)

Dreizehnte Szene.

Etzel.

Bringt mir den Helm!   2670

Hildebrant
(in den Saal schauend, ballt die Hand gegen Kriemhild).

      Du, Du!

Kriemhild.
Wer ist gefallen?
Hildebrant.

Dein Bruder Gerenot.

Kriemhild.
Er hat's gewollt.

Hildebrant.

Was ist das für ein Licht, das mich so blendet?
Ich seh' nicht mehr! — Der Balmung! — Hagen schreitet
In einem Meer von Funken, wo er haut;
2675 In Regenbogenfarben tanzen sie
Um ihn herum und beißen in die Augen,
Daß man sie schließen muß. Das ist ein Schwert!
Es schlägt die tiefsten Wunden, und es macht
Sie unsichtbar durch seinen Blitz. Jetzt hält
2680 Der Schnitter ein! Wie steht's? Der hat gemäht!
Nur wenig Halme heben noch ihr Haupt.
Auch Giselher —

Kriemhild.
Was ist mit Giselher?

Hildebrant.

Er liegt.

Kriemhild.
Er liegt? Nun wohl, so ist es aus.

Hildebrant.

Der Tod hat wieder Odem, und es bricht
2685 Von neuem los. Wie wütet Rüdeger!
Der löst den Eid so treu, als thät' er's gern,
Doch ist er jetzt schon ganz allein!

Kriemhild.
So hilf!

Hildebrant.

Man schlägt die Nibelungen ohne mich! —
Dankwart, du lehnst dich müßig in die Ecke,

Statt deine Pflicht zu thun? Siehst du's denn nicht,   2690
Daß Volker stürzt? — Ach, er hat guten Grund,
Die Mauer hält ihn aufrecht, nicht der Fuß,
Der ihn durch tausend schwere Kämpfe trug! —
O Gott!

Kriemhild.

    Was gibt's?

Hildebrant.

     Sie liegen Brust an Brust!

Kriemhild.

Wer?

Hildebrant.

  Rüdeger und der Tronjer!

Kriemhild.

     Schmach und Tod!   2695

Hildebrant.

Spar' dir den Fluch! Sie waren beide blind
Vom angespritzten Blut und tasteten
Herum, um nicht zu fallen.

Kriemhild.

    Da verzeih' ich's.

Hildebrant.

Jetzt wischen sie die Augen, schütteln sich
Wie Taucher, küssen sich und — willst du mehr,   2700
So steige selbst herauf und schau' hinein.

Kriemhild.

Was könnt' es nun noch geben, das mich schreckte!
(Steigt empor.)

Hagen
(ihr entgegen, als sie die Treppe halb erstiegen hat).

Der Markgraf Rüdeger bittet um sein Grab!

Etzel
(greift nach dem Helm, den ihm ein Diener reicht).

Nun ist's an mir, und keiner hält mich mehr!

Dietrich.

2705 Es ist an mir, der König kommt zuletzt. (Geht in den Saal.)

Hildebrant.

Dem Herrn sei Preis und Dank! Die Kraft der Erde
Ward in zwei Hälften unter uns verteilt,
Die eine kam auf all die Millionen,
Die andre kam auf Dietrich ganz allein.

— — ——

Vierzehnte Szene.

Dietrich (bringt Hagen und Gunther gefesselt).

2710 Da sind sie!

Hagen (deutet auf seine Wunden).

Alle Hähne stehn schon auf,
Man braucht nicht erst zu drehn.

Gunther.

Ich möchte mich
Ein wenig setzen. Gibt's hier keinen Stuhl?

Hagen
(wirft sich auf Hände und Füße nieder).

Hier, edler König, hier, und einer, der
Dir selbst sogar gehört.

Dietrich.

Begnadigt sie

2715 So weit, daß Ihr's dem Tode überlaßt,
Ob er ein Wunder dulden will.

Etzel.

Sie sollen
Bis morgen sicher sein! Dann steht's bei ihr!
Führt sie ins Haus.

(Hagen und Gunther werden abgeführt.)

Kriemhild.

Herr Hagen Tronje, hört!

Hagen (kehrt um)

Was wollt Ihr, Frau?

Kriemhild.

Sogleich! — Ist König Etzel
Der einz'ge Heunenrecke, der noch lebt?   2720
                (Deutet auf den Totenwinkel.)
Mir deucht, dort rührt sich was!

Etzel.

Jawohl! Ein Zweiter
Kriecht mühsam aus dem Totenberg hervor,
Er braucht sein Schwert als Krücke.

Kriemhild.

Tritt heran,
Verstümmelter, wenn die gebrochnen Glieder
Dich tragen wollen, daß ich dich bezahle,   2725
Denn ich bin deine Schuldnerin!

Ein Heune (tritt heran).

Kriemhild.

Herr Hagen,
Wo ist der Hort? Ich frag' das nicht für mich,
Ich frag's für diesen Mann, dem er gehört.

Hagen.

Als ich den Hort versenkte, mußt' ich schwören,
Ihn keiner Menschenseele zu verraten,   2730
Solange einer meiner Kön'ge lebt.

Kriemhild (heimlich zu dem Heunen).

Kannst du das Schwert noch brauchen? Nun, so geh
Und haue den gefangnen König nieder
Und bringe mir sein Haupt.

Heune (winkt und geht).

Kriemhild.

Der Schuldigste
Von Utes Söhnen soll nicht übrigbleiben,   2735
Das wär' ein Hohn auf dieses Weltgericht!

Heune (kommt mit Gunthers Haupt zurück).

Kriemhild (deutet dar...).

Kennst du dies Haupt? Nun sprich, wo ist der Hort?

Hagen.

Da ist das Ende! Wie ich's mir gedacht! (Klatscht in die Hände)
Unhold, ich hab' dich wieder überlistet,
2740 Nun ist der Ort nur Gott und mir bekannt,
Und einer von uns beiden sagt's dir nicht.

Kriemhild.

Dann, Balmung, leiste deinen letzten Dienst!
(Reißt ihm den Balmung von der Seite und erschlägt ihn, ohne daß er sich wehrt.)

Hildebrant.

Kommt hier der Teufel doch noch vor dem Tod?
Zurück zur Hölle! (Er erschlägt Kriemhild.)

Dietrich.

Hildebrant!

Hildebrant.

Ich bin's.

Etzel.

2745 Nun sollt' ich richten — rächen — neue Bäche
Ins Blutmeer leiten — Doch es widert mich,
Ich kann's nicht mehr — mir wird die Last zu schwer —
Herr Dietrich, nehmt mir meine Kronen ab
Und schleppt die Welt auf Eurem Rücken weiter —

Dietrich.

2750 Im Namen dessen, der am Kreuz erblich!

Ästhetisches.

20*

Einleitung des Herausgebers.

Hebbel hat sich schon früh mit ästhetischen Dingen beschäftigt und Fragen aus diesem Gebiet schon in der Heimat mit seinen Freunden lebhaft erörtert. Teilnahme und Fähigkeit sind ihm sodann im gleichen Maße gewachsen während seiner Hamburger Lehrjahre, und daß er mit sachlichen, ernsten Gründen damals in einem Vortrage des „Wissenschaftlichen Vereins von 1817" Kleist an dichterischer Kraft weit über den in jenem jugendlichen Kreis wohl besonders gefeierten Körner stellte, zeigte nicht nur ein hohes Maß ästhetischer Einsicht, sondern auch bereits die Richtung an, die er in seiner Theorie der Kunst einschlagen sollte. Den erfahrungsmäßigen Stoff, von dem er bei seinen Betrachtungen immer ausging, fand er zuerst bei Schiller, dann, zumal hinsichtlich der Lyrik, bei dem von ihm bis ins Alter gepriesenen Uhland. Shakespeare und Lessing traten etwas später hinzu, und Goethe lernte er erst in seiner Heidelberger Zeit eingehender kennen. In die philosophische Spekulation hinein, zu der er frühzeitig eine starke Neigung zeigte, führte ihn Schelling, dessen Vorlesungen er in München (1837 und 1838) hörte. Schelling las damals „System der Philosophie", „Philosophie der Mythologie" und „Das Studium der Philosophie". Dabei wird er nach seiner Gewohnheit auch ästhetische Fragen oft und eingehend behandelt haben. Auch die bis dahin erschienenen Hauptwerke Hegels las der Dichter in jener Zeit, wenn auch, wie er gesteht, mit wenig Erfolg. Mit mehr Nutzen dagegen vertiefte er sich in Solgers, Schillers und Lessings ästhetische Schriften.

Nach Hamburg zurückgekehrt, verschaffte ihm Gutzkow die Möglichkeit, seine ästhetischen Grundsätze, die, wie das Tagebuch beweist, sich immer eigenartiger entwickelt, immer energischer verdichtet hatten, in der journalistischen Kritik anzuwenden. Die Rezensionen, die er in den Jahren 1839, 1840 und 1841 für den „Telegraphen" lieferte, zeigen

bereits seine spätere Eigenart, weniger über die zu besprechenden Bücher
sich zu äußern, als, von ihnen ausgehend, allgemeine Gedanken zu ent=
wickeln. Als er Ludolf Wienbargs „Dramatiker der Jetztzeit" (1. Heft)
besprach, da war ihm der erwünschte Anlaß gegeben, ein kräftiges Wort
über die Zustände unserer Litteratur und über unser Theater, „wo seit
langer Zeit Hunde und Affen, Taschenspieler und moderne Athleten
ihre Triumphe feierten", zu sagen. Nur in der ernsthaften Kritik kann
er ein Heilmittel für die schlimmen Zustände erkennen. Bei einem Ur=
teil Wienbargs über Uhland bricht er in die charakteristischen Worte
aus: „Deutsch=dramatisch! das ist das rechte Wort, und dies will un=
endlich viel sagen, denn deutsch und dramatisch sind Gegensätze." Dann
umschreibt er mit kurzen, treffenden Worten die Aufgabe der Tragödie:
„Menschennatur und Menschengeschick: das sind die beiden Rätsel, die
das Drama zu lösen strebt." In dem Aufsatz „Über Litteratur und
Kunst" findet er für die damalige Litteratur den harten, aber nicht ganz
ungerechtfertigten Ausdruck „Börse". Er meint ferner, die kritischen
Kräfte seien zu seiner Zeit den produzierenden bei weitem überlegen, und
über die Forderung des Zeitgemäßen in der Kunst spricht er das reife
Wort: „Die Zeit prägt jedem ihrer Erzeugnisse ihr Monogramm auf,
im schlimmen Fall als Stigma, im guten als Glorienstrahl. Aber eben
weil dies immer geschieht, braucht es nicht förmlich zum Zweck erhoben
zu werden."

Die erste größere ästhetische Arbeit zeitigte der in Kopenhagen im
Verkehr mit Öhlenschläger und Thorwaldsen verbrachte Winter 1842/43.
Es war der Aufsatz: „Ein Wort über das Drama", der im „Stutt=
garter Morgenblatt für gebildete Leser" vom 25. und 26. Januar
1843 erschien. So selbständig auch Hebbel in der ästhetischen Einzel=
beobachtung ist, so gründet sich seine Ableitung des Dramas, wie schon
der Aufsatz über Wienbargs Buch erkennen ließ, und wie deutliche Ein=
träge im Tagebuch beweisen, in letzter Linie auf die Kunstlehre Schel=
lings. Diesen Einfluß verstärkte die Lektüre der griechischen Tragiker,
der er sich in München zuwandte, wie ja auch Schellings Ästhetik des
Dramas wesentlich aus den Werken des Sophokles und Äschylos ab=
geleitet war. Hegels Einwirkung, dessen 1838 erschienene Ästhetik ihm
bekannt war, läßt sich nur gelegentlich bemerken.

Nach Schelling herrscht in der Epik die Notwendigkeit (das All=
gemeine), in der Lyrik die Freiheit (das Besondere). Im Drama und
der Tragödie, die bei ihm nicht gesondert sind, erscheinen diese beiden

Prinzipien im Widerstreit miteinander, und das Tragische besteht in einem sich daraus ergebenden Gleichgewicht. Notwendigkeit und Freiheit siegen und sind zugleich besiegt; erstere siegt durch die Verhängung des Unglücks, letztere durch die Gesinnung, mit der sich der Held über das Unglück erhebt. Von diesem Widerstreit zwischen Freiheit und Notwendigkeit geht auch Hebbel aus, erörtert sodann den Begriff der tragischen Schuld, die es für ihn im Sinne der Schulästhetik eigentlich nicht gibt, das Verhältnis des Dramatikers zur Geschichte, die ihm wie Lessing nur Mittel ist, und gibt, nachdem er noch einiges über die Technik und Charakteristik im allgemeinen gesagt hat, eine kurze Skizze der bestehenden dramatischen Richtungen.

Gelegenheit, seine gewonnenen ästhetischen Grundsätze im Feuer der Polemik zu härten und einzelnes nur Angedeutete weiter auszuführen, ergab sich ihm sehr bald. Noch in demselben Jahre, in dem sein Aufsatz erschien, wurde er ins Dänische übertragen, und der kritische Papst des damaligen Dänemark, Professor Heiberg in Kopenhagen, griff ihn in schärfster Weise an. Wie wenig wählerisch er in seinen Mitteln war, beweist der Umstand, daß er die Bühnenbearbeitung der „Judith", die ihm, als dem Direktionsadjunkten des Theaters in Kopenhagen, vorlag, ihm also nur auf amtlichem Wege zu Gesicht gekommen war, benutzte, um Hebbel einer „ästhetischen Sünde" zeihen zu können.

Heibergs auf mißverständlichen Auslegungen oder auf ästhetischer Borniertheit beruhende Einwürfe waren eigentlich keines Wortes der Entgegnung wert. Hebbel sah sich aber zu einer Abwehr gezwungen, mit Rücksicht darauf, daß er dänischer Stipendiat war und ihm an der Meinung der maßgebenden Kreise der dänischen Hauptstadt liegen mußte. Wir müssen heute auf jeden Fall dem Professor Heiberg und den Umständen, die Hebbel zu einer Entgegnung veranlaßten, dankbar sein, denn unser Dichter hat darin die Grundsätze seiner Kunstlehre noch einmal, umfassender und deutlicher zugleich, auseinander gesetzt. Den Aufsatz im „Morgenblatt" vereinigte er nun mit dieser gründlichen und energischen Erwiderung zu seiner bedeutendsten ästhetischen Schrift.

„Mein Wort über das Drama", wie sie betitelt ist, wurde am 31. Juli 1843 (vgl. das Tagebuch) abgeschlossen und erschien bald darauf bei Campe in Hamburg. Was hier Hebbel von dem Verhältnis von Kunst und Philosophie sagt, zeigt aufs neue die Übereinstimmung mit Schelling, dem ja die Kunst die Spitze seines philosophischen Systems war.

Die nächste größere kunstkritische Abhandlung war sein Vorwort

zur „Maria Magdalene", das zusammen mit dem Drama 1844 erschien. Hatte sich schon in der vorausgehenden Arbeit die Neigung
Hebbels bemerklich gemacht, zeitweilig seine Gedanken durch einen ge-
sucht abstrakten Stil zu verhüllen, so waltet hier das Abstrakte und
das verzwickt Sinnvolle so vor, sind endlose Satzperioden so häufig,
daß die Lektüre zu einer qualvollen Arbeit wird. Diese Verschlimme-
rung des Hebbelschen Gedankenausdrucks hat ohne Zweifel der grüb-
lerische Felix Bamberg, mit dem der Dichter während der Abfassung
der Arbeit (in Paris) viel verkehrte, auf dem Gewissen, und man muß
Emil Kuh, der diesen Vorwurf zuerst erhob, nur zustimmen, so sehr
sich auch Bamberg an verschiedenen Stellen dagegen verwahrt hat.
Hebbel hat sich davon bald wieder gründlich freigemacht, und seine spä-
teren kritischen Arbeiten zeichnen sich gerade durch den ruhigen Fluß
der Darstellung, durch Klarheit und Durchsichtigkeit vor vielen zeit-
genössischen Schriften vorteilhaft aus.

Im Jahre 1847 schrieb der Dichter sodann zwei größere theore-
tische Aufsätze für die neugegründeten „Jahrbücher für dramatische
Kunst und Litteratur", die Rötscher, der bekannte Ästhetiker und Dra-
maturg, herausgab. Der erste, aus einer kurzen Skizze im Tagebuch
vom November 1846 entstanden, ist betitelt: „Über den Stil des Dramas". Hebbel geht hier von einer tiefen Erörterung über das Wesen
der Sprache aus, deren Betrachtung ihm überaus wichtig bei der Beurteilung dramatischer Werke erscheint. Der zweite Aufsatz behandelt
im Anschluß an Stellen im Goethe-Schiller-Briefwechsel und an
Schillers Abhandlung „Über naive und sentimentalische Dichtung",
aber wieder überaus eigenartig und bestimmt, den Begriff des Naiven.

Zeigt sich in diesen beiden Arbeiten Hebbel als scharfer philoso-
phischer Ästhetiker, der aber nie den Boden der Erfahrung unter den
Füßen verliert, so lernen wir ihn als rücksichtslosen Polemiker in der
gegen Julian Schmidt gerichteten „Abfertigung eines ästhetischen
Kannegießers" (der „Julia" angeschlossen, 1847) und als glänzenden
Kritiker in einer ganzen Reihe von Besprechungen aus dem Ende der
vierziger und den fünfziger Jahren kennen. Sehr bedeutsam darunter
sind die Kritiken, in denen er seine Auffassung Shakespeares erörtert
(„Shakespeare und seine Zeitgenossen", Rezension über Bodenstedts be-
kanntes Buch in der „Wiener Zeitung" von 1859—61 und die Kritik
„Richard III."). Es ist Hebbel natürlich niemals auch nur für einen
Augenblick in den Sinn gekommen, die überragende Größe Shakespeares

zu bezweifeln, immer wieder aber hört man ihn den Ruf „Shakespeare und kein Ende!" erheben, und wie ganz anders, als z. B. Ludwig, er die Wirkung und Geltung des britischen Dichters für unsere Zeit auf= faßte, beweist schon das eine Wort: „Wenn sich bei uns irgendwo etwas Lebendiges regt und der Kritiker nicht gleich aus eigener Machtvoll= kommenheit blank zu ziehen wagt, so citiert er den Shakespeare und vollstreckt die Exekution in dessen Namen" („Richard III.", Kritik im „Wiener Wanderer", 1851).

Ein wahrhaft glänzender Essay ist der kleine Aufsatz in Kolatscheks „Stimmen der Zeit" (1858), betitelt: „Das Komma im Frack". Hier hat er einmal seinem Herzen Luft gemacht gegen das Genre, die ins Triviale versinkende Kleinkunst, der mit der Kleinheit des Stoffes auch das Können klein geworden ist. Wenn auch Auerbach nicht genannt wird, so richtet sich doch die ganze Tendenz gegen ihn und seine glatten „Schwarzwälder Dorfgeschichten". Das vielleicht etwas zu harte Wort vom „Dorfgeschichten=Schwindel unserer Tage" weist deutlich dar= auf hin.

Zu erwähnen sind noch Hebbels „Litteraturbriefe", die er in den Jahren 1858—63 für die „Leipziger Illustrierte Zeitung" schrieb. Sie sind reich an treffenden und feinen Urteilen über zeitgenössische Dichter und Schriftsteller, sie sind um so interessanter, als wir durch die Ent= wickelung, die jene Männer inzwischen genommen haben, heute imstande sind, Hebbels Meinung auf ihre Voraussicht hin prüfen zu können, und wir müssen eingestehen, daß er in den allermeisten Fällen überraschend richtig geurteilt hat.

Nichts hat Hebbel, außer seinem Kampf gegen die jungdeutsche Tendenzpoesie und eine sich spreizende Kleinkunst, mehr in Erregung gebracht als der Zustand, in dem ihm das Theater der Zeit erschien. Die bedeutendste der hierher gehörigen Schriften ist der 1859 anonym in Kolatscheks „Stimmen der Zeit" erschienene Aufsatz „Das deutsche Theater", der einen wertvollen Beitrag zur Bühnengeschichte bildet und uns zugleich den erwünschten Einblick in Hebbels Meinung von dem Verhältnis des Dramatikers zur Bühne verschafft.

Eine wahre Fundgrube wertvollster ästhetischer Wahrnehmungen und Urteile bilden Hebbels „Tagebücher" und sein ausgedehnter Brief= wechsel. Wenn auch die größeren ästhetischen Schriften des Dichters aus ihnen herausgewachsen sind, so daß wir darin die Quintessenz seiner Ansichten vom Wesen der Kunst besitzen, so bleibt doch immer noch genug

an bedeutenden Beobachtungen übrig, die meist vom eigenen lebendigen Schaffen abgenommen und darum um so reizvoller sind.

Hebbels Bedeutung als Ästhetiker ist wesentlich durch den Umstand
bedingt, daß hier der Denker zugleich schaffender Künstler ist. Dadurch
erhält seine Ästhetik eine streng erfahrungsmäßige Grundlage und schon
darum ist sie ein wichtiger Beitrag zur Psychologie des Genies. Dieselbe empirische Art hat auch Hebbel geleitet, als er von dem Material,
wie es in den einzelnen Litteraturen vorhanden ist, aus seine Schlüsse
auf die ewigen Grundlagen aller Kunst zog. Eine allmählich durch
ungeheuern Fleiß entstandene Kenntnis der Litteraturgeschichte hat die
Überzeugung von diesen, trotz allen Wandlungen der Zeit gleichbleiben-
den Grundlagen der Kunst mehr und mehr in ihm befestigt. So erscheint
er, unbeschadet der weitherzigen Toleranz, mit der er alles anerkennt,
wenn es nur lebendig, organisch emporsprießt, doch wesentlich als nor-
mativer Ästhetiker, und er hat uns auf diesem Gebiete der Erkenntnis,
durch seine scharfen Einzelbeobachtungen, durch eine Fülle eigenartiger,
aus der Erfahrung erstandener und klar gefaßter Urteile um ein gut
Stück vorwärts gebracht. Unter den neueren Ästhetikern ist ihm einzig
Otto Ludwig an die Seite zu stellen. Erst in den letzten Jahren hat
man begonnen, Hebbels Leistungen auf ästhetischem Gebiete gerecht
zu werden, und die journalistische Kritik ist hier der bedächtigeren Litte-
raturgeschichtsforschung mit gutem Beispiel vorangegangen.

1. Mein Wort über das Drama.

Eine Erwiderung an Professor Heiberg in Kopenhagen.

Die Kunst hat es mit dem Leben, dem innern und äußern, zu thun, und man kann wohl sagen, daß sie beides zugleich dar= stellt, seine reinste Form und seinen höchsten Gehalt. Die Haupt= gattungen der Kunst und ihre Gesetze ergeben sich unmittelbar aus der Verschiedenheit der Elemente, die sie im jedesmaligen Fall aus dem Leben herausnimmt und verarbeitet. Das Leben erscheint aber in zwiefacher Gestalt, als Sein und als Werden, und die Kunst löst ihre Aufgabe am vollkommensten, wenn sie sich zwischen beiden gemessen in der Schwebe erhält. Nur so versichert sie sich der Gegenwart wie der Zukunft, die ihr gleich wichtig sein müssen, nur so wird sie, was sie werden soll: Leben im Leben; denn das Zuständlich=Geschlossene erstickt den schöpfe= rischen Hauch, ohne den sie wirkungslos bliebe, und das Em= bryonisch=Aufzuckende schließt die Form aus.

Das Drama stellt den Lebensprozeß an sich dar. Und zwar nicht bloß in dem Sinne, daß es uns das Leben in seiner ganzen Breite vorführt, was die epische Dichtung sich ja wohl auch zu thun erlaubt, sondern in dem Sinne, daß es uns das bedenk= liche Verhältnis vergegenwärtigt, worin das aus dem ursprüng= lichen Nexus entlassene Individuum dem Ganzen, dessen Teil es trotz seiner unbegreiflichen Freiheit noch immer geblieben ist, gegenübersteht. Das Drama ist demnach, wie es sich für die höchste Kunstform schicken will, auf gleiche Weise ans Seiende wie ans Werdende verwiesen: ans Seiende, indem es nicht müde werden darf, die ewige Wahrheit zu wiederholen, daß das Leben als Vereinzelung, die nicht Maß zu halten weiß, die Schuld nicht bloß zufällig erzeugt, ſondern ſie notwendig und weſentlich mit einſchließt und bedingt; ans Werdende, indem es an immer neuen Stoffen, wie die wandelnde Zeit und ihr Niederſchlag, die Geſchichte, ſie ihm entgegenbringt, darzuthun hat, daß der Menſch, wie die Dinge um ihn her ſich auch verändern mögen, ſeiner Natur und ſeinem Geſchick nach ewig derſelbe bleibt.[1] Hiebei iſt nicht zu überſehen, daß die dramatiſche Schuld nicht, wie die chriſtliche Erbſünde, erſt aus der Richtung des menſchlichen Willens entſpringt, ſondern unmittelbar aus dem Willen ſelbſt, aus der ſtarren, eigenmächtigen Ausdehnung des Ichs, hervor= geht, und daß es daher dramatiſch völlig gleichgültig iſt, ob der Held an einer vortrefflichen oder einer verwerflichen Beſtrebung ſcheitert.

Den Stoff des Dramas bilden Fabel und Charaktere. Von jener wollen wir hier abſehen, denn ſie iſt, wenigſtens bei den Neueren, ein untergeordnetes Moment geworden, wie jeder, der etwa zweifelt, ſich klar machen kann, wenn er ein Shakeſpearſches Stück zur Hand nimmt und ſich fragt, was wohl den Dichter entzündet hat, die Geſchichte oder die Menſchen, die er auftreten läßt. Von der allergrößten Wichtigkeit dagegen iſt die Behand= lung der Charaktere. Dieſe dürfen in keinem Fall als fertige erſcheinen, die nur noch allerlei Verhältniſſe durch= und abſpielen und wohl äußerlich an Glück oder Unglück, nicht aber innerlich an Kern und Weſenhaftigkeit gewinnen und verlieren können. Dies iſt der Tod des Dramas, der Tod vor der Geburt. Nur dadurch, daß es uns veranſchaulicht, wie das Individuum im Kampf zwiſchen ſeinem perſönlichen und dem allgemeinen Welt= willen, der die That, den Ausdruck der Freiheit, immer durch die Begebenheit, den Ausdruck der Notwendigkeit, modifiziert und umgeſtaltet, ſeine Form und ſeinen Schwerpunkt gewinnt

---

[1] In dieſem Sinn iſt auch Hebbels ſo vielfach mißdeuteter Mahnruf an die Dramatiker ſeiner Zeit zu verſtehen: „Nur, wo ein Problem vorliegt, hat euere Kunſt etwas zu ſchaffen" (Vorwort zur „Maria Magdalene").

und daß es uns so die Natur alles menschlichen Handelns klar
macht, das beständig, so wie es ein inneres Motiv zu manifestieren
sucht, zugleich ein widerstrebendes, auf Herstellung des Gleich=
gewichts berechnetes äußeres, entbindet — nur dadurch wird das
5 Drama lebendig. Und obgleich die zu Grunde gelegte Idee, von
der die hier vorausgesetzte Würde des Dramas und sein Wert
abhängt, den Ring abgibt, innerhalb dessen sich alles planeta=
risch regen und bewegen muß, so hat der Dichter doch, im ge=
hörigen Sinn und unbeschadet der wahren Einheit, für Verviel=
10 fältigung der Interessen oder, richtiger, für Vergegenwärtigung
der Totalität des Lebens und der Welt zu sorgen und sich wohl
zu hüten, alle seine Charaktere, wie dies in den sogenannten lyri=
schen Stücken öfters geschieht, dem Zentrum gleich nah' zu stellen.
Das vollkommenste Lebensbild entsteht dann, wenn der Haupt=
15 charakter das für die Neben= und Gegencharaktere wird, was das
Geschick, mit dem er ringt, für ihn ist, und wenn sich auf solche
Weise alles, bis zu den untersten Abstufungen herab, in=, durch=
und miteinander entwickelt, bedingt und spiegelt.

Es fragt sich nun: in welchem Verhältnis steht das Drama
20 zur Geschichte und inwiefern muß es historisch sein? Ich denke,
so weit, als es dieses schon an und für sich ist, und als die Kunst
für die höchste Geschichtschreibung gelten darf, indem sie die groß=
artigsten und bedeutendsten Lebensprozesse gar nicht darstellen
kann, ohne die entscheidenden historischen Krisen[1], welche sie her=
25 vorrufen und bedingen, die Auflockerung oder die allmähliche
Verdichtung der religiösen und politischen Formen der Welt, als
der Hauptleiter und Träger aller Bildung, mit einem Wort: die
Atmosphäre der Zeiten zugleich mit zur Anschauung zu bringen.
Die materielle Geschichte, die schon Napoleon die Fabel der Über=
30 einkunft nannte[2], dieser buntscheckige, ungeheure Wust von zweifel=

---

[1] Im Vorwort zur „Maria Magdalene" hat er sich über diese Krisen, die allein
den Stoff des Dramas höchster Art bildeten, eingehender ausgesprochen.

[2] Das Wort stammt von Voltaire, der sagt: „Toutes les histoires anciennes,
comme le disait un de nos beaux esprits, ne sont que des fables convenues."
Man hat mit Recht unter diesem „Schöngeist" Voltaire selbst verstanden.

haften Thatsachen und einseitig oder gar nicht umrissenen
Charakterbildern, wird früher oder später das menschliche Fas=
sungsvermögen übersteigen, und das neuere Drama, besonders
das Shakespearsche, und nicht bloß das vorzugsweise historisch
genannte, sondern das ganze könnte auf diesem Wege zur ent=   5
fernteren Nachwelt ganz von selbst in dieselbe Stellung kommen,
worin das antike zu uns steht. Dann, eher wohl nicht, wird
man aufhören, mit beschränktem Sinn nach einer gemeinen Iden=
tität zwischen Kunst und Geschichte zu forschen und gegebene und
verarbeitete Situationen und Charaktere ängstlich miteinander   10
zu vergleichen; denn man hat einsehen gelernt, daß dabei ja doch
nur die fast gleichgültige Übereinstimmung zwischen dem ersten
und zweiten Porträt, nicht aber die zwischen Bild und Wahr=
heit überhaupt, herausgebracht werden kann, und man hat er=
kannt, daß das Drama nicht bloß in seiner Totalität, wo es sich 15
von selbst versteht, sondern daß es schon in jedem seiner Ele=
mente symbolisch ist und als symbolisch betrachtet werden muß,
ebenso wie der Maler die Farben, durch die er seinen Figuren
rote Wangen und blaue Augen gibt, nicht aus wirklichem Men=
schenblut heraus destilliert, sondern sich ruhig und unangefochten 20
des Zinnobers und des Indigos bedient.

Aber der Inhalt des Lebens ist unerschöpflich, und das Me=
dium der Kunst ist begrenzt. Das Leben kennt keinen Abschluß,
der Faden, an dem es die Erscheinungen abspinnt, zieht sich ins
Unendliche hin, die Kunst dagegen muß abschließen, sie muß den 25
Faden, so gut es geht, zum Kreis zusammenknüpfen, und dies
ist der Punkt, den Goethe allein im Auge haben konnte, als er
aussprach, daß alle ihre Formen etwas Unwahres mit sich führ=
ten. Dies Unwahre läßt sich freilich schon im Leben selbst auf=
zeigen, denn auch dieses bietet keine einzige Form dar, worin   30
alle seine Elemente gleichmäßig aufgehen; es kann den vollkom=
mensten Mann z. B. nicht bilden, ohne ihm die Vorzüge vorzu=
enthalten, die das vollkommenste Weib ausmachen, und die
beiden Eimer im Brunnen, wovon immer nur einer voll sein

kann, sind das bezeichnendste Symbol aller Schöpfung. Viel
schlimmer und bedenklicher jedoch als im Leben, wo das Ganze
stets für das Einzelne eintritt und entschädigt, stellt sich dieser
Grundmangel in der Kunst heraus, und zwar deshalb, weil hier
5 der Bruch auf der einen Seite durchaus durch einen Überschuß
auf der andern Seite gedeckt werden muß.

Ich will den Gedanken erläutern, indem ich die Anwendung
aufs Drama mache. Die vorzüglichsten Dramen aller Litteraturen
zeigen uns, daß der Dichter den unsichtbaren Ring, inner=
10 halb dessen das von ihm aufgestellte Lebensbild sich bewegt, oft
nur dadurch zusammenfügen konnte, daß er einem oder einigen
der Hauptcharaktere ein das Maß des Wirklichen bei weitem
überschreitendes Welt= und Selbstbewußtsein verlieh. Ich will
die Alten unangeführt lassen, denn ihre Behandlung der Charak=
15 tere war eine andere, ich will nur an Shakespeare und mit Über=
gehung des vielleicht zu schlagenden „Hamlet" an die Monologe
im „Macbeth" und im „Richard", sowie an den Bastard im „König
Johann" erinnern. Man hat, nebenbei sei es bemerkt, bei Shake=
speare in diesem offenbaren Gebrechen zuweilen schon eine Tugend,
20 einen besonderen Vorzug erblicken wollen (sogar Hegel in seiner
Ästhetik)[1], statt sich an dem Nachweis zu begnügen, daß dasselbe
nicht im Dichter, sondern in der Kunst selbst seinen Grund habe.
Was sich aber solchem nach bei den größten Dramatikern als
durchgehender Zug in ganzen Charakteren findet, das wird auch
25 oft im einzelnen, in den kulminierenden Momenten, angetroffen,
indem das Wort neben der That einhergeht oder ihr wohl gar
voraneilt, und dies ist es, um ein höchst wichtiges Resultat zu
ziehen, was die bewußte Darstellung in der Kunst von der
unbewußten im Leben unterscheidet, daß jene, wenn sie ihre
30 Wirkung nicht verfehlen will, scharfe und ganze Umrisse bringen
muß, während diese, die ihre Beglaubigung nicht erst zu erringen
braucht, und der es am Ende gleichgültig sein darf, ob und wie

---

[1] Hegels Vorlesungen über Ästhetik bilden den 10. Band der vollständigen Aus=
gabe seiner Werke (Berlin 1838).

ſie verſtanden wird, ſich an halben, am Ach und O, an einer
Miene, einer Bewegung genügen laſſen mag. Goethes Aus=
ſpruch, der an das gefährlichſte Geheimnis der Kunſt zu ticken
wagte, iſt oft nachgeſprochen, aber meiſtens nur auf das, was
man äußerlich Form nennt, bezogen worden. Der Knabe ſieht 5
im tiefſinnigſten Bibelvers nur ſeine guten Bekannten, die vier=
undzwanzig Buchſtaben, durch die er ausgedrückt ward.

Das deutſche Drama ſcheint einen neuen Aufflug zu nehmen.
Welche Aufgabe hat es jetzt zu löſen? Die Frage könnte be=
fremden, denn die zunächſtliegende Antwort muß allerdings 10
lauten: dieſelbe, die das Drama zu allen Zeiten zu löſen hatte.
Aber man kann weiter fragen: ſoll es in die Gegenwart hinein=
greifen? ſoll es ſich nach der Vergangenheit zurückwenden? oder
ſoll es ſich um keine von beiden bekümmern, d. h. ſoll es ſozial,
hiſtoriſch oder philoſophiſch ſein? Reſpektable Talente haben 15
dieſe drei verſchiedenen Richtungen ſchon eingeſchlagen. Das
ſoziale[1] Thema hat Gutzkow aufgenommen. Vier ſeiner Stücke

---

[1] Über das ſoziale, das bürgerliche Drama und die Zeitpoeſie hat ſich Hebbel
eingehender in ſeinem Vorwort zur „Maria Magdalene" ausgeſprochen. Die wich=
tigſten Stellen ſeien hier angeführt: „. . . . . der Menſch dieſes Jahrhunderts
will nicht, wie man ihm ſchuld gibt, neue und unerhörte Inſtitutionen, er will
nur ein beſſeres Fundament für die ſchon vorhandenen, er will, daß ſie ſich auf
nichts als auf Sittlichkeit und Notwendigkeit, die identiſch ſind, ſtützen . . . . die
bramatiſche Kunſt ſoll den welthiſtoriſchen Prozeß, der in unſeren Tagen vor ſich
geht, und der die vorhandenen Inſtitutionen des menſchlichen Geſchlechts, die
politiſchen, religiöſen und ſittlichen, nicht umſtürzen, ſondern tiefer begründen, ſie
alſo vor dem Umſturz ſichern will, beendigen helfen. In dieſem Sinne ſoll ſie, wie
alle Poeſie, die ſich nicht auf Superfötation und Arabeskenweſen beſchränkt, zeit=
gemäß ſein, in dieſem Sinn, und in keinem andern, iſt es jede echte, in dieſem
Sinn habe auch ich im Vorwort zur ‚Genoveva' meine Dramen als künſtleriſche
Opfer der Zeit bezeichnet, denn ich bin mir bewußt, daß die individuellen Lebens=
prozeſſe, die ich darſtellte und noch darſtellen werde, mit den jetzt obſchwebenden
allgemeinen Prinzipienfragen in engſter Verbindung ſtehen. . . . . Das bür=
gerliche Trauerſpiel iſt in Deutſchland in Mißkredit geraten, und hauptſächlich
durch zwei Übelſtände. Vornehmlich badurch, daß man es nicht aus ſeinen inneren,
ihm allein eigenen Elementen, aus der ſchroffen Geſchloſſenheit, womit die aller
Dialektik unfähigen Individuen ſich in dem beſchränkteſten Kreis gegenüberſtehen, und
aus der hieraus entſpringenden ſchrecklichen Gebundenheit des Lebens in der Ein=
ſeitigkeit aufgebaut, ſondern aus allerlei Äußerlichkeiten, z. B. aus dem Mangel
an Geld bei Überfluß an Hunger, vor allem aber aus dem Zuſammenſtoßen des britten
Standes mit dem zweiten und erſten in Liebesaffairen, zuſammengeflickt hat. Daraus
geht nun unleugbar viel Trauriges, aber nichts Tragiſches hervor, denn das Tra=

liegen vor, und sie machen in ihrer Gesamtheit einen befriedigen=
deren Eindruck als einzeln, sie sind offenbar Korrelate, die den
gesellschaftlichen Zustand mit scharfen, schneidenden Lichtern in
seinen Höhen und Niederungen beleuchten. Richard Savage
5 zeigt, was eine Galanterie bedeutet, wenn sie zugleich mit der
Natur und der Rücksicht aufs Dekorum schließt; je grausamer,
um so besser; es war nicht recht, daß der Verfasser den ursprüng=
lichen Schluß veränderte, denn gerade darin lag das Tragische,
daß so wenig die Lady als Richard über ihr näheres Verhält=
10 nis zu einander klar werden konnte. Werner genügt am wenig=
sten; er scheint mehr aus einem Gefühl als aus einer Idee her=
vorgegangen zu sein. Patkul hat gerade darin seine Stärke, worin
man seine Schwäche suchen könnte: im Charakter und in der
Situation des Kurfürsten; er zeigt, wer an einem Hof die ab=
15 hängigste Person ist, und es gilt gleich, ob die Zeichnung auf

---

gische muß als ein von vornherein mit Notwendigkeit Bedingtes, als ein, wie der
Tod, mit dem Leben selbst Gesetztes und gar nicht zu Umgehendes, auftreten; . . . .
Dann auch dadurch, daß unsere Poeten, wenn sie sich einmal zum Volk herniedere
ließen, weil ihnen einfiel, daß man doch vielleicht bloß ein Mensch sein dürfe, um
ein Schicksal, und unter Umständen ein ungeheures Schicksal, haben zu können, die
gemeinen Menschen, mit denen sie sich in solchen verlorenen Stunden befaßten, immer
erst durch schöne Reden, die sie ihnen aus ihrem eigenen Schatz vorstreckten, adeln,
oder auch durch stödige Borniertheit noch unter ihren wirklichen Standpunkt in der
Welt hinabdrücken zu müssen glaubten, so daß ihre Personen uns zum Teil als
verwunschene Prinzen und Prinzessinnen vorkamen, die der Zauberer aus Malice
nicht einmal in Drachen und Löwen und andere respektable Notabilitäten der Tier=
welt, sondern in schnöde Bädermädchen und Schneidergesellen verwandelt hatte, zum
Teil aber auch als belebte Klötze, an denen es schon wunder nehmen mußte, daß
sie Ja und Nein sagen konnten. Dies war nun womöglich noch schlimmer, es
fügte dem Trivialen das Absurde und Lächerliche hinzu, und obendrein auf eine
sehr in die Augen fallende Weise, denn jeder weiß, daß Bürger und Bauern ihre
Tropen, deren sie sich ebensogut bedienen wie die Helden des Salons und der
Promenaden, nicht am Sternenhimmel pflücken und nicht aus dem Meere fischen,
sondern daß der Handwerker sie sich in seiner Werkstatt, der Pflüger sie hinter
seinem Pfluge zusammenliest, und mancher macht wohl auch die Erfahrung, daß
diese simplen Leute sich, wenn auch nicht aufs Konversieren, so doch recht gut aufs
lebendige Reden, auf das Mischen und Veranschaulichen ihrer Gedanken verstehen . . . .
so hängt im bürgerlichen Trauerspiel alles davon ab, ob der Ring der tragischen
Form geschlossen, d. h. ob der Punkt erreicht wurde, wo uns einesteils nicht mehr
die kümmerliche Teilnahme an dem Einzelgeschick einer von dem Dichter willkürlich
aufgegriffenen Person zugemutet, sondern dieses in ein allgemein menschliches, wenn
auch nur in extremen Fällen so schneidend hervortretendes aufgelöst wird, und wo
uns andernteils neben dem . . . . Resultat des Kampfes zugleich auch die Notwen=
digkeit, es gerade auf diesem und keinem anderen Weg zu erreichen, entgegentritt.“

Auguſt den Starken paßt oder nicht. Die Schule der Reichen
lehrt, daß die Extreme von Glück und Unglück in ihrer Wirkung
auf den Menſchen zuſammenfallen.[1] — Andere haben ſich dem
hiſtoriſchen Drama zugewandt. Ich glaube nun und habe es
oben ausgeführt, daß der wahre hiſtoriſche Charakter des Dramas
niemals im Stoff liegt, und daß ein reines Phantaſiegebilde,
ſelbſt ein Liebesgemälde, wenn nur der Geiſt des Lebens in ihm
weht und es für die Nachwelt, die nicht wiſſen will, wie unſere
Großväter ſich in unſern Köpfen abgebildet haben, ſondern wie
wir ſelbſt beſchaffen waren, friſch erhält, ſehr hiſtoriſch ſein kann.
Ich will hiemit keineswegs ſagen, daß die Poeten ihre drama=
tiſchen Dichtungen aus der Luft greifen ſollen; im Gegenteil,
wenn ihnen die Geſchichte oder die Sage einen Anhaltspunkt
darbietet, ſo ſollen ſie ihn nicht in lächerlichem Erfindungsdünkel
verſchmähen, ſondern ihn dankbar benutzen. Ich will nur den
weitverbreiteten Wahn, als ob der Dichter etwas anderes geben
könne als ſich ſelbſt, als ſeinen eigenen Lebensprozeß, beſtreiten;
er kann es nicht und hat es auch nicht nötig, denn wenn er wahr=
haft lebt, wenn er ſich nicht klein und eigenſinnig in ſein dürf=
tiges Ich verkriecht, ſondern durchſtrömt wird von den unſicht=
baren Elementen, die zu allen Zeiten im Fluß ſind und neue
Formen und Geſtalten vorbereiten, ſo darf er dem Zug ſeines
Geiſtes getroſt folgen und kann gewiß ſein, daß er in ſeinen Be=
dürfniſſen die Bedürfniſſe der Welt, in ſeinen Phantaſien die
Bilder der Zukunft ausſpricht, womit es ſich freilich ſehr wohl
verträgt, daß er ſich in die Kämpfe, die eben auf der Straße vor=
fallen, nicht perſönlich miſcht. Die Geſchichte iſt für den Dichter
ein Behikel zur Verkörperung ſeiner Anſchauungen und Ideen,
nicht aber iſt umgekehrt der Dichter der Auferſtehungsengel der
Geſchichte; und was die deutſche Geſchichte ſpeziell betrifft, ſo

---

[1] Nach Verſuchen auf dem Gebiet des hiſtoriſchen und bibliſchen Trauerſpiels
(„Nero“, 1835, „Saul“, 1839) wandte ſich Gutzkow dem bürgerlichen Drama zu. „Richard
Savage, oder der Sohn einer Mutter“ ſtammt aus dem Jahre 1839, „Werner, oder
Herz und Welt“ und „Die Schule der Reichen“ aus 1841, „Patkul“ aus 1842.

hat Wienbarg in seiner vortrefflichen Abhandlung über Uhland[1]
es mit großem Recht in Frage gestellt, ob sie auch nur Vehikel
sein kann. Wer mich versteht, der wird finden, daß Shakespeare
und Äschylos meine Ansicht eher bestätigen als widerlegen. —
5 Auch philosophische Dramen liegen vor. Bei diesen kommt
alles darauf an, ob die Metaphysik aus dem Leben hervorgeht,
oder ob das Leben aus der Metaphysik hervorgehen soll. In
dem einen Fall wird etwas Gesundes, aber gerade keine neue
Gattung entstehen, in dem andern ein Monstrum.

10 Nun ist noch ein Viertes möglich, ein Drama, das die hier
charakterisierten verschiedenen Richtungen in sich vereinigt und
eben deshalb keine einzelne entschieden hervortreten läßt. Dieses
Drama ist das Ziel meiner eigenen Bestrebungen, und wenn
ich, was ich meine, durch meine Versuche selbst, durch die „Judith"
15 und die nächstens erscheinende „Genoveva",[2] nicht deutlich gemacht habe, so wäre es thöricht, mit abstrakten Entwickelungen
nachzuhelfen.

*   *   *

Professor Heiberg in Kopenhagen hat meinen vorstehenden,
20 vor längerer Zeit im Morgenblatt[3] erschienenen und jetzt, wie ich
sehe, ins Dänische übertragenen Aufsatz: „Ein Wort über das
Drama", in Nr. 31 seines Intelligenzblatts einer kritischen Beleuchtung unterzogen. Nicht diese Kritik selbst, nur der Zeitpunkt,
in welchem Professor Heiberg damit hervortritt, kann mich zu
einer Erwiderung veranlassen. In dem Augenblick, wo mir von
25 der Großmut meines Königs zum Behuf meiner weiteren Ent-
wickelung ein Reisestipendium ausgesetzt worden ist, muß ich es

---

[1] „Die Dramatiker der Jetztzeit", 1. Heft. Altona, bei Karl Aue 1839. Hebbel
schrieb darüber während seines zweiten Hamburger Aufenthalts eine sehr anerken-
nende Kritik für Gutzkows „Telegraphen". Vgl. auch B. Schweizer, „Rudolf Wienbarg. Beiträge zu einer jungdeutschen Ästhetik", Leipzig 1898, S. 57 f.
[2] „Genoveva" erschien 1843.
[3] „Morgenblatt für gebildete Leser" vom 25. und 26. Januar 1843 (Nr. 21
und 22).

für meine Pflicht halten, die starken Behauptungen, die sich Professor Heiberg in jener Kritik erlaubt, auf ihr Nichts zu reduzieren.

Zu jeder anderen Zeit würde ich dem hochgebildeten dänischen Publikum, das ohne Zweifel den angegriffenen Aufsatz in „Fädrelandet", Nr. 1261, mit der Beleuchtung verglich, ehe es urteilte, die Widerlegung ruhig anheimgestellt haben. Ich kann nicht dringend genug bitten, diesen alleinigen Beweggrund meines persönlichen Hervortretens gehörig zu würdigen und zu bedenken, daß ich jetzt zu dem mir gemachten Vorwurf eines „philosophischen oder kritischen Bankerotts" nicht stillschweigen darf, obgleich meine Verteidigung, wie ich wohl weiß, kaum etwas anderes darthun kann, als daß sie unnötig war.

Zuerst eine Erörterung, die nicht der wissenschaftlichen Kategorie angehört, die aber, wie ich fast fürchte, auf die Stellung, die mein Gegner mir gegenüber angenommen hat, ein ganz eigentümliches Licht werfen wird. Professor Heiberg spricht über meine Judith, aber er spricht nicht über die Judith, die ich bei Hoffmann und Campe in Hamburg in den Druck gegeben habe, und die der Kritik als Objekt vorliegt, er spricht über eine andere, über eine von mir für die Bühne abgeänderte Judith[1], die Manuskript geblieben und Manuskript zu bleiben bestimmt ist. Zur Kenntnis dieses Manuskripts ist er als Mitdirektor des Kopenhagener Theaters gelangt, nicht ich habe dasselbe der Theaterdirektion vorgelegt, sondern ein geistreicher dänischer Schriftsteller, Herr P. L. Moeller, der mich um die Mitteilung ersuchte, und dem ich, da ich ihn achten und schätzen lernte[2], seinen Wunsch mit Vergnügen gewährte; wie konnte Professor Heiberg sich erlauben, ein Aktenstück, in dessen zeitweiligen Besitz er nur als Beamter kam, zu rezensieren? Lessing macht es mit Recht zur moralischen Bedingung aller Kritik, die sich nicht von vornherein um den

---

[1] Vgl. hierzu und zum folgenden die Einleitung des Herausgebers zur „Judith".
[2] Während seines Aufenthalts in Kopenhagen.

Kredit bringen will, daß dem Kritiker von einem Autor nie mehr
bekannt sein dürfe, als das zu besprechende Werk selbst ihm ver=
rate; auf den Mißbrauch amtlicher Erfahrungen sind sogar
angemessene Strafen gesetzt.   Professor Heiberg, um alles, was
5 zu seinen Gunsten spricht, hervorzuheben, konnte aus öffentlichen
Blättern wissen, daß ich die Judith zum Zweck der Aufführung
verändert habe, aber nur der Blick in das ihm anvertraute Ma=
nuskript konnte ihn über das Wie, auf das er doch sein ganzes
Räsonnement stützt, belehren.   Ich begnüge mich, die einfache
10 Thatsache anzuführen und enthalte mich jeder Bemerkung; das
Urteil über ein solches Verfahren ergibt sich von selbst.

Professor Heiberg stempelt die Abänderung meiner Judith
zu einer ästhetischen Sünde.   Er hat recht, es ist eine Sünde,
aber eine solche, die unter gleichen Umständen jeder Dichter,
15 Professor Heiberg selbst nicht ausgeschlossen, begehen wird. Ich
fragte nicht etwa, mein korrumpiertes Manuskript in der Hand,
bei den Bühnen herum, ob irgend eine so gnädig sein wolle, mein
Erstlingswerk in Szene zu setzen.   Im Gegenteil, mir kam das
erste Theater Norddeutschlands mit größter Bereitwilligkeit ent=
20 gegen, bedeutende Künstler drangen in mich, mein Drama
bühnengerecht zu machen, und ich war keineswegs gleich bereit,
ihnen zu willfahren, ja auf die Hauptveränderung[1] ließ ich mich
bei der Aufführung in Berlin überall nicht ein, sie wurde ohne
mein Wissen von fremder Hand getroffen.   Vielleicht hätte ich
25 noch hartnäckiger sein, vielleicht hätte ich mit Pathos ausrufen
sollen: alles oder nichts!   Doch Professor Heiberg wird als
Theaterdirektor zu gut wissen, daß wenig Dichter in eine ähnliche
Versuchung geführt werden, um es nicht zu entschuldigen, daß
ich ihr halb erlag.   Ohnehin wird ein Drama gedruckt und da=
30 durch für jedermann zugänglich gemacht.   Die Bühnen, wenn
sie es für ihre Zwecke geeignet halten, fragen nicht lange, ob sie
durch ihre „Bearbeitung“ den darin veranschaulichten Ideen zu

---

[1] Wonach Judith den Mord an Holofernes nur aus religiösen Gründen voll=
bringt.

nahe treten und den Dichter proſtituieren, ſie ſtreichen, ſetzen
hinzu und führen auf. Nun wäre es doch ſeltſam, wenn jede
dritte Perſon berechtigt ſein ſollte, mit einem Werk eine ſolche
Prozedur vorzunehmen, nur der Verfaſſer nicht. Übrigens wirft
Profeſſor Heiberg, indem er über die Manuſkript gebliebene   5
Judith ſpricht, beiläufig auch einen Blick auf die wirklich ge=
druckte. Er ſagt, er wolle ſie nicht kritiſieren, und kritiſiert ſie
doch, denn er verſichert, ſie ſei verwerflich, aber es ſei nicht der
Ort, das Warum zu entwickeln. Man ſollte nun glauben, daß
da, wo der Ort iſt, ein Drama herabzuſetzen, auch der Ort ſein   10
müſſe, das Urteil mit Gründen zu belegen. Doch mache ich die=
ſen Einwurf nur im allgemeinen, weil ich es verhüten möchte,
daß die aus der Juſtiz mehr und mehr verſchwindenden unmo=
tivierten Richterſprüche in die Äſthetik übergehen, keineswegs
aber, weil ich daran zweifle, daß Profeſſor Heiberg Gründe hat.   15
Er braucht ſich nur an die von ihm ſchon in ſeinem Aufſatz rot
angekreideten „Kraftſtellen“ zu halten und Grund und Zweck des
Ganzen zu ignorieren, um zu einer uneingeſchränkten Verdam=
mung meines Werks zu gelangen. Wie leicht iſt nicht ein Holo=
fernes in einer Zeit, wo es keine römiſche Imperatoren mehr   20
gibt, die ſich vergöttern laſſen, lächerlich gemacht! Warum nach
den vielleicht unter den rohſten Cynismen verſteckten pſychologi=
ſchen Angeln fragen, worin dieſer Charakter ſich dreht! Warum
gar über die behandelte Anekdote wegſehen und den Ideen=
hintergrund[1] ins Auge faſſen! Es wäre ja ſchlimm, wenn es ſich   25
fände, daß ein Dichter, der nach Profeſſor Heiberg in ſeinem
Räſonnement über die Kunſt das Moment der Idee übergangen
haben ſoll, in ſeinem Drama nur Ideen, ja die abſolute, die dem
geſamten Geſchichtsverlauf zu Grunde liegende höchſte Idee, ſo
weit das menſchliche Bewußtſein ſie bei Heiden und Juden er=   30
faßt hatte, dargeſtellt hat! Ich würde zu Angriffen auf eine
meiner dichteriſchen Produktionen ſelbſt dann ſchweigen, wenn

---

[1] Darüber ſpricht Hebbel unter anderem in dem Vorwort zum Manuſkriptdruck
der „Judith“ (1840).

niemand als der Angreifer sie kännte. Jetzt freilich, wo sich in
Deutschland längst die kompetentesten Richter über mein Werk
ausgesprochen haben, liegt in meinem Schweigen nichts Ver-
dienstliches. Ich darf aber diesen Gegenstand nicht verlassen,
5 ohne Professor Heiberg für das Lob zu danken, das er dadurch
über die Auffassungsweise meines Dramas ausgesprochen hat,
daß er sie zu der allein möglichen, zu der objektiv mit dem Stoff
selbst gegebenen erhöhte. Denn ein so glänzendes Lob liegt in
seinem Tadel, daß ich mein Sujet bei der Umarbeitung, in
10 welcher nämlich, wie die reale Bühne es verlangte, Judith wohl
noch mit dem Kopf des Holofernes, nicht aber er mit ihrem Herzen davongeht, alles Safts und aller Kraft beraubt habe, indem
eine Judith, die sich nicht persönlich aufopfere, keine Judith mehr
sei, sondern eine Charlotte Corday. Er hat recht, durchaus recht,
15 ein Weib, das eine so ungeheure That nicht noch vor dem Vollbringen bezahlt, das vorher nicht moralisch und sittlich eben dasselbe leidet, was sie ihrem Feind nachher physisch zufügt, ist alles,
nur keine tragische Heldin. Es ist ihm nur ein kleiner Irrtum
mit untergelaufen, denn — die Judith der Bibel ist eben nichts
20 als eine Charlotte Corday, ein fanatisch = listiges Ungeheuer, sie
singt und tanzt drei Tage lang um die Bundeslade und gibt
ihren „lieben Brüdern" in den Aufatmungspausen die Versicherung, daß sie von dem greulichen Thrannen keineswegs „verun-
reinigt" worden sei. Erst meine Erfindung, erst die furchtbare
25 Situation am Schluß, daß sie dem Ermordeten einen Sohn gebären und so nach dem alten Diktum: Auge um Auge, Zahn um
Zahn, Blut um Blut, den Muttermörder, also die Nemesis, in
ihrem eigenen Schoß tragen kann, hat sie in den tragischen Kreis
erhoben. Ich darf zweifeln, ob Professor Heiberg mir das obige
30 Zugeständnis gemacht haben würde, wenn er vorher das Buch
Judith in der Bibel nachgelesen hätte, er kann es mir daher nicht
verdenken, wenn ich Beschlag darauf lege.

Professor Heiberg entwickelt hierauf seine Ansichten über das
eigentliche Verhältnis des Dramas zum Theater. Ich könnte

diesen Abschnitt seiner Abhandlung unberührt lassen, da er sich
nicht persönlich mit mir beschäftigt, aber an und für sich ist der
Gegenstand zu wichtig, als daß ich nicht auch meine Bemerkungen
daran knüpfen sollte, und dann vermisse ich hier bei Professor
Heiberg das, was ich gerade bei ihm suchen durfte, da er ein so   5
außerordentliches Gewicht darauf zu legen scheint: den praktischen
Blick. Ob es Deutschland an der dramatischen Litteratur fehlt
und ob man schon deshalb kein Dramatiker sein kann, weil man
ein Deutscher ist, bleibe unerörtert; ich führe es nur an, um zu
zeigen, daß Professor Heiberg nicht bloß dann sehr viel auf ein=   10
mal behauptet, wenn er von mir als einzelnem Deutschen redet,
sondern daß er ganz Deutschland auf ähnliche Weise behandelt.
So viel gebe ich zu, daß den deutschen Dichtern, weil sie sich zu
sehr bemühen, alle inneren Motive zu ergründen, eben deshalb
der Effekt, welcher Konzentration und rasches Fortschreiten ver=   15
langt, nicht selten entgeht, und daß das, was sie durch die schär=
fere psychologische Zeichnung bei ihren Lesern gewinnen, nicht
jedesmal für das entschädigt, was sie durch das den Strom der
Handlung aufhaltende immer neue Knotenknüpfen bei ihren
Zuschauern verlieren. Aber Professor Heiberg würde doch ver=   20
mutlich in einige Verlegenheit geraten, wenn ich ihn aufforderte,
nachzuweisen, wo denn seit 1770 größere dramatische Thaten
verrichtet worden sind als in Deutschland. Doch das ist gleich=
gültig. Im Prinzip stimme ich mit ihm völlig überein. Die
Trennung zwischen Drama und Theater ist unnatürlich, sie sollte 25
nicht sein. Aber sie ist, und sie wird schwerlich wieder beseitigt,
denn die Idealbühne ist nur einmal, bei den Griechen, wo das
Drama aus der Religion hervorging und in Stoff und Form
heilig und geweiht war, verkörpert gewesen, das moderne Thea=
ter dagegen schwebte zu allen Zeiten mehr oder weniger in der   30
Luft, da es sich wohl zuweilen zum Nationalausdruck erhob, aber
nie im Sinne der Griechen ein Nationalakt wurde, noch werden
konnte. Es war von jeher Unterhaltungsmittel, Zeitvertreib.
Wer es nicht zugeben will, der zeige mir im Bewußtsein der=

jenigen Völker, die es unter den Neueren wirklich zu einem Drama
brachten, das innere Entwicklungsmoment auf, aus dem dieses
mit Notwendigkeit hervortrat. Ich sage: das allgemein-nationale
Entwicklungsmoment, nicht das speziell litteraturhistorische,
das hier nicht genügt, noch weniger die äußeren Umstände, die
hie und da die Ausbildung des Theaters begünstigten, ohne
ihm darum die wahre und hohe Bedeutung, die es für das Volksbewußtsein haben soll, zu verleihen. Ich kenne die meisten schönen
Reden, die von witzigen Köpfen über diesen Gegenstand gehalten
worden sind, ich weiß namentlich, daß man sich in geistreichen
Wendungen erschöpft hat, um den wunderbaren Umstand, daß
die Shakespearschen Stücke unter der jungfräulichen Königin fast
ebensoviel Aufsehen erregten als die Bärenhetzen, zu einem solchen Entwicklungsmoment zu stempeln, aber ich weiß leider
auch, daß schöne Reden und geistreiche Wendungen nichts beweisen, und daß ein äußeres Interesse für das Institut, selbst
wenn es sich, wie bei den Franzosen in ihrer klassischen Zeit, zur
Nationaleitelkeit steigert, etwas ganz anderes ist als ein inneres
Bedürfnis, dessen Befriedigung das Volksbewußtsein zu einer
höheren Stufe hinüberführt. Und warum soll man der Sache
den rechten Namen nicht geben? Solange das Theater Zeitvertreib des Volks, des wirklichen, wahren Volks, bleibt, ist es
nicht verloren, denn das Volk hat Phantasie, es läßt sich hin-
reißen und erschüttern, und der ihm einwohnende Instinkt für
das Echte und Nachhaltige, den es hier wie allenthalben, wo es
als Gesamtheit urteilt, offenbart, schützt den Dichter, der etwas
zu bringen hat, besser vor Verkennung und Mißhandlung als
der „gute Geschmack" der Halbwisser. Erst wenn es Zeitvertreib
der gelangweilten Menschenklasse wird, die sich die allein gebildete zu nennen übereingekommen ist, und die nicht von den Mühen
des Lebens, sondern vom Leben selbst ausruhen will [1], fängt es zu
sinken an, dann sinkt es aber auch schneller, als es je zuvor stieg;

---

[1] Otto Ludwig hat diese Bemerkung als „unvergleichlich treffend" in den
Shakespeare-Studien bezeichnet. Vgl. A. Schweizer, „Ludwigs Werke", Bd. III, S. 358.

denn wahrlich, alle Kunſt ruht auf dem tiefſten Ernſt, und wenn
ſie dieſen auch allerdings nach Schillers Worten in heiterem Spiel
auflöſen und bewältigen ſoll, ſo iſt das doch nicht ſo zu verſtehen,
als ob es ihre Aufgabe ſei, ihn hinwegzuſpötteln oder ihn tän=
delnd und gaukelnd zu überhüpfen. Zeitvertreib der „Gebildeten“,
Unterhaltungsmittel während der Verdauung iſt das Theater
aber jetzt ſo ziemlich überall geworden. Das Volk wagt ſich in
die ſtolzen Prachtgebäude, die wir anſtatt der beſcheidenen Buden
errichtet haben, nur noch zagend hinein, es fühlt ſich unheimlich
in den weiten glänzenden Räumen, die es nicht ideell, aber ma=
teriell an eine ganz andere Welt erinnern, als diejenige iſt, in
der es lebt und webt, und die hohen Eintrittspreiſe erlauben
ihm nicht, ſo oft zu kommen, daß der befangene erſte Eindruck
ſich abſtumpfen und ihm ſeine geiſtige Freiheit zurückgeben könnte.
Da kann ſich denn recht ungeſtört jene Zartheit des Gemüts
entwickeln, die ſich die abgeſchmackteſte Dialektik über erkünſtelte
Leiden gefallen läßt, die ſich aber, halb verdrießlich, halb ſchau=
dernd, abwendet, wenn ein wirkliches, dem die Poeſie Sprache
verleiht, ſeinen Schmerzſchrei ausſtößt; da kann jene Dezenz, die
die Unſchuld ſchamrot macht, und die, wenn ſie konſequent wäre,
mit der eigenen Mutter darüber hadern müßte, daß ſie ſie zur
Welt geboren und die Natur nicht zu einer Ausnahme von
der alten plumpen Regel gezwungen hat, den höchſten Gipfel=
punkt der Albernheit erreichen. Was ſoll nun aber in ſolcher
Periode der Dichter beginnen? Der Seidenwurm hört nicht zu
ſpinnen auf, weil wollene Zeuge Mode werden, und der drama=
tiſche Geiſt nicht zu geſtalten, weil man ihm das Theater ver=
ſchließt. Nichts bleibt ihm übrig, als ſein Kunſtwerk „ſchwei=
gend in den unermeßlichen Abgrund der Zeit zu werfen“ und
ſich ruhig und ſtolz in der Überzeugung, daß die Geſchichte zur
rechten Stunde jeden Goldfaden in ihr großes Gewebe zu ver=
flechten wiſſen wird, zu neuen Schöpfungen zuſammenzufaſſen.
Alle dieſe rein praktiſchen Seiten hätte Profeſſor Heiberg
nicht überſehen ſollen, dann würde er mit mir den faktiſchen Zu=

stand der Dinge beklagt, aber nimmermehr dem Strom der dra=
matischen Litteratur nach der jetzigen Kulissenwelt das Bett ab=
gesteckt haben. Der Dichter thut genug, wenn er seine Werke so
einrichtet, daß sie aufgeführt werden können, daß sie sich nicht in
5 die epische Breite oder die lyrische Tiefe verlaufen; ob sie aber
wirklich zur Aufführung gelangen, davon konnte wohl in Grie=
chenland, wo das gesamte Volk in seiner durch feierliche Opfer
erhöhten Stimmung darüber entschied, wer von den Bewerbern
um den tragischen Kranz die Juwelen der religiösen und heroi=
10 schen Mythen in das reinste Gold der Darstellung gefaßt habe,
ihre Bedeutung für die Nation abhangen, aber gewiß nicht bei
uns. Ich sprach in meinem Aufsatz, und Professor Heiberg er=
zeigt mir die Gerechtigkeit, es vorauszusetzen, allerdings nicht
von jenem hohlen Scheingebild, das vor den Lampen zittert und
15 sich zum Theetisch flüchtet, weil es sich seiner Mark= und Maß=
losigkeit bewußt ist, ich sprach vom wahren, wirklichen, für die
Szene bestimmten Drama, denn dieses hat auch nach meiner Ansicht
allein Interesse und Wert für die Zukunft[1]; doch man muß billig

---

[1] In der Vorrede zur „Maria Magdalene" heißt es über diesen Punkt: „Eine
Dichtung, die sich für eine dramatische gibt, muß darstellbar sein, weil, was der
Künstler nicht darzustellen vermag, von dem Dichter selbst nicht dargestellt wurde,
sondern Embryo und Gedankenschemen blieb. Dieser innere Grund ist zugleich der
einzige, .die mimische Darstellbarkeit ist das allein untrügliche Kriterium der poeti=
schen Darstellung, darum darf der Dichter sie nie aus den Augen verlieren. Aber
diese Darstellbarkeit ist nicht nach der Konvenienz und den in steter Wandlung be=
griffenen Modevorurteilen zu bemessen, und wenn sie ihr Maß von dem realen
Theater entlehnen will, so hat sie nach dem Theater aller Zeiten, nicht aber nach
dieser oder jener speziellen Bühne, worin ja, wer kann es wissen, wie jetzt die
jungen Mädchen, vielleicht noch einmal die Kinder das Präsidium führen und
dann, ihren unschuldigen Bedürfnissen gemäß, darauf bestehen werden, daß die
Ideen der Stücke nicht über das Niveau von: quäle nie ein Tier zum Scherz u. s. w.
oder: Schwarzbeerchen, bist du noch so schön u. s. w. hinausgehen sollen, zu
fragen. Es ergibt sich bei einigem Nachdenken von selbst, daß der Dichter nicht,
wie es ein seichter Geschmack und auch ein unvollständiger und frühreifer Schön=
heitsbegriff, der, um sich bequemer und schneller abschließen zu können, die volle
Wahrheit nicht in sich aufzunehmen wagt, von ihm verlangen, zugleich ein Bild
der Welt geben und doch von den Elementen, woraus die Welt besteht, die wider=
spenstigen ausscheiden kann, sondern, daß er alle gerechten Ansprüche befriedigt,
wenn er jedem dieser Elemente die rechte Stelle anweist und die untergeordneten,
die sich nun einmal wie querlaufende Nerven und Adern mit im Organismus vor=
finden, nur hervortreten läßt, damit die höhern sie verzehren. Davon, daß der
Wert und die Bedeutung eines Dramas von dem durch hundert und tausend Zu=

auch zwiſchen der Bühne, wie ſie iſt, und der Bühne, wie ſie ſein
ſollte und könnte, unterſcheiden und nicht alles als undarſtellbar
an ſich verwerfen, was von der Bequemlichkeit der Regie und der
Schauſpieler als undarſtellbar ignoriert oder geradezu beiſeite
geſchoben wird, am wenigſten in einer ſo verworrenen Zeit wie 5
die unſrige, wo das Drama durchaus, wenn es nicht kümmer=
lich hinter der Philoſophie und dem öffentlichen Leben einher=
hinken will, neue und zum Teil bedenkliche Wege einſchlagen
muß, und wo es deſſenungeachtet bei der eingeriſſenen Unſitte des
Publikums, Akt für Akt, ja Szene für Szene und Rede für Rede, 10
kurz, die Einzelnheiten als Einzelnheiten, ohne Rückſicht auf das
Ganze, zu beurteilen, über eine in der Mitte hervortretende und
erſt am Schluß aufgelöſte ungewöhnliche Diſſonanz, ja über
einen ſtarken Pinſelſtrich, einen gewaltigen Ausdruck, wenn er
auch hinter dem							15

					„Halt' doch den Stier von der Kuh!“
									(Äſchylos, Agamemnon.)

der Kaſſandra noch weit zurückbleibt, den Hals brechen kann.

Ich gehe weiter. Aber nun kreuzen ſich die ſeltſamſten So=
phismen ſo wunderbar, daß ich kaum weiß, wo ich mit meiner 20
Berichtigung anfangen und wo ich enden ſoll. Es iſt ein Tirail=
leurfeuer, ich kann unmöglich jeden einzelnen Schuß erwidern,
aber ich will den blauen Dampf, den dieſes Geplänkel hinter=
laſſen hat, zu zerſtreuen ſuchen, dann ſtellt ſich der Stand der
Dinge wohl von ſelbſt heraus. Zuerſt muß ich bemerken, daß, 25
als ich „ein Wort über das Drama“ ſchrieb, ich keine den Gegen=
ſtand nach allen Seiten erſchöpfende Abhandlung, keine Drama=
turgie liefern wollte. Ich wollte die Reſultate meines Nach=

_____

fälligkeiten bedingten Umſtand, ob es zur Aufführung kommt oder nicht, alſo von
ſeinem äußern Schickſal, abhänge, kann ich mich nicht überzeugen; denn wenn das
Theater, das als vermittelndes Organ zwiſchen der Poeſie und dem Publikum ſehr
hoch zu ſchätzen iſt, eine ſolche Wunderkraft beſäße, ſo müßte es zunächſt doch das
lebendig erhalten, was ſich ihm mit Leib und Seele ergibt; wo bleiben ſie aber,
die hundert und tauſend ‚bühnengerechten‘ Stücke, die ‚mit verdientem Beifall‘
unter ‚zahlreichen Wiederholungen‘ über die Bretter gehen?“

denkens über einige sehr wichtige Punkte der dramatischen Kunst
mitteilen, und ich glaube Dank dafür zu verdienen, daß ich diese
ohne Umschweife gab, und daß ich, um ein paar Dogmen näher
zu bestimmen, nicht nach der Art der gelehrten Handwerker den
5 ganzen dramatischen Katechismus repetierte. Freilich habe ich jetzt
die Erfahrung gemacht, daß man, wenn man vom Apfel spricht,
die Bemerkung vorausschicken muß, daß er auf dem Baum wächst,
und daß der Baum in der Erde wurzelt, wenn gewisse Leute
nicht behaupten sollen, man stelle dies in Abrede, oder gar, man
10 scheine es nicht zu wissen. Dann muß ich daran erinnern, daß
mein Aufsatz aus zwei Hälften besteht, einer theoretischen und
einer praktischen, und daß sich zwischen beiden natürlich der be=
kannte breite Graben befindet, der Theorie und Praxis überall
wie Leib und Seele trennt. Wenn ich also, nachdem ich in dem
15 ersten Teil die Aufgabe des künftigen Dramas zu entwickeln
suchte, in dem zweiten davon rede, daß das deutsche Drama einen
neuen Aufschwung zu nehmen scheine, so habe ich durch diese
gewiß nicht prahlerische Wendung so wenig direkt gesagt, als in=
direkt angedeutet, daß das künftige Drama in Deutschland bereits
20 geboren sei. Dennoch läßt Professor Heiberg mich dieses und
etwas noch Stärkeres behaupten, wenn er sagt, daß das deutsche
Drama nach mir nicht bloß neu sein wolle, sondern daß es ab=
solut neu, daß es das erste sein wolle. Mit gleichem Rechte
könnte er mir vorwerfen, wenn ich davon gesprochen hätte, daß
25 wir Menschen tugendhaft, großmütig, gottähnlich sein sollen, ich
hätte zu verstehen gegeben, daß ich und etwa auch meine Freunde
tugendhaft, großmütig, gottähnlich seien. Ja, wer sollte es
glauben, den einfachen Schlußworten meines Aufsatzes schiebt er
einen Sinn unter, als hätte ich mich selbst vor aller Welt als
30 Norm und Muster der Kunst, als praktische Ergänzung der
Theorie, als ins Leben getretene Regel des Polyklet[1] aufstellen
wollen. Ich darf mir nicht erlauben, auf diese Beschuldigung

---

[1] Griechischer Bildhauer, Zeitgenosse des Phidias.

im Ernft einzugehen. Mein Auffatz liegt vor, jeder fieht auf
den erften Blick, daß die zweite Hälfte desfelben nichts ift und
nichts fein foll als eine kurze Charakteriftik der neuen drama=
tifchen Litteraturbewegung in Deutfchland, als eine flüchtige
Skizzierung der bis jetzt hervorgetretenen Richtungen einzelner   5
Dichter, die ich, wie es angemeffen war, abbrach, als ich meiner
eigenen Verfuche zu erwähnen hatte. Oder würde Profeffor Hei=
berg mir den Vorwurf eines philofophifch=kritifchen Bankerotts,
den er mir eben bei diefer Gelegenheit macht, erfpart haben, wenn
ich, ftatt mich mit einer befcheidenen Andeutung des mir bei   10
meinen Beftrebungen vorfchwebenden Ziels zu begnügen, meine
Gedanken fo ausgeführt hätte: es ift ein Drama möglich, das
den Strom der Gefchichte bis in feine geheimnisvollften Quellen,
die pofitiven Religionen, hinein verfolgt und das, weil es in
dialektifcher Form alle Konfequenzen der diefen zu Grunde lie=   15
genden innerften Ideen an den zuerft bewußt oder unbewußt
davon ergriffenen Individuen veranfchaulicht, ein Symbolum
der gefamten hiftorifchen und gefellfchaftlichen Zuftände, die fich
im Lauf der Jahrhunderte daraus entwickeln mußten, aufftellt?[1]
Vermutlich hätte er feinen Vorwurf dann umgekehrt und aus=   20
gerufen: das find Worte, beweife die Möglichkeit eines folchen
Dramas durch die That! Die merkwürdigfte aller Befchuldi=
gungen ift aber die, daß ich Gutzkow als dramatifchen Dichter
überfchätze; eine Befchuldigung, mir fo neu, fo ungewöhnlich, daß
fie mir der Abwechslung wegen faft angenehm wird. Gutzkow   25
ift der erfte unter den neueren Schriftftellern gewefen, der fich des
Theaters wieder zu bemächtigen gewußt hat, feine Stücke werden
auf allen Bühnen gegeben, fchon aus diefem Grunde muß man
feiner gedenken, wenn man über die Regeneration des Dramas
fpricht. Ich fagte über ihn: „Gutzkow hat das foziale Thema   30
aufgenommen. Vier feiner Stücke liegen vor, und fie machen in
ihrer Gefamtheit einen befriedigenderen Eindruck als einzeln,

---

[1] Den Verfuch dazu hat Hebbel in feinem fchon 1842 geplanten, aber nie völlig
ausgeführten „Moloch" gemacht.

sie sind offenbar Korrelate, die den gesellschaftlichen Zustand in seinen Höhen und Niederungen mit scharfen, schneidenden Lichtern beleuchten." Dies ist ein richtiges, wohlabgemessenes Wort, und die Litteraturgeschichte wird es ohne Zweifel bestätigen; denn
5 in demselben Augenblick, wo sie die Untersuchung anstellt, wie weit Gutzkow hinter der höchsten Aufgabe des Dramas zurückgeblieben ist, wird sie auch untersuchen müssen, wie weit er sich über die dramatischen Handwerker, die des Zeitvertreibs wegen dramatisieren, wie die Kinder der Buchstaben wegen schreiben, erhoben
10 hat, und dann wird sie finden, daß er nach Ideen arbeitet, was, beiläufig gesagt, Iffland[1], mit dem ihn Professor Heiberg zusammenstellt, nicht that. Nun sehe man, wie Professor Heiberg dieses Wort interpretiert. Ich sage: Gutzkow hat das soziale Thema aufgenommen rc. Damit ist nichts ausgesprochen
15 als das simple Faktum, wie es Professor Heiberg selbst durch die Inhaltsanzeige der Gutzkowschen Stücke bestätigt. Es heißt nichts weiter als: Gutzkow hat zum schwarzen, nicht zum weißen Bogen gegriffen. Professor Heiberg läßt mich sagen: Gutzkow ist der Repräsentant der von ihm eingeschlagenen neuen Rich-
20 tung. Das würde heißen: Gutzkow hat geradezu ins Schwarze getroffen. Ist beides einerlei? Man sieht, die Deutung, die Professor Heiberg meinen Worten gibt, ist keck. Aber bei weitem kecker noch ist der Schluß, den er daraus zieht. „Von Gutzkow", fährt er fort, „sollen wir also abstrahieren, welche Forderungen
25 das Zeitalter an den dramatischen Dichter macht!" Wie! Nun ist Gutzkow nicht bloß auf dem von ihm gewählten Standpunkt ein guter Schütze, nun ist er absolut der Musterschütze? Professor Heiberg muß das Publikum des Intelligenzblatts sehr wenig achten, wenn er glaubt, daß es sich durch solche Künste
30 verblenden läßt. Doch es kommt noch besser. Ich gebrauche an einer Stelle meines Aufsatzes den Ausdruck: Atmosphäre der Zeiten. Professor Heiberg stellt sich, als ob er den metaphori-

---

[1] Iffland (1759—1814), der berühmte Schauspieler und Verfasser oft gegebener bürgerlicher Schauspiele.

schen[1] Sinn dieses Ausdrucks nicht kennt und übersetzt sich ihn ohne
weiteres mit Dunstkreis. Dann stellt er meinem Ausdruck Atmo=
sphäre den Ausdruck Zeitgeist gegenüber, um durch den Schein=
krieg, worin er die beiden Redefiguren verwickelt, die Gedanken
und Begriffe zu verwirren. Doch es ist nicht einmal ein Schein=　5
krieg, denn auch im gewöhnlichen Sinn genommen, würde der
Ausdruck Atmosphäre dem Ausdruck Zeitgeist noch immer adä=
quat sein, da die Atmosphäre die leibliche Lebensquelle, die Luft,
umschließt wie der Zeitgeist die geistige, den Strom der Ideen.
Mit dieser Spielerei hat Professor Heiberg also nichts gewon= 10
nen. Aber auch nichts verloren, kann man sagen, denn vielleicht
war ihm die metaphorische Bedeutung jenes Ausdrucks wirklich
unbekannt, vielleicht hat er ihn für einen neugeschaffenen gehal=
ten, den er anfechten zu müssen glaubte, weil er nicht wußte,
daß es Goethe war, der ihn zuerst in Umlauf brachte. Mög= 15
lich, obgleich nicht wahrscheinlich. Aber auch zugegeben hülfe
ihm das zu nichts, denn über den Sinn, den ich im vorliegenden
Fall mit meinem Ausdruck verband, konnte er nicht im Unklaren
sein, da ich ihn, wie der Augenschein lehrt, vorher ausdrücklich
festgestellt habe. Ein gleiches Manöver erlaubt sich Professor 20
Heiberg noch zweimal mit meinen Ausdrücken, ich werde es ge=
hörigen Ortes nachweisen, ich werde es mir dann jedoch ersparen
dürfen, alle seine Spinnwebsfäden, vom ersten bis zum letzten,
abzuwickeln wie diesmal. Ich frage nun: wieviel Ehrlichkeit
kann man in der philosophischen Sphäre, wo sich, da wir doch 25
am Ende ebensowohl individuell denken als individuell dichten,
die Grenzen unmöglich haarscharf abmarken lassen, von einem
Manne erwarten, der sich schon in einem untergeordneten Gebiet,
wo die Enthüllung verhältnismäßig leicht ist, solche „Sub=
reptionen" gestattet. Ich muß noch einmal auf Gutzkow zurück= 30
kommen. Professor Heiberg sagt über ihn: „Seine vier Stücke
sind vier Nullen, die zusammenaddiert nur eine einzige Null aus=

---

[1] Bildlichen.

machen; die Sprache oszilliert zwischen der breitesten Trivialität
und dem dicksten Schwulst; die Ideen sind veraltet." Als ästhetische Organismen müssen dramatische Gebilde sich selbst vertreten,
die beiden ersten Vorwürfe gehen mich hier also nicht an, aber
5 ich habe behauptet, daß sie nach Ideen gearbeitet sind, und das
muß ich darthun, um so mehr, da ohne Zweifel nur mein wohl-
gemeintes Wort Gutzkow diesen Angriff zugezogen hat. Vorher
ersuche ich Professor Heiberg, die Gutzkowsche Rezension meiner
„Genoveva" im Telegraphen nachzulesen, damit er sich überzeugt,
10 daß hier nicht, wie er vielleicht glaubt, ein Freund über den
Freund spricht. Die Rezension ist nicht eben günstig für mein
Werk, und ich bin nicht der Einzige, der sie für ungerecht hält,
aber um so eher darf ich sie citieren, um so nachdrücklicher wird
sie beweisen, was sie gerade beweisen soll. Nun zur Sache. Das
15 Thema der Gutzkowschen Stücke ist der Mensch im Kampf mit
der Gesellschaft. Sie wollen zeigen, daß dieselben Formen, die
dem Geschlecht Halt und Bestand geben, das einzelne Individuum in extremen Fällen vernichten können, und daß dieser un-
abwendbare Fluch jener Formen sich, wie es „Patkul" und „Die
20 Schule der Reichen" veranschaulichen, ebensogut geltend machen
kann, wenn sie sich zu sehr um den Menschen erweitern, als
wenn sie sich zu sehr um ihn verengen. Dies ist, wenn anders
Professor Heiberg seinen Ausspruch nicht einseitig auf den mate-
riell-stofflichen Inhalt der fraglichen Stücke, für den ich keines-
25 wegs aufzukommen gedenke, begründen will, nicht alt und noch
weniger veraltet; an Darstellungen, die uns den Menschen vor-
führen, wie er trotz innerer Existenzberechtigung an äußeren
Verhältnissen zu Grunde geht, hat es freilich niemals gefehlt,
aber es ist denn doch wohl ein großer Unterschied, ob diese äuße-
30 ren Verhältnisse, wie es früher geschah, in ihrer reinen Zu-
fälligkeit, insofern sie nämlich von dem Entschluß des einen oder
des andern der im Drama vorkommenden Charaktere abhängig
gedacht sind, dargestellt werden, oder in ihrer tieferen Notwendigkeit. Allerdings tritt dieses zweite bedeutendere und allein be-

deutende „realiftisch=pragmatische" Element, das auch der strenge
Immermann in seinen „Memorabilien"[1] mit Liebe an den jünge=
ren Schriftstellern anerkannte, bei Gutzkow noch mehr inftinkt=
mäßig als mit entschiedener Klarheit hervor; aber er hat es in
den beiden letzten Stücken schon besser zu bewältigen gewußt als
in den ersten, namentlich im Patkul, der jenes verzweifelte credo
des Mephiftopheles: „Am Ende hängen wir doch ab von Krea=
turen, die wir machten!" („Fauft", 2. Teil), zu dem sich selbft Na=
poleon, der doch wohl ein Selbftherrscher war, bekannte, kom=
mentiert und sich dadurch für das „Fräulein Anna von Einsiedel"
und das „Examen über die Unsterblichkeit der Seele" Verzeihung
ausgewirkt, wenigstens bei mir.

Ich kann mich nach Abfertigung aller dieser nur halb zur
Sache gehörigen, von Professor Heiberg aber in den Vorgrund
gerückten Dinge endlich zu dem allgemein=wissenschaftlichen Teil
seiner Beleuchtung wenden. Hier habe ich eine schwierige Auf=
gabe: ich kann mir unmöglich denken, daß ich wirklich so auffallend
mißverstanden bin, wie es den Anschein hat, und ich muß mich
doch stellen, als ob ich es glaube. Zweierlei Methoden gibt es,
um das Lebendigste und Eigentümlichfte in den Augen vieler, die
diese unredlichen Nihilierungsprozesse nicht durchschauen, herab=
zusetzen. Entweder führt man es auf einen Gemeinplatz zurück,
der, wie die zerschnittene Ochsenhaut der Dido[2], das gesamte Kar=
thago, eine unendliche Masse unentwickelter Begriffe, und unter
diesen zufällig auch den eben in Frage stehenden, in chaotischem
Gewirr umfaßt, und ruft dann triumphierend aus: Seht Ihr,
das ift bereits gesagt! Hiernach hat der Glückliche, der zum erften=
mal die beiden großen Worte Gott und Welt aussprach, alle
Philosophen zu seinen Nachtretern gemacht, denn er hat den gan=
zen Inhalt der Philosophie vorweggenommen. Oder man treibt
es auf die äußerfte Spitze, man zieht daraus die Konsequenz des
Wahnsinns und spricht dann: es muß doch unhaltbar sein, denn

---

[1] Immermanns fragmentarische Lebenserinnerungen (erschienen 1840 u. 1843).
[2] Vgl. Vergils „Äneis" I. 340 ff.

dies folgt daraus. Professor Heiberg hat sich abwechselnd bei=
der Methoden gegen mich bedient; doch das kann bei einem Mann
nicht verwundern, der, wie ich nachwies, meinen Ausdrücken
offenbar Gewalt anthat, um meine Gedanken durch den Buckel,
5 den er ihrem Körper andichtet, zu verunstalten, ja, der sogar mit
mir darüber hadert, daß ich, das logische wie das ästhetische
Alphabet voraussetzend und darum die sich von selbst verstehen=
den Mittelglieder „überspringend", das Schulknaben=Menuett
zwischen Prämissen und Konklusion nicht regelmäßig erst auf=
10 führe, bevor ich das Resultat hinstelle.

Professor Heiberg bemerkt im Anfang, daß er mir in man=
chen Punkten unbedenklich beistimmen würde, wenn er nur ge=
wiß wäre, welche Begriffe ich mit meinen Worten verbunden
habe. Welche Begriffe? Die gewöhnlichen, die wie Münzen im
15 geistigen Verkehr gäng und gäbe sind, und die höchstens dann
unklar werden, wenn man sie lang und breit zu entwickeln sucht.
Schon der Ort, wo mein Aufsatz stand, das Publikum, für wel=
ches er geschrieben war, konnte Professor Heiberg hierüber belehren.
Aber er hat den Zweifel auch nur aufgeworfen, um selbst da,
20 wo sich mir nicht offen mit sophistischen Wendungen beikommen
ließ, noch mäkeln zu können. So würde er, wie er versichert,
gleich meinem ersten Satz, daß das Leben, das äußere und innere,
Gegenstand der Kunst sei, beipflichten*, „dersom man", fährt er
fort, „iffe befrygtede, at han tager Livet i en abstract Betyd=
25 ning, nemlig i dets Adskillelse fra de objective Magter, som be=

---

* „Wenn man nicht befürchtete, daß er ‚Leben' in einer abstrakten Be=
deutung faßt, nämlich losgelöst von den objektiven Mächten, die es bestimmen.
Aber dann würde man zu der unwahren Behauptung kommen, daß die Kunst,
insbesondere die dramatische Kunst, sofern sie Individuen darstellt, nichts
30 anderes darstellen kann als ein rein individuelles Leben, daß sie folglich es
nicht als ein Moment im Ewigen darstellen, nicht der göttlichen Weltleitung
Einwirkung im Individuum nachweisen kann. Hiermit würde die eigentliche
Idee der Kunst geleugnet werden, der größten dramatischen Dichter Welt=
anschauung müßte als verfehlt betrachtet werden, und ein untergeordneter,
35 zum Teil überwundener Standpunkt würde als Ziel gesetzt werden für des
Dramas zukünftige Entwicklung."

stemme det. Men isaafald vilde man da komme til den usande
Paastand, at Kunsten, og navnlig den dramatiske Kunst, idet den
fremstiller Individer, ikke kan fremstille Andet, end et reent in=
dividuelt Liv, at den foelgelig ikke kan fremstille dette som et
Moment i det Evige, ikke kan vise den guddommelige Verdens= 5
styrelses Virken i det Individuelle. Hermed vilde da Kunstens
egenlige Idee voere fornoegtet, de stoerste dramatiske Digteres
Total=Anskuelse maatte betragtes som forfeilet, og et underord=
net, tildeels tilbegelagt Standpunct vilde soettes som Maalet for
Dramets fremtidige Udvikling". Freilich. Aber eben weil dies 10
alles folgt, hätte er eine solche Interpretation meiner Worte
von vornherein als unstatthaft abweisen sollen, denn Anschauun=
gen und Gedanken, aus denen sich geradezu die verkehrte Welt
deduzieren läßt, sind selten unter dem Monde, sie kommen wenig=
stens bei der Zudringlichkeit des gesunden Menschenverstandes, 15
der es gleich merkt, wenn irgendwo der Versuch gemacht wird,
das Spinnrad vom Faden abzuleiten, nicht ungestört zur Reise,
und ich würde sie bei einem Schriftsteller, gegen den ich ein
ganzes Heft schriebe, niemals voraussetzen, obwohl ich recht gut
einsehe, daß man sich die Sache dadurch beträchtlich erleichtern 20
mag. Ich hätte behauptet, die Kunst könne nur das rein indi=
viduelle, nur das von den objektiven Mächten, die es bestimmen,
losgetrennte und gesonderte Leben darstellen? Dann hätte ich
eigentlich behauptet, sie könne gar nichts darstellen, denn mit
einem solchen Unbegriff wäre nicht bloß die Idee der Kunst 25
vernichtet, wie Professor Heiberg sich noch sehr gemäßigt aus=
drückt, sondern ihre Möglichkeit selbst wäre aufgehoben, es
gäbe gar keinen Weg mehr, auf dem sie Form erlangen könnte,
da diese ja eben nur das Verhältnis des Individuellen zum
Allgemeinen zeichnet, und da die Unterscheidungslinie, 30
die das Einzelgebilde in seinen Grenzen vom Ganzen abschnei=
den soll, mit dem Hintergrund, von dem es abzuschneiden
ist, von selbst wegfällt. Ich darf mir den Beweis, daß ich etwas
so Widersinniges wirklich nicht behauptet habe, ersparen, meine

Leser werden ihn selbst führen, der flüchtigste Blick in meinen
Aufsatz, ja die einfachen Worte Maß und Schuld, die gleich
zu Anfang vorkommen, müssen sie vom Gegenteil überzeugen.
Setzt denn das Maß nicht ein zu Überschreitendes, die Schuld
5 nicht ein zu Beleidigendes voraus, und wird der ärgste Sophist
wagen, dies zu Überschreitende, dies zu Beleidigende dem ersten
gegenüber in das zweite, dritte oder vierte Individuum, mit
dem es in Konflikt gerät, zu verlegen und es in Abrede zu stel=
len, daß die Individuen so viel recht haben, als sie Kraft be=
10 sitzen, wenn man sie nicht eben als Glieder der sittlichen Welt=
ordnung, als Monaden[1], worin die höchste Idee sich geheimnis=
voll zu manifestieren sucht, betrachtet? Und ist hiermit nicht
erwiesen, daß ich von Maß und Schuld nur sprechen konnte, weil
ich „den guddommelige Verdensstyrelses Virken i det Indivi=
15 duelle" oder das uralte Sophokleische Wort:
            „— an Göttlichem darf
        Nie freveln der Mensch! Großsprecherisch Wort
        Der Vermessenen fühlt den gewaltigen Schlag
        Der bestrafenden Hand
20   Und lehret im Alter die Weisheit!"
                            (Antigone, Schlußchor.)
das ich als tragischen Kanon freilich vorziehe, im Auge hatte?
Die Sonnenflecke soll ich bemerkt und die Sonne selbst soll ich
übersehen haben!

25   Wie kommt nun Professor Heiberg dazu, mir solche Ab=
surditäten in den Mund zu legen? Etwa weil ich das Moment
der Idee, das, wie ich genügend darthat, meiner Betrachtung
des Dramas wie der seinigen und wie der jedes Menschen von
ästhetischer Bildung zu Grunde liegt, nur im allgemeinen nannte,
30 während ich Fabel und Charaktere ausführlich besprach? Er
wäre dazu nicht berechtigt gewesen, wenn ich es auch ganz über=
gangen hätte, denn die Basis versteht sich überall von selbst, und
eben dadurch, daß man sie als sich von selbst verstehend behan=

---

[1] Nach dem Vorgang von Giordano Bruno nannte Leibniz so die selbständigen
Einheiten alles Seienden. Jede Monade stellt nach Leibniz das ganze Universum
dar, ist ein Spiegel des Alls.

delt, zeigt man am besten, daß man das gehörige Gewicht auf
sie legt. Aber ich erinnere mich, ich habe jenes Moment ja aus=
drücklich als dasjenige, von dem Würde und Wert des Dramas
abhänge, definiert. Das kann es also nicht sein. Was ist es
denn? Muß ich die kleine Unvorsichtigkeit, daß ich, als ich aus 5
der Schule heraustrat, um in ästhetischen Dingen zwischen ihr
und dem gebildeten Publikum zu vermitteln, aus Rücksicht auf
letzteres das abschreckende Handwerkszeug, die Methode, dahinter
ließ, so schwer büßen? In der That, das ist es. Weil ich nicht
ABC sage, sondern gleich mit D anfange, indem ich erst zu T 10
eine Bemerkung zu machen habe, murrt mein Gegner von dunkeln
Wegen und verworrenen Begriffen und macht mich für jeden
Teich, in den er hineingerät, für jede Ecke, an der er sich den
Kopf zerstößt, weil er durchaus nicht zugeben will, daß wir uns
schon auf der zweiten oder dritten Station befinden, und weil er 15
sich deshalb eigensinnig an die Biegungen und Warnungstafeln
der Straße nicht kehrt, verantwortlich. Und er weiß sich zu rächen!
Da du mit D anfängst, denkt er, so betrachte ich D als dein A,
da du die psychologische Seite des Dramas, die Charaktere, so sehr
hervorhebst, so mache ich, ohne mich darum zu bekümmern, daß 20
du es bei der dir gestellten Aufgabe mit Recht thust, daraus
dein Alpha und Omega, und da du die Mittelglieder, die deine
Resultate miteinander verknüpfen, überspringst, so will ich dir
schon die gehörigen unterschieben. Ich habe gegen diese mir ge=
borgten Mittelglieder nicht zur rechten Zeit protestieren können, 25
denn ich konnte Professor Heibergs Feder, da ich nicht die Ehre
habe, ihn persönlich zu kennen, in ihrem Lauf nicht aufhalten,
aber ich gebe sie jetzt öffentlich zurück, und zwar ohne mich zu
bedanken, denn ich glaube das Darlehn dadurch, daß ich von
dem einen oder dem andern Leser des Intelligenzblatts viel= 30
leicht eine Zeitlang für den Eigentümer angesehen worden bin,
mehr als hinreichend verzinst zu haben. Hier ist mein eigener
Gedankengang:

Kunst und Philosophie haben eine und dieselbe Aufgabe,

aber sie suchen sie auf verschiedene Weise zu lösen. Wenn die Philosophie sich bemüht, die Idee[1] unmittelbar zu erfassen, so bescheidet die Kunst sich, alles, was ihr in der Erscheinungswelt widerspricht, zu vernichten. Die Philosophie hat ihrem Teil 5 der gemeinschaftlichen Aufgabe noch nicht genügt, sie hat die Peripherie um das mysteriöse Zentrum enger und enger zusammengezogen, aber der Sprung von der Peripherie ins Zentrum hinein ist noch nicht geglückt, denn die Vereinzelung ist noch nicht auf ihre innere Notwendigkeit zurückgeführt. 10 Die Kunst dagegen hat ihr Geschäft bei Alten und Neuern noch stets zur rechten Zeit vollbracht[2], sie hat die Vereinzelung durch die ihr eingepflanzte Maßlosigkeit selbst immer wieder aufzulösen und die Idee von ihrer mangelhaften Form zu befreien gewußt. In der Maßlosigkeit liegt die Schuld, zugleich aber auch, da 15 das Vereinzelte nur darum maßlos ist, weil es, als unvollkommen, keinen Anspruch auf Dauer hat und deshalb auf seine Zerstörung hinarbeiten muß, die Versöhnung, so weit im Kreise der Kunst darnach gefragt werden kann. Diese Schuld ist eine uranfängliche, von dem Begriff des Menschen nicht zu trennende 20 und kaum in sein Bewußtsein fallende, sie ist mit dem Leben selbst gesetzt. Sie zieht sich als dunkelster Faden durch die Überlieferungen aller Völker hindurch, und die Erbsünde selbst ist nichts weiter als eine aus ihr abgeleitete christlich modifizierte Konsequenz. Sie hängt von der Richtung des menschlichen 25 Willens nicht ab, sie begleitet alles menschliche Handeln, wir mögen uns dem Guten oder dem Bösen zuwenden, das Maß können wir dort überschreiten wie hier. Das höchste Drama hat es nur mit ihr zu thun, und es ist nicht bloß gleichgültig, ob der Held an einer vortrefflichen oder verwerflichen Bestrebung 30 zu Grunde geht, sondern es ist, wenn das erschütterndste Bild

---

[1] Hebbel versteht unter der „Idee", wie aus dem Vorwort zur „Maria Magdalene" klar wird, das alles bedingende sittliche Zentrum, das wir im Weltorganismus schon seiner Selbsterhaltung wegen annehmen müssen.

[2] So sagt auch Hebbel in der erwähnten Vorrede: „Die Kunst ist die realisierte Philosophie".

zu ſtande kommen ſoll, notwendig, daß jenes, nicht dieſes, ge=
ſchieht. Profeſſor Heiberg findet die meiſten der obigen Sätze,
namentlich aber das letzte Reſultat, abſurd. Ich will ihm glau=
ben, daß er, da er ſtatt des allgemeinen Schuldbegriffs nur einen
dürftigen, ſpeziellen Sündenbegriff in ſich ausgebildet zu haben 5
ſcheint, ſich von der Wahrheit meiner Ausſprüche nicht überzeugen
konnte, denn allerdings iſt nicht geſagt, daß wir, weil wir leben,
auch morden und rauben müſſen, und wenn er mich ſo verſtand,
ſo hatte er alle Urſache, darauf zu beſtehen, daß die Schuld nur
möglich, keineswegs aber unvermeidlich ſei. Hier kann ich ihm 10
alſo ſeinen Vorwurf nicht übelnehmen, im Gegenteil, ich bin
ihm Dank ſchuldig, daß er ihn ſo gelind einrichtete und mir
nicht einen ganz andern machte. Begriffsverwirrung hätte er
mir nun freilich in dem Augenblicke, wo ich die Begriffe aufs
ſtrengſte ſchied und er ſie wieder ineinander neſtelte, nicht vor= 15
werfen ſollen; doch er hatte vergeſſen, daß an dem Ort, wo ich
die Erbſünde ausſchloß oder richtiger einſchloß, indem ich ſie dem
Gattungsbegriff, dem ſie angehört, unterordnete, vom Drama
überhaupt, nicht vom chriſtlichen Drama, die Rede war, und das
kann begegnen. Wie er aber dazu kam, vor allem das letzte 20
Reſultat anzufechten, begreife ich nicht. Fiel ihm denn der größte
der Tragiker, Sophokles, fiel ihm das Meiſterſtück der Meiſter=
ſtücke, Antigone, dem ſich bei Alten und Neueren nichts an
die Seite ſetzen läßt, nicht ein? Antigone will eine heilige Pflicht
erfüllen, bewußt die Verwandten= und Liebespflicht gegen den 25
unbegraben daliegenden Bruder, unbewußt die Pflicht der Ehr=
furcht gegen die Götter, dennoch geht ſie unter, obgleich ſie nichts
als ein bürgerliches, in ſich ſelbſt unhaltbares und nur der Form
nach die Idee des Staats repräſentierendes Geſetz übertritt. Es
iſt klar, entweder habe ich ein Axiom ausgeſprochen, oder die 30
Antigone iſt auf eine Nichtigkeit gegründet. Zuletzt bemerkt
Profeſſor Heiberg noch wider mich, daß ich bei meiner Auf=
faſſung des Dramas das Ziel desſelben in eine Diſſonanz ſetze,
indem ich die Schuld unaufgehoben ſtehen laſſe. Hier können

wir uns vielleicht verständigen, nur muß ich mir andere Aus=
drücke ausbitten. Das Drama, wie ich es konstruiere, schließt
keineswegs mit der Dissonanz, denn es löst die dualistische
Form des Seins[1], sobald sie zu schneidend hervortritt, durch sich
5 selbst wieder auf, es stellt, wenn ein Gleichnis erlaubt ist, die
beiden Kreise auf dem Wasser dar, die sich eben dadurch, daß sie
einander entgegenschwellen, zerstören und in einen einzigen
großen Kreis, der den zerrissenen Spiegel für das Sonnenbild
wieder glättet, zergehen. Aber es läßt allerdings eine Dissonanz
10 unerledigt, und zwar die ursprüngliche Dissonanz, die es von
Anfang an überging, indem es die Vereinzelung, ohne nach der
causa prima[2] zu forschen, als mit oder ohne Kreation unmittel=
bar gegebenes Faktum hinnahm, es läßt daher nicht die Schuld
unaufgehoben, wohl aber den innern Grund der Schuld un=
15 enthüllt.

Doch dies ist die Seite, wo das Drama sich mit dem Welt=
mysterium in eine und dieselbe Nacht verliert. Das Höchste,
was es erreicht, ist die Satisfaktion, die es der Idee durch den
Untergang des ihr durch sein Handeln oder durch sein Dasein
20 selbst widerstrebenden Individuums verschafft, eine Satisfaktion,
die bald unvollständig ist, indem das Individuum trotzig und
in sich verbissen untergeht und dadurch im voraus verkündigt,
daß es an einem andern Punkt im Weltall abermals kämpfend
hervortreten wird, bald vollständig, indem das Individuum im
25 Untergang selbst eine geläutertere Anschauung seines Verhält=
nisses zum Ganzen gewinnt und in Frieden abtritt. Doch dies
genügt auch im zweiten Fall nur halb, denn wenn der Riß sich
auch wieder schließt, warum mußte der Riß geschehen? Hierauf
habe ich nie eine Antwort gefunden, und keiner wird sie finden,
30 der ernstlich frägt.

Professor Heiberg gibt nun seine eigene Ansicht über die
Aufgabe, die das künftige Drama lösen soll. „Den idealistische

---

[1] Der Gegensatz des Einzelwesens zu einer ewigen Weltordnung.
[2] Erste Ursache.

Fremgang fordrer", ſagt er, „at Charactererne nu ſtulle ſees
i deres Afhängighed af Ideen, og at folgelig denne ſtal ind=
tage det Oberherredomme, ſom inden Shakſpears Tid var ind=
rommet Fabelen. Det horer til den nyere Tids Udvikling, ta
der mere ſporges om Hvad end om Hvem. Ogſaa i det nyere   5
Drama vil derfor Intereſſen mere hvile paa den fremſtilte Idee,
paa hvad man kunde kalde Dramets Tendens, end paa Cha=
ractererne, tagne umiddelbart for ſig ſelv, thi nu er Touren til
dem at nedſoettes til Momenter."* Das verſtehe ich nicht, oder
wenn ich es verſtehe, ſo ſchreibt Profeſſor Heiberg dem Drama   10
einen Schritt vor, den es entweder längſt gethan hat, oder den
es niemals thun kann. „In dem neueren Drama wird das
Intereſſe mehr auf der dargeſtellten Idee, auf dem, was man
die Tendenz des Dramas nennt, verweilen, als auf den Cha=
rakteren, unmittelbar für ſich ſelbſt betrachtet?" Das iſt entweder   15
immer der Fall geweſen, oder — Doch treten wir behutſam auf,
denn hier iſt der Ort, wo wir in Gefahr ſtehen, alles wieder zu
verlieren, was wir ſchon ſo ſicher gewonnen zu haben glaubten.
„Die Charaktere werden nicht mehr in ſich ſelbſt, ſondern in der
Idee des Ganzen ruhen, und nur noch ſo weit Zentralpunkte im   20
Drama bleiben, als ſie ſelbſt ſich um ein noch tieferes Zentrum
herumbewegen?" Wie? Was? Ich müßte alle Interjektionen
auf einmal ausſtoßen, wenn ich meine Verwunderung, mein Er=
ſtaunen genügend ausdrücken wollte. Statt deſſen will ich hier
ein offenes Bekenntnis ablegen. Wenn die Idee dem Drama   25
bisher gefehlt hat, wenn ſie ſich nicht in jeder dramatiſchen Dich=

---

* „Der idealiſtiſche Fortſchritt fordert, daß die Charaktere jetzt geſehen
werden ſollen in ihrer Abhängigkeit von der Idee, und daß folglich dieſe jene
Oberherrſchaft einnehmen muß, welche in Shakeſpeares Zeit der Fabel ein=
geräumt war. Es gehört zur Entwicklung der neueren Zeit, daß jetzt mehr   30
nach dem Was als nach dem Wer gefragt wird. Auch in dem neueren Drama
wird deshalb das Intereſſe mehr an der dargeſtellten Idee haften, an dem,
was man des Dramas Tendenz nennen könnte, als an den Charakteren, un=
mittelbar für ſich genommen, denn nun iſt die Reihe an ihnen, zu Momenten
herabgeſetzt zu werden."   35

tung, die für die Kunst irgend in Betracht kommt, als Zentrum aufzeigen läßt, und wenn die Charaktere nicht beständig in diesem Zentrum, um das sie sich in größerer oder geringerer Sonnen= nähe und Ferne „planetarisch" herumbewegen, ihren Ausgangs=
5 und Zielpunkt gehabt haben, dann fehlt das Moment der Idee auch meinem Begriff des Dramas, dann habe ich mit allen meinen vorhergehenden Erörterungen gegen Professor Heiberg nicht allein nichts bewiesen, sondern auch nichts beweisen wollen, dann hat er eine Ansicht, die nicht bloß jetzt gründlich neu ist,
10 sondern die, ich bürge ihm dafür, auch bis ans Ende der Tage neu und jungferlich frisch bleiben wird, da sie auf keinerlei Art durch künstlerische Verleiblichung abgenutzt werden kann. Hier kehrt sich denn aber, wie jeder sieht, das ganze Verhältnis zwischen mir und meinem Gegner um. Er steht auf dem abstraktesten
15 aller Standpunkte, ich auf dem praktischen oder empirischen, während nach seiner Versicherung das Gegenteil der Fall sein soll; er spinnt die vermessenste aller Theorien aus und fragt nicht, ob auch Flachs um den Rocken sitzt, sondern ist zufrieden, daß das Rad schnurrt und der Finger die Bewegung des Faden=
20 ziehens macht, ich, der ich nach seiner Behauptung: „over Aaen ester Band"* gehe, abstrahiere meinen Begriff der dramatischen Kunst von den Kunstwerken und hüte mich sehr, ein Moment in denselben aufzunehmen, das ich bei Sophokles und Shakespeare vermisse. Nie hat das Drama, das den Namen verdient, anders
25 als durch seine Totalität wirken wollen, nie hat es sich eine ge= ringere Wirkung, wenn es sie unglücklicherweise hatte, aneignen mögen; es ist und war von jeher die lockende Arabeske um eine Chiffre von Geisterhand, die sich nur darum so farbig=bunt, so neckisch=verzogen um die geheimnisvolle Schrift herumschlingt,
30 damit der Mensch, der am Gastmahl des Lebens schwelgende Belsazar[1], während er sich an den schnörkelhaft=putzigen Umrissen

---

* „über den Bach nach Wasser."

[1] Anspielung auf Daniel 2, 31—34. König Belsazar gab ein wüstes Mahl.

erfreut, auf denen sein trunkenes Auge mit Wohlgefallen ruht,
zugleich auch unbewußt und unwillkürlich das dunkle Warnungs=
wort gewahre und entziffere, das ihn über seine Natur und sein
Geschick belehrt. Eben aber mit der unmittelbar im Leben selbst
aufgehenden, wenn auch in der Form des Widerspruchs hervor=			5
tretenden, nimmermehr jedoch mit der eigentlich spekulativen
Seite der Idee hat es die dramatische Kunst zu thun. Menschen=
natur und Menschengeschick, wie sie sich wechselseitig bedingen,
soll sie erforschen und darstellen, nicht aber, wie Professor Hei=
berg will, in die unergründlichen Tiefen der Metaphysik hinab=		10
steigen. Jenes hat sie, wie ich oben bereits sagte, immer gethan,
dieses wird sie nie thun, Professor Heibergs veredeltes Lehr=
gedicht wird ohne Zweifel in der Sphäre der Ununterscheid=
barkeit, worin er es in der Eile stecken ließ, verharren müssen,
denn seine „Eenhed af det Speculative og det Poetiske" wider=		15
spricht, wenn dieser neue Ausdruck nicht etwa auf die uralte
Wahrheit geht, daß ein Drama immer dem jedesmaligen Ent=
wickelungsstadium der allgemeinen Weltanschauung entsprechen
muß, der Natur der Kunst und kann höchstens ein kaltes alle=
gorisches Puppenspiel, das sich um eine äußere Angel dreht,		20
hervorrufen, nicht aber eine in sich selbst ruhende Schöpfung
voll warmblütiger, lebendiger Gestalten.

Das wäre kein Fortschritt auf dem Wege, den Shakespeare
einschlug, als er die Charaktere von der Oberherrschaft der Fabel
befreite, wie Professor Heiberg meint, das wäre ein Sprung zur		25
Seite, ins Nichts hinein. Shakespeare kehrte nur das um, was
man die Ökonomie[1] des Dramas nennt, und das mußte er thun,
weil das Individuum durch das Christentum eine größere Be=
deutung erhalten und eine veränderte Stellung erlangt hatte;

Plötzlich sah er entsetzt an der hell bestrahlten Wand des Saales entlang sich Finger
einer Menschenhand bewegen und die Worte verzeichnen: „Mene, Mene, Tekel,
Upharsin". Daniel, zur Deutung dieser rätselhaften Ausdrücke herbeigerufen, las
den Untergang des Reiches heraus. Der König starb in der folgenden Nacht.

[1] Zweckmäßige Einrichtung; hier soviel wie Technik, künstlerischer Plan des
Dramas.

er wandte die Mittel des Dramas anders an und vermehrte sie,
aber er steckte ihm kein anderes Ziel. Ich habe nicht vergessen,
was ich weiter oben über die Möglichkeit eines symbolischen Dra=
mas, das den Geschichtsstrom bis in seine innersten Quellen, die
5 religiösen, hinein verfolge, gesagt habe, aber ich thue vielleicht
wohl, wenn ich hier ausdrücklich bemerke, daß ich dabei keines=
wegs ans Dialogisieren des dogmatischen Teils der Kirchen=
historie dachte, sondern an eine großartige Darstellung der we=
nigen Charaktere, die die Jahrhunderte, ja die Jahrtausende als
10 organische Übergangspunkte vermitteln, und die zuweilen, wie
z. B. Luther, mit den Ideen, deren individuelle Träger sie sind,
selbst in Konflikt geraten, weil sie vor den anfangs ungeahnten
Konsequenzen derselben zu schaudern beginnen. Dies Drama
könnte ein allgemeines werden, da es in Stoff und Gehalt für
15 alle Völker gleiches Interesse haben müßte; und an ein solches
zu denken, ist in einer Zeit, wo die nationalen Unterschiede mehr
und mehr verschwinden, nicht allzu gewagt.

Jetzt habe ich mich noch über einen „Taschenspielerkniff",
über meine „kümmerliche Anschauung der Geschichte" und über
20 eine „Krudität"[1] zu verantworten. Ich kann mir die Satisfaktion
nicht versagen, diese Ausdrücke, deren mein Gegner sich bedienen
zu müssen glaubte, und die sich den vorangegangenen und von
mir ehrlich aufgezählten Vorwürfen eines „philosophisch=kriti=
schen Bankerotts" sowie der „Absurdität" und der „Begriffs=
25 verwirrung" würdig anschließen, zu wiederholen, damit meine
Leser, die jetzt schon einigermaßen wissen werden, mit wieviel
Recht Professor Heiberg mich angriff, doch auch sehen mögen,
mit wie viel Chevalerie er sein Recht bis zum letzten Augenblick
verfolgt hat.

30 Mit der kümmerlichen Anschauung der Geschichte mache ich
den Anfang, weil mit ihr der Taschenspielerkniff von selbst weg=
fällt. Die Anklage beruht zum Teil wieder auf einem mißver=

---

[1] Eigentlich Roheit, hier Unklarheit.

standenen oder gemißdeuteten Ausdruck. Ich nenne die Geschichte
den Niederschlag der wandelnden Zeit, Professor Heiberg über=
setzt sich das mit Hefe oder Bodensatz und frägt dann, ob die
Anschauung eines Schriftstellers, der in der Geschichte nichts er=
blickt als Hefe und Bodensatz, nicht eine kümmerliche sei. Wenn 5
er wirklich nicht weiß, was der Ausdruck Niederschlag im Deut=
schen besagt, so lasse er sich eine öffentliche Belehrung gefallen.
Der Astronom Gruithusen[1] nennt die Sterne den Niederschlag des
Äthers, Immermann die Lehre den Niederschlag der Forschung,
in keinem geringeren Sinne ich die Geschichte den Niederschlag 10
der Zeit. Der Ausdruck entspricht dem chemischen: Präzipitat
und bezeichnet in jedem Zeugungs= und Gestaltungsprozeß das
Dauernde, Bleibende, das sich im Gegensatz zu den verfliegenden
Elementen fixieren läßt. Dieser erste Grund, aus dem meine
kümmerliche Anschauung der Geschichte gefolgert wurde, beweist 15
also das Gegenteil von dem, was er beweisen sollte; mit dem
zweiten steht es nicht besser. In dem Augenblick, wo ich, auf
Napoleons entscheidende Autorität gestützt, die materielle Hälfte
der Geschichte durchstreiche, um der geistigen, die durch die Kunst
wiedergeboren werden soll, die Bedeutung, die ihr gebührt, zu 20
erobern, läßt Professor Heiberg mich behaupten, die Geschichte
sei nichts als das tote Porträt der Begebenheiten. Unbegreif=
lich! Nach der von mir entwickelten Ansicht ist sie zugleich mehr,
unendlich viel mehr, aber auch weniger als das. Weil
sie weniger ist, weil Karl der Große unstreitig größer war als 25
das Bild, das sein Schreiber den Jahrhunderten von ihm über=
lieferte, spreche ich den Dichter von der Verpflichtung frei, dies
Bild ängstlich zu kopieren und die Gestalt des Kaisers, wie sie
in seinem eigenen Geist aufdämmert, wenn er sich in die Zeit,
die er beherrschte, versenkt, zu ersticken; weil sie mehr ist, weil 30
eine ganz andere Wahrheit durch sie hindurchgeht, als die mit
Brief und Siegel zu belegende und deshalb auch mit Brief und

---

[1] Fr. v. Gruithusen, seit 1826 Professor der Astronomie in München, ge=
storben 1852.

Siegel zu verfälschende, durfte ich ihm jene Verpflichtung er=
lassen, ohne der Geschichte und dem Utilitätsverhältnis [1], worin
das Drama zu ihr steht, etwas zu vergeben. Dieser Satz, wenn
irgend einer, beweist sich selbst, und meine Anschauung ist als
5 eine lebendige und eigentümliche gerechtfertigt, wenn ich sie auch
nur in simplen Worten, die hinter Professor Heibergs „Tidernes
levende og uforgaengelige Aand"* weit zurückstehen, vortrug.
Übrigens äußerte sich Lessing, was die dramatische Seite dieser
Frage betrifft, ganz in meinem Sinn, nur daß er, als er seine
10 Ansicht aussprach, die Gründe, gegen seine Gewohnheit, zurück=
behielt. [2] Professor Heiberg freilich ist hier seines Sieges so ge=
wiß, daß er den Triumph im voraus feiert und ausruft, ich sei,
der Ausdruck Niederschlag beweise es, schwerlich der Messias,
den das Drama erwarte. Wie grausam! Aber wenn ich nun
15 noch grausamer sein, wenn ich erklären wollte: Professor Hei=
berg ist der Messias! Würde er nicht in Verlegenheit ge=
raten, wenn er nun das Werk der Erlösung vollbringen sollte?

Auf den Taschenspielerkniff brauche ich nun wohl kaum noch
zurückzukommen. Ich soll ihn dadurch begangen haben, daß ich,
20 als ich von Shakespeares Unterordnung der Fabel unter die
Charaktere sprach, mich des Ausdrucks Geschichte bediente, statt
den Ausdruck Fabel zu wiederholen. Es leuchtet ein, daß, wenn

---

* „Der Zeiten lebender und unvergänglicher Geist."

[1] Nützlichkeitsverhältnis, d. h. das Drama nimmt von der Geschichte, was es
brauchen kann.

[2] Im 11. Stück der „Hamburgischen Dramaturgie" sagt Lessing: „Denn der dra=
matische Dichter ist kein Geschichtschreiber; er erzählt nicht, was man ehedem ge=
glaubt, daß es geschehen, sondern er läßt es vor unseren Augen nochmals geschehen,
nicht der bloßen historischen Wahrheit wegen, sondern in einer ganz anderen und
höheren Absicht; die historische Wahrheit ist nicht sein Zweck, sondern nur das Mittel
zu seinem Zwecke, er will uns täuschen, und durch die Täuschung rühren." In der
Vorrede zu „Maria Magdalene" spricht sich Hebbel nochmals über diesen Punkt aus:
„Der nüchterne Lessingsche Ausspruch in der Dramaturgie, wonach der dramatische
Dichter die Geschichte je nach Befund der Umstände benutzen oder unbenutzt lassen
darf, ohne in dem letzten Fall einen Tadel oder in dem ersten ein spezielles Lob
zu verdienen, wird, wenn man ihn nur über die Negation hinaus dahin erweitert,
daß das Drama dessenungeachtet den höchsten Gehalt der Geschichte in sich auf=
nehmen kann und soll, in voller Kraft verbleiben."

ich die mir vorgeworfene kümmerliche Anschauung der Geschichte
nicht hatte, auch zu der mir angeschuldeten Subreption kein
Grund vorhanden war, und daß mit dem Grund sie selbst weg=
fällt. Aber auch hier, es ist entsetzlich, denn es ist das dritte
Mal, habe ich die jammervolle Aufgabe, einen schiefgedeuteten   5
Ausdruck zu rechtfertigen, da Professor Heiberg seine Anklage
einzig und allein auf diesen stützt. Es ist bekannt, daß man nach
deutschem Sprachgebrauch ebensogut von merkwürdigen Ge=
schichten, wie von der Geschichte spricht, und daß man damit
gerade wunderbare Ereignisse und schauerliche Vorgänge, wie   10
Novellen= und Dramendichter sie wohl zu benutzen pflegen, be=
zeichnet. In diesem Sinne gebrauchte ich den Ausdruck, und
eben bei Shakespeare, der so oft seltsame Geschichten behandelt
hat, war er richtig angewandt. In einem andern Sinne konnte
ich ihn gar nicht gebrauchen wollen, denn der eigentlich histo=   15
rischen Stücke sind bei Shakespeare ungleich weniger als der dem
Stoff nach phantastischen und sagenhaften, und es versteht sich
doch wohl von selbst, daß man, wenn man bei einem Dichter
das Charakteristische hervorheben will, die Mehrzahl seiner Werke
ins Auge faßt. Ohnehin spreche ich, wie mein Aufsatz lehrt, von   20
der Historie, der wirklichen Welthistorie, viel später; auch setzte
ich, und dies entscheidet, am fraglichen Orte für den Ausdruck
Charaktere den Ausdruck Menschen, wie für den Ausdruck
Fabel den Ausdruck Geschichte, und zeigte dadurch deutlich
genug, daß es mir um strenge Handhabung der herkömmlichen   25
Terminologie[1] keineswegs zu thun sei.

Nun ist die Krudität noch übrig. „Es kommt“, sage ich,
„bei philosophischen Dramen alles darauf an, ob die Metaphysik
aus dem Leben hervorgeht, oder ob umgekehrt das Leben aus
der Metaphysik hervorgehen soll.“ Nur einem Einzigen, nur   30
Professor Heiberg, kann der Sinn meiner Worte dunkel sein,
dieses Einzigen wegen werde hier denn erläuternd bemerkt, daß

---

[1] Kunstsprache.

ich an den unermeßlichen Unterschied erinnern wollte, der zwi=
schen den Tiefsinnigkeiten eines Hamlet, den ein ungeheures
Schicksal in die Abgründe seines Innern hineintreibt, und den
kahlen Spitzfindigkeiten einer philosophischen Gliederpuppe, durch
5 die, wie wir es in Deutschland schon erlebten, ein „Liebhaber der
Weisheit" den „reinen Begriff" zur Abwechselung einmal in
Szenen und Akten statt in Paragraphen und Kapiteln zu ver=
anschaulichen sucht, besteht.

Ich bin zu Ende, und was ich mir nicht verhehlte, als ich
10 diese Verteidigung begann, das hat sich bestätigt: sie beweist der
Hauptsache nach nichts, als daß sie überflüssig war, denn ich
habe auch an keinem einzigen Ort Gelegenheit gehabt, die in
meinem Aufsatz niedergelegten Ideen, in denen ich freilich die
Resultate jahrelangen Nachdenkens gab, zu berichtigen, sondern
15 mein ganzes Geschäft hat darin bestanden, die von meinem Gegner
in meinem Gedankenhaushalt durch willkürliche Interpretation
angerichtete Verwirrung wieder zu beseitigen. Aber vielleicht
muß in unserer Zeit, wie jedes Recht, so auch das Recht zum
Stillschweigen erkämpft werden. Ich glaube es jetzt erkämpft
20 zu haben und werde davon vermutlich in wieder vorkommenden
Fällen, selbst wenn die Angriffe mir nicht entgehen sollten, was
aber, da ich Deutschland allernächstens verlasse, leicht geschehen
könnte, mit noch größerer Ruhe wie bisher Gebrauch machen.

2. Über den Stil des Dramas.

Der Dialog ist leicht! Der Dialog ist schwerfällig! Das ist das Einzige, was die Rezensenten, und selbst die besseren, über den Stil eines Dramas zu bemerken pflegen. Diese Bemerkungen zeigen ihre Flachheit aber schon durch ihre Allgemeinheit. Denn gingen sie aus wahrer Sachkenntnis hervor, so müßten sie auf einzelne Szenen, ja auf einzelne Reden beschränkt werden, da die Leichtigkeit oder Schwerfälligkeit des Dialogs gar kein charakteristisches Kennzeichen eines ganzen Dramas sein kann.

Unstreitig ist die Sprache das allerwichtigste Element wie der Poesie überhaupt, so speziell auch des Dramas, und die Kritik thut schon darum wohl, bei ihr zu beginnen, weil sie, wenn sie hier nicht befriedigt wird, gar nicht weiter zu gehen braucht.[1] In der Idee, selbst in den Charakteren, versteckt sich das Abstrakte sehr tief und wird um so schwerer entdeckt, als in diesem Kreise auch das Konkreteste bei seiner symbolischen Natur darauf zurückführt, es sich also um die immer äußerst schwierige Ermittelung handelt, ob eine an sich schon bis zur Unmerklichkeit feine Linie überschritten wurde oder nicht. In der Sprache offenbart es sich dem ästhetischen Sinn sogleich, denn nur durch sie und in ihr wird die lange adjektivlose Arbeit des poetischen Geistes, die in einigen Stadien sogar mit dem Geschäft des Denkers, der Thätigkeit des Psychologen in freilich modifizierter Form zusammentrifft, zur entschiedenen Dichterthat. Aber allerdings muß man, um sich an die Analyse der Sprache wagen und aus ihrer Beschaffenheit das Urteil ableiten zu dürfen, den spezifischen Unterschied zwischen einer Relation und einer Darstellung erkannt haben, und diese Erkenntnis scheint selten zu sein.

[1] Vgl. Hebbels Sonett: „Die Sprache", Band I, S. 138 unserer Ausgabe.

An der Sprache ist es die wunderbarste Seite, wie der all=
gemeine Geist des Volks, dessen Produkt sie ist, und der indivi=
duelle, der sich ihrer zu seinen Einzelzwecken bedient, ineinander
wirken und, sich gegenseitig ergänzend und beschränkend, ein
5 Drittes erzeugen, das beiden gemeinschaftlich angehört. Der all=
gemeine Geist und der individuelle stehen sich in diesem Prozeß
wie Zeichner und Kolorist gegenüber; der eine zieht die Linien,
hält sich deshalb streng in der Sphäre des Fundamentalen und
trennt, um dies zu können, alles Begleitende aufs schärfste vom
10 Wesentlichen; der andere gibt die Farben und sieht sich hierin
eben durch diese Trennung, die nicht allein die Eigenschaften,
Zustände und Verhältnisse an sich von den Dingen abgeschnitten,
sondern auch für die graduelle Bestimmung derselben eine mehr
oder weniger ausgedehnte Freiheit übriggelassen hat, vorgear=
15 beitet und unterstützt. Die Sprache erscheint hierbei als fest und
flüssig zugleich; als fest, indem sie die Überschreitung des nach
den ihr zu Grunde liegenden Uranschauungen und Erfahrungen
einmal gezogenen Kreises, der sie zur Trägerin einer bestimmten
Nationalität macht, nicht gestattet; als flüssig, indem sie sich der
20 freien Bewegung innerhalb dieses Kreises, der größeren Vertie=
fung in diese Anschauungen und Erfahrungen und der weiteren
Verknüpfung derselben nicht widersetzt. Dies gilt von allen
Sprachen ohne Ausnahme; von dem Maß der Enthaltsamkeit,
die der allgemeine Geist an seinem Teil bewies, und der Freiheit,
25 die demgemäß der individuelle vorfindet, hängt der Wert jeder
einzelnen ab, nicht aber von dem Grade des an sich relativen,
weil klimatisch und sonst bedingten Wohllauts, denn eine
Sprache kann äußerst musikalisch und nichtsdestoweniger geist=
los und unpoetisch sein, ihre Zeichen können dem Ohr durch
30 Vokalfülle schmeicheln und dennoch dem Geist durch Dürftigkeit
des Sinnes und Mischungsunfähigkeit trotzen. Darauf aber
kommt es an, daß der Geist in der Sprache möglichst vollständig
zur Erscheinung gelange, daß er hier an der Grenze der sich be=
reits verflüchtigenden materiellen Welt den letzten, durchsichtigen

Leib erhalte; nicht darauf, daß durch unendliches Sichten, Wägen und Messen ein Zwittermedium herausgebracht werde, das doch nicht Musik wird, noch bei der zwiefachen Verwendbarkeit des Tons zu werden braucht, das aber die Eitelkeit, sich der Musik um einen Schritt zu nähern, mit dem unschätzbaren Vorzug, den 5 Geist mit jeder seiner Lebensregungen unverkürzt und unverdunkelt in sich aufzunehmen, bezahlen muß.

Das Leben des Geistes tritt nun in doppelter Gestalt, als Denken und Dichten, in der Sprache hervor. Natürlich ist dies schon in der Sprachbildung selbst, seiner ersten und größten That, 10 zu der alle übrigen sich verhalten wie die Kinder zur Mutter, der Fall, und wenn hier die Thätigkeit dieser beiden Faktoren auch unmittelbar zusammenhing, so geschah das doch nicht auf eine in dem Produkt nicht mehr zu unterscheidende Weise. Im Gegenteil setzen sich Denker und Dichter nur durch strenge Son= 15 derung der einem jeden dieser Faktoren angehörigen Formen und Zeichen gründlich in den Besitz der Sprache und versichern sich ihrer Kraft, machen aber freilich auch zuweilen, und nicht selten zur Unzeit, die Erfahrung, daß der eine hie und da für den anderen aushelfend oder vorgreifend eingetreten, oder gar, 20 daß die ganze Arbeit nach irgend einer Seite hin, z. B. sehr oft, wo die gespenstisch=abstrakte Vorsilbe un sich aufdringt, zu früh eingestellt worden ist. Hier ist der Punkt, auf dem der Gedanke an eine Universalsprache, gegen die sich die verschiedenen National= sprachen wie ebenso viele ihr vorhergegangene Exercitien verhielten, 25 deren Zweck auf relative Ermittelungen und Vorbereitungen hinausliefe, wenigstens nicht unvernünftig und willkürlich erscheint. Allerdings deckt in den letzteren immer eine die Lücken der anderen, auch sind diese Lücken selbst durchaus charakteristisch, müssen also nicht als rohe Zufälligkeiten betrachtet werden, sondern 30 als notwendige Konsequenzen des den ganzen Schöpfungsprozeß beherrschenden Individualisierungsgesetzes, als stumpfe Linien an den geistigen Physiognomien der Völker, die sich vor dem rechten Auge ganz von selbst in sprechende an der Physiognomie

der Menschheit verwandeln. Aber die Kenntnis der Rahmen er=
weitert nicht die Spiegel, und die Hoffnung, sie alle dereinst
näher und näher zusammenrücken, dann zerbrechen und auf dem
Gipfel der Zivilisation in einem einzigen verschmelzen zu sehen,
5 ermangelt keineswegs des Fundaments. Denn es handelt sich
hiebei nicht um die Abfindung eines unberechtigten, nicht aus
dem Wesen der Sache selbst hervorgehenden, sondern nur von
einer ihr fremden Sphäre aus an sie angeknüpften Gelüstes, etwa
nach größerer Gemächlichkeit im äußern Verkehr, im Handel und
10 Wandel; es handelt sich um die Befriedigung des tief in der
Natur des Geistes begründeten Bedürfnisses, in jedem Kreise,
und also auch in dem der Sprache, von den niedrigeren Organis=
men in allmählicher Erhebung zu den höheren und zum höchsten,
sie alle in sich aufnehmenden, vorzudringen. Auch soll, um zu
15 diesem Ziel zu gelangen, nicht aus dem Stegreife ein Sprung
unternommen, es soll nur einfach fortgeschritten werden, da man,
wenn kein Stillstand eintritt, auf demselben Weg und ungefähr
auch mit denselben Opfern in Bezug auf das dahinter zu lassende
gar zu individuelle Beiwerk von der Nationalsprache zur Uni=
20 versalsprache kommen muß, auf dem und mit denen man von der
Individualsprache, um die ersten stammelnden Verständigungs=
und Mitteilungsversuche so zu nennen, zur Familien=, Provin=
zial= und Nationalsprache kam.

Weiter nun und entschiedener gehen Denken und Dichten in
25 dem Individuum, das sich der Sprache zu seinen Einzelzwecken
bedient, auseinander; doch muß man sich auch hier keine abso=
lute Trennung vorstellen. Der menschliche Geist wirkt immer in
ungebrochener Totalität, und wenn er sich auch gewöhnlich nur
mit der einen oder der andern seiner Fakultäten gegen die Welt
30 herauskehrt, so sind die übrigen darum nicht minder vorhanden,
weil sie die bescheidene Arbeit der Ernährung verrichten und auf
das Zeugungsgeschäft Verzicht leisten. Uns interessiert hier vor=
nehmlich der spezifische Unterschied, der zwischen dem Denk= und
dem Dichtungsvermögen besteht; an die höhere Einheit derselben

müssen wir uns aber auch erinnern, weil beide eine Seite haben,
worin sie zusammenlaufen, und weil gerade diese Seite das Her=
vortreten gewisser Zwittererscheinungen und die Verwechselung
derselben mit den normalen erklärt, die sonst unerklärlich sein
würde. Das Denkvermögen bethätigt sich in der Bildung reiner 5
Begriffe und gelangt zur Form im philosophischen System; das
Dichtungsvermögen in der unmittelbaren Aufnahme und freien
Reproduktion symbolischer Anschauungen und gipfelt im geschlos=
senen Kunstwerk. Der Begriff wurzelt aber in der Anschauung
und tritt zunächst als Vorstellung auf; die dichterische Anschauung 10
partizipiert durch ihre symbolische Beschaffenheit, die sie eben
über die gemeine erhebt, am Begriff, und beide unterscheiden sich
ihrer Richtung nach darin, daß der Begriff in unendlicher Aus=
breitung alles Besondere ins Allgemeine auflöst, die dichterische
Anschauung in ebenso unendlicher Vertiefung das Allgemeine 15
im Besonderen aufdeckt. Wenn man dieses Grundverhältnis ge=
hörig erwägt und dabei berücksichtigt, wie schwer überall ein
Letztes zu fassen ist und wie viele Stufen hinauf und hinunter
führen, so wird man nicht allein die Entstehung einer sogenann=
ten poetischen Philosophie und einer philosophischen, bald didak= 20
tischen, bald rhetorischen Poesie begreifen, sondern es auch natür=
lich finden, daß Philosophie und Poesie die Masse in der Regel
um so mehr anziehen, je weniger sie ganz sind, was sie sein sollen.
Es wird nicht alles Philosophie, was dazu ansetzt, nicht alles
Poesie oder gar Kunst, was sich poetisch anläßt, und dies schnöde 25
Mittlere, das im Werdeprozeß stecken bleibt und die rohen Ele=
mente zu wohlfeilem und mühelosem Genuß darbietet, verursacht
alle jene Verwirrungen, die den Künstler in seinem instinktiven
Bewußtsein, den Philosophen in seinem Prinzip beirren könnten,
wenn beide die Unvermeidlichkeit und Konsequenzlosigkeit der= 30
selben nicht gerade vermöge dieses Bewußtseins und dieses Prin=
zips erkennen lernten.

Die Dichtung erwächst also aus der Anschauung, sie hat es
mit dem Leben zu thun und ist dessen Spitze. Das sprachliche

Produkt, das entsteht, wenn ein positiv individueller Geist (denn
negativ individuell sind alle) den allgemeinen auf die oben ent=
wickelte Weise durchdringt und befruchtet, wird Stil genannt;
es setzt beide Faktoren mit gleicher Notwendigkeit voraus, ist
5 darum Ausdruck zugleich der Bildung wie der Artung eines
Individuums und kann schon deswegen nicht, wozu die leere
Schönschreiberei unserer Tage es gern machen möchte, eine bei=
läufige Eigenschaft des Nichts sein, der Zähler einer Null, das
Fleisch einer Luftblase. Anschauungen beruhen näher oder ent=
10 fernter auf Überlieferungen der Sinne, der poetische Stil ist da=
her dem Grundelemente nach ein sinnlicher; er bedient sich, so=
weit der Schatz reicht, nur der lebendigen Wörter, d. h. derjenigen,
welche den Dingen nicht, wie die toten, zahlenhaften, will=
kürlich eingeschrieben, sondern ihnen durch Ohr und Auge abge=
15 wonnen wurden; er reiht sie so aneinander, daß sie sich durch
den Schatten, den sie werfen, den Glanz, den sie verbreiten, gegen=
seitig nach jedesmaligem Bedürfnis des Kolorits verdunkeln oder
heben; er wird die ihm notwendige Bildlichkeit aber nie durch
die Verstandesoperation der Bilderhäufung erreichen wollen,
20 denn er weiß, daß ein sogenanntes Bild, wenn es nicht aus der
Sprache heraus geboren, sondern mühsam aufgejagt und um=
ständlich ausgemalt wird, selten etwas anderes ist als eine chine=
sische Laterne, die der bankerotte Poet neben einer grauen Ab=
straktion aufhängt, um Blödsichtige zu täuschen. Dies gilt von
25 aller Poesie, also auch von der dramatischen; für diese ergeben
sich jedoch in Bezug auf Sprache und Stil noch ganz besondere
Gesetze. Das Drama ist die höchste Form der Poesie und der
Kunst überhaupt, hat aber nichtsdestoweniger die Aufgabe, das
Leben in seiner Unmittelbarkeit zur Anschauung zu bringen und
30 den alles umfassenden Verstand, der ihm im ganzen zu Grunde
liegen muß, im einzelnen hinter anscheinender Willkür zu ver=
stecken; es soll eine Welt sein, keine Uhr. Die Lösung dieser Auf=
gabe hängt nun zwar zunächst von dem Wechselgeflecht der Cha=
raktere und Situationen ab, von dem Grade, wie diese sich gegen=

ſeitig bedingen und dem Verhältnis, worin ſie zum Ideenzentrum
ſtehen, ſie findet ihre vollſtändige Realiſierung aber erſt in der
Sprache. Alles übrige mag beſchaffen ſein, wie es will, es iſt
bloßer Chylus oder, wenn es hoch kommt, Blut vor dem Atem=
zug; nur durch die Sprache wird es, was es werden ſoll oder   5
kann: Darſtellung oder Relation, die Sache ſelbſt oder ein
Bericht über die Sache. Die Darſtellung gibt den Werdeprozeß
in ſeiner ganzen Tiefe und begleitet alles, was ſie in ihren Kreis
aufnimmt, von der Wurzel bis zum Gipfelpunkt, die Menſchen,
ihre Neigungen und Leidenſchaften, zum Teil ſogar das Medium, 10
deſſen ſie ſelbſt ſich bedient, die Sprache; ſie führt das Leben in
der ihm weſentlichen Geſtalt eines raſtloſen Sichumgebärens vor[1],
bei dem das Kind augenblicklich wieder zum Vater wird, und
erzwingt ſich darum auch einen unbedingten Glauben, denn ſie
iſt die Probe ihrer ſelbſt. Die Relation dagegen iſt an das Fer= 15
tige, ſei es auch das Fertige im Werdenden, gebunden, ſie legt
das Leben wohl den entſcheidenden Momenten nach auseinander
und zieht ein Reſultat, aber ſie bringt nicht in die Übergänge; des=
halb nötigt ſie uns auch nie ein: „So iſt es!“ ab, ſondern höch=
ſtens ein: „So kann es ſein!“ und es ändert hieran nichts, ob das 20
Individuum aus ſich ſelbſt ſchöpft oder aus der Welt. Es iſt
dies alles nicht etwa ſo aufzufaſſen, als ob der auf Relationen
beſchränkte Geiſt erſt in der Sprache anfinge, ſich von dem dar=
ſtellenden zu unterſcheiden; es wird nur behauptet, daß, ſobald
er ſich in ihr zu verleiblichen ſucht, jede Täuſchung über die 25
eigentliche Beſchaffenheit ſeines Vermögens aufhört, und daß ſie
das einzige Kriterium iſt, das niemals trügt. Das Charakteri=
ſtiſche des dramatiſchen Relationenſtils im Gegenſatz zu der Na=
tur der Darſtellung ergibt ſich aus den vorhergehenden Bemer=
kungen von ſelbſt; er wird immer kurz oder phraſenhaft ſein, 30
kurz, weil er meiſtens nur eine oder einige Linien zu ziehen hat,

---

[1] In der „Judith“ läßt Hebbel den Holofernes ſagen: „Ich ſehe im Leben nicht
ein bloßes langweiliges Füttern, ſondern ein ſtetes Um= und Wiedergebären des
Daſeins.“

phrasenhaft, weil er hiemit zu früh fertig zu werden fürchtet
und dann allerlei überflüssige Schnörkel hinzufügt. Die Kürze
ist seine Tugend, man kann ihm kein größeres Lob beilegen, als
daß er leicht und gedrungen sei. Ganz anders verhält es sich
5 mit der Darstellung. Bei jedem Schritt, den sie thut, drängt sich
ihr eine Welt von Anschauungen und Beziehungen auf, die zu=
gleich rückwärts und vorwärts deuten, und die sie alle mitnehmen
muß; die Lebensäußerungen kreuzen sich und heben sich auf, der
Gedankenfaden reißt, bevor er abgesponnen wurde, die Empfin=
10 dung springt um, das Wort sogar verselbständigt sich und kehrt
einen geheimen Sinn hervor, der den gewöhnlichen paralysiert,
denn jedes ist ein auf mehr als einer Seite gezeichneter Würfel.
Hier wäre der Häckerling kleiner Sätze, der Blutkügelchen nach
Blutkügelchen, Faser nach Faser hinzählt, sehr wenig am Platz; es
15 handelt sich um Vergegenwärtigung der Zustände in ihrer organi=
schen Gesamtheit, nicht bloß ihrer Ergebnisse, wie bei der Relation,
und Rauhigkeit des Versbaus, Verwickelung und Verworrenheit
des Periodengefüges, Widerspruch der Bilder erheben sich zu wirk=
samen und unumgänglichen Darstellungsmitteln, wenn sie auch
20 dem oberflächlichen Blick, der nicht erkennt, daß auch das Ringen
um Ausdruck Ausdruck ist, als Ungeschicklichkeiten und Schwer=
fälligkeiten erscheinen mögen. Bei diesen Andeutungen über das
Unsagbare lasse ich es bewenden, ich habe sie an den Sprachbil=
dungsprozeß selbst anknüpfen zu müssen geglaubt, weil das
25 Rätsel, das ich einigermaßen ins Enge zu bringen suchte, unmit=
telbar auf ihn zurückführt und keine einzige Frage anregt, die,
wenn überhaupt, nicht dort ihre Erledigung fände. Es sollte
mich freuen, wenn ich gezeigt hätte, daß Shakespeare nicht ohne
zureichenden inneren Grund seinen Dialog vor sich herwälzt wie
30 Sisyphus den Stein, und daß man kein Recht hat, ihn etwa auf
den Kotzebueschen als auf ein Muster zu verweisen, obgleich
dieser zierlich tanzt und hüpft wie der Kreisel vor der Peitsche
des Knaben.

3. Wie verhalten ſich im Dichter Kraft und Erkenntnis zu einander?

Wenn die Poeten unſrer Zeit, namentlich die dramatiſchen, das Ziel verfehlen, ſo redet man ſich und ihnen gewöhnlich ein, das rühre daher, weil ſie einen verkehrten Weg einſchlagen, und erſpart ſich die Unterſuchung, ob denn auch von vornherein die nötigen Mittel vorhanden geweſen ſind, und ob die meiſten der‐ ſelben, wenn ſie ſich auch über die Anlage ſelbſt nicht täuſchten, ſich doch nicht über den Grad derſelben getäuſcht haben. Un‐ ſtreitig iſt der Verſtandesirrtum, der ſo herauskommt, auch leichter zu ertragen als der innere Mangel, der ſonſt eingeräumt werden müßte, und darin mag der Grund liegen, warum man ſo hartnäckig an ihm feſthält; in dieſen müßte man ſich ein für allemal mit unbedingter Reſignation ergeben, jenem dagegen wäre abzuhelfen, wenigſtens ſcheinbar, da eine Legion mißlunge‐ ner Verſuche die Befugnis, immer neue wieder anzuſtellen, und die Hoffnung, endlich einmal das Rechte zu treffen, nicht aus‐ ſchlöſſe, der Tag der letzten Rechenſchaft alſo niemals käme. Aber wenn nun der Beweis geliefert werden ſollte, daß ein ſolcher Irr‐ tum ohne einen ſolchen Mangel auch nur möglich wäre, ſo würde ſich's ſchnell zeigen, welch eine Widerſinnigkeit man behauptet hätte. Denn daß die ſchaffende Natur auf jeder Stufe, die ſie auf ihrem langen Wege von der Baſis bis zur Spitze zurücklegt, eine Weile ausruht und das hervorruft, was ſie auf ihr ſchon hervorrufen kann, iſt klar, und nicht minder, daß auf dieſe Weiſe in der phyſiſchen wie in der geiſtigen Sphäre hin und wieder an gewiſſen Punkten mit Notwendigkeit ein Übergangsgeſchöpf

hervortreten muß, das der Idee nach einer höheren Gattung an=
gehört, als es durch seine noch mangelhaften Organe zu realisie=
ren vermag. Wie könnte solch ein Geschöpf nun aber wohl dem
Widerspruch zwischen Wollen und Vollbringen entfliehen? Der
5 fliegende Fisch wird aus dem leichten Element, in das er hinein=
strebt, immer wieder in das schwerere, dem er sich zu entziehen
sucht, zurückfallen, die Fledermaus wird niemals Vogel und ist
doch unleugbar mehr als das Tier, mit dem sie den Namen
teilt, der unzulänglich begabte Dichter zieht im Traum phan=
10 tastische Fäden, bringt es aber nie zum Gewebe und ist darum
das Spiel jedes Windes, der in seine luftige Schöpfung hinein=
bläst. Das alles ist einfach; wie jedoch mit entschiedener Kraft
eine unentschiedene Richtung, mit dem Vermögen für das Be=
stimmteste, worin eine solche Kraft eben besteht, ein unbestimmtes
15 Abirren ins Wüste und Leere hinein vereinbar sein könnte, ist
durchaus nicht zu begreifen.

Man wird daher wohl zu der entgegengesetzten Betrachtungs=
weise zurückkehren und einräumen müssen, daß der Poet, der den
rechten Weg nicht zu finden weiß, schon darum nicht der rechte
20 sein kann, wenn damit auch die meisten unsrer sogenannten
Litteraturhoffnungen wegfallen. Kraft und Erkenntnis bedingen
sich im Dichter, wie überall, gegenseitig. Die Natur ist nicht
so grausam, dem Individuum, dem sie die Kraft versagte, die
Erkenntnis aufzudringen, denn sie würde es dadurch vernichten,
25 sie ist noch weniger so unverständig, dem Individuum, dem sie
die Kraft verlieh, die Erkenntnis vorzuenthalten, denn sie würde
dadurch die höchsten Wirkungen, die sie durch dasselbe bezweckt,
schwächen, ja aufheben. Wo die Erkenntnis mangelt, da gebricht
es sicher an der Kraft, ihr zu genügen, und wo die Kraft aus=
30 reicht, da kann es an der Erkenntnis nimmermehr fehlen. Man
hat sich in Deutschland freilich den Begriff des Naiven, den man
noch instinktmäßig als die Grundbedingung alles künstlerischen
Schaffens festhielt, auf eine Weise zurechtgemacht, die diesem
Axiom widerspricht, aber das ist eben ein Unbegriff. Man setzt

das Naive in einen beharrlichen Zuſtand dumpfer Unbewußtheit,
in dem das Schöne nicht bloß, wie allerdings geſchieht, empfangen,
ſondern auch geboren werde, und reduziert ſo die zwei Momente,
in die der ſchöpferiſche Prozeß zerfällt, ohne daß eins das andere
beeinträchtigt, auf einen. Es iſt nun zwar ſeltſam genug, daß 5
ſich dieſe Vorſtellung gerade bei uns feſtſetzen konnte, da wir
doch in dem Briefwechſel, den unſre beiden größten Dichter in
der Fülle ihrer Kraft, zu der Zeit, wo ſie ihr Beſtes lieferten,
miteinander führten, die ſchlagendſte Widerlegung derſelben
haben; oder waren Schiller[1] und Goethe ſich nicht faſt bis zur 10
Durchſichtigkeit klar? Sie ſteht aber offenbar noch bis auf dieſen
Tag in Anſehen, und der Grund iſt, wie öfter in äſthetiſchen
Dingen, in der Verwechſelung der Karikatur mit dem Weſen
der Sache zu ſuchen. Es gibt nämlich eine doppelte Naivetät:
die triviale, deren ſich der Beſitzer nicht rühmen würde, wenn 15
er wüßte, daß ſie auf lauter Negationen beruht, und die echte,
die nicht den Geiſt, und alſo auch nicht das von dieſem unzer=
trennliche Bewußtſein ausſchließt, wohl aber eine beſtimmte
Form des Geiſtes, die Reflexion. Beide muß ich etwas näher
charakteriſieren. 20

Die triviale Naivetät wurzelt allerdings, jener Vorſtellung
gemäß, im vollſtändigſten Erkenntnismangel und wird nur durch
dieſen, nur durch das, was ihr fehlt, in Thätigkeit geſetzt. In
ihr feiert die Natur den poſſierlichſten ihrer Triumphe und er=
reicht durch Verſagen und Nehmen, was ſie durch Gewähren und 25
Geben nie erreichen wird, unerſchütterliche Selbſtgefälligkeit und
unerſchöpfliche Produktivität. Ihr beweiſt die Abweſenheit einer
Eigenſchaft immer die Anweſenheit einer andern, die Leere an
allem idealen Gehalt, z. B. die Fülle konkreten Lebens. Sie weiß
von keinem Geſetz, weil kein Geſetz auf ſie rechnet, und kann ſich 30
deshalb auch an keins ſtoßen; ſie ſoll nur ſpielen, und ſie ſpielt

[1] Ausführlicher als im Briefwechſel mit Goethe ſpricht Schiller über das Naive in der Abhandlung „Über naive und ſentimentaliſche Dichtung" (Ausgabe von Bellermann, Band VIII, S. 310).

das Königsspiel in dem schrankenlosen Bereich des Nichts. Desungeachtet erlaubt sich die Natur nicht etwa bloß einen neckischen Scherz mit ihr, sondern erfüllt eine mütterliche Pflicht gegen sie, wenn sie das Licht von ihr abhält. Übergehen konnte

5 sie sie nicht, sie war möglich und darum notwendig; aber eben weil sie ihr alle und jede Ausstattung für That und Wirkung vorenthielt, war sie ihr einen Ersatz in erhöhtem Selbstgenuß schuldig, und den hat sie. Freilich gibt es auch, und das ist natürlich, da ja jede Stufe weiter führt und alle Übergänge sich

10 ineinander verlaufen, in dieser trivialen Naivetät Grade, und es finden sich Individuen, die zuweilen eine Ahnung des inneren Defizits durchfröstelt; so haben wir jetzt in Deutschland einen erwachten Iffland[1], der sicher mehr ist wie der frühere schlafende, und der doch wie weniger aussieht, weil er sich selbst bezweifelt.

15 Doch das geschieht nur in einzelnen seltenen Momenten, und von einem Durchbruch der Erkenntnis ist nicht die Rede, sie unter= drücken ihn mit Gewalt. Der fliegende Fisch tröstet sich, wenn er wieder heruntertaumelt: „Ich bin Bruder des Adlers und des Leviathans zugleich", und die Fledermaus denkt: „Mir gehört

20 der Tag wie die Nacht!" Dennoch tritt solchen Individuen gegenüber unbedingt die Zurechnung ein, die bei den übrigen noch unter sie gestellten wegfällt; denn wenn sie ein mangel= haftes Talent, dessen Lückenhaftigkeit sie, ungleich diesen, selbst fühlen, mit entschlossener Resignation wegwürfen, so könnten

25 sie sich als Geister vollenden und aus den letzten Produzenten die ersten Kritiker werden. Sie ziehen vor, sich und die Welt zu betrügen und büßen als Menschen, was sie als Künstler ver= brechen, da ästhetische Sünden so gut wie moralische ethische Nachwirkungen haben, wenn sie auch keine kriminellen Strafen

30 nach sich ziehen, sondern nur innerlich am Kern des Wesens zehren. Hier gilt Schillers tiefer Ausspruch: „Das kleine Ich, was sich nicht so weit zu erweitern vermag, daß es dem Ideal

---

[1] Damit ist vermutlich Gutzkow gemeint.

genügt, verengert das Ideal nach sich!" Das ist ein Frevel, aber
doch gewiß auch ein Fluch!

Von diesem allen trifft nun nichts die echte Naivetät. Nichts?
Doch, der Schein, und aus diesem Schein eben ist die wider=
sinnige Vorstellung, die uns hier beschäftigt, hervorgegangen.
Das werden wir gleich sehen. Wenn die triviale Naivetät vom
Gesetz nichts weiß und nichts wissen darf, weil sie eben des Selbst=
genusses wegen hervorbringen muß und doch nichts hervor=
bringen kann, was vor dem Gesetz Bestand hätte, so ist die echte,
als reinste Erscheinung des Genies und als einzige des vollen
und ganzen, so gesetzmäßig organisiert, daß das Gesetz sich ganz
von selbst in ihr vollzieht, daß sie sich auf dasselbe nicht erst zu
besinnen, nicht erst die Probe zu machen braucht. Bei der einen
fällt also, wie bei der anderen, das Moment der Reflexion weg;
aus den verschiedenartigsten Gründen zwar, aber was thut's,
der gemeine Beobachter findet einen Vergleichungspunkt heraus
und konfundiert nun nach Lust und Belieben. Ein Denken, das,
wie schon A. W. Schlegel[1] bemerkt, nur darum nicht als Nach=
denken auftritt, weil es zu schnell von statten geht, ist ihm über=
haupt kein Denken mehr und fällt mit dem trivialen Denk=
unvermögen zusammen; der Blitz ist kein Feuer, weil er ohne
Zündhölzchen zu stande kommt, Ideen, die wie Goldadern den
Berg, das Kunstwerk in seiner Tiefe durchkreuzen, sich aber nir=
gends in klingende Sentenzen=Scheidemünzen umsetzen, sind keine
oder doch nur zufällig, ohne Wissen und Wollen des Künstlers
hineingeraten und eher dem, der sie entdeckt, als ihm selbst an=
zurechnen, wie dem Erwachsenen die Reflexion über ein Kinder=
spiel, dem er zusieht. Es liegt der ganzen Betrachtungsweise
offenbar außer der Oberflächlichkeit des Geistes auch einige Ge=
meinheit des Herzens zu Grunde. Man wollte der unbequemen
Ehrfurcht vor dem Ursprünglichen, das im Genie zur Erscheinung
gelangt, los sein und erfand sich deswegen von der Naivetät, die

---

[1] A. W. Schlegel (1767—1845), der bekannte romantische Dichter und
Litteraturforscher.

es unzertrennlich begleitet, einen Begriff, der es an sich zwar in seiner Würde und Bedeutung unangetastet läßt, den Träger aber, das damit ausgestattete und nach der Meinung von ehedem bevorzugte Individuum, noch unter die gewöhnlich begabte Men=
5 schennatur hinabdrückt. Wenn ein Kind spielend eine Uhr zu= sammensetzte, aber gar nicht ahnte, daß sich damit die Zeit mes= sen ließe, sondern sie zum Kegeln benutzen wollte, könnte man ihm das Ding nicht aus der Hand nehmen und es brauchen, das Werk hochschätzen und doch über das Kind lächeln? Solch ein
10 Kind wollte man gern aus dem Genius machen!

Wir haben uns überzeugt, daß dieser Unbegriff nur das Wesen der trivialen Naivetät ausspricht und auf die echte nicht paßt; er kann also gegen das oben ausgesprochene Axiom nichts beweisen.

4. Das Komma im Frack.

Demjenigen, welcher der Litteratur und der Kunst eine mehr als oberflächliche Aufmerksamkeit zuwendet, kann es nicht entgangen sein, daß jetzt in allen Gebieten der Genre[1] eine ganz unverhältnismäßige Rolle spielt. Er wird nicht allein an sich in seinen sämtlichen zahllosen Spielarten auf das sorgfältigste gehegt und gepflegt, er greift auch mehr und mehr aus dem ihm angewiesenen Kreise in die höheren Sphären hinüber, indem die idealen Formen in seinem Sinne behandelt und dadurch zerstört, wenigstens verrückt und verunstaltet werden. Es wimmelt z. B. auf unseren Gemäldeausstellungen nicht bloß an allen Ecken und Enden von spielenden Kindern und säugenden Müttern, sondern auch das historische Bild nimmt Zwitterelemente in sich auf, die es scheinbar dem Gemüt näher führen, es in demselben Grade aber auch dem Geist entfremden und es im Grunde vernichten.

Die Erscheinung ist an und für sich keineswegs unnatürlich oder unerklärbar. Die Kunst drängt nach ihrem ewigen Entwickelungsprinzip zunächst unaufhaltsam zur Spitze und verweilt auf den untergeordneten Stufen nicht länger, als sie durchaus muß, um ihre Kräfte zu erproben und auszubilden. Wenn sie aber auf der Höhe angelangt ist, steht sie ebensowenig still, um

---

[1] Eigentlich Geschlecht, Gattung; in der Kunst (besonders in der Malerei) diejenige Richtung, die das idyllische Kleinleben zur Darstellung bringt.

fort und fort Universalschöpfungen zu produzieren oder, wie
Gott der Herr nach der Hervorbringung des Menschen, zu feiern,
sondern sie mißt den ganzen Weg zurück und vertieft sich, in
treuem Ernst nachholend, was sie in der ersten Begeisterung
5 übersprang, bei jedem Schritt inniger ins Detail. So entspringt
der Genre und mit ihm die einzige Quelle ästhetischen Genusses
für alle diejenigen, die nicht im stande sind, ein Ganzes aufzu=
fassen und in sich aufzunehmen, wohl aber sich am Einzelnen
zu erfreuen.

10 Das ist nun kein Unglück, im Gegenteil, es wird auf diese
Weise wirklich eine neue Seite der Welt erschlossen, in die sich
auch der noch mit Vergnügen einlebt, der über dem Moos, trotz
seiner Zierlichkeit, den Eichbaum nicht vergißt, auf dem es wächst,
und über dem Eichbaum nicht den Wald, zu dem er gehört.
15 Schlimm ist nur, daß die Grenze leicht überschritten und das
Maß verrückt wird, und das geschieht immer, früher oder später.
Weil das Moos sich viel ansehnlicher ausnimmt, wenn der Maler
sich um den Baum nicht bekümmert, und der Baum ganz anders
hervortritt, wenn der Wald verschwindet, so entsteht ein allge=
20 meiner Jubel, und Kräfte, die eben für das Kleinleben der Natur
ausreichen und sich auch instinktiv die Aufgabe nicht höher stellen,
werden weit über andere erhoben, die den Mückentanz schon da=
rum nicht schildern, weil er neben dem Planetentanz gar nicht
sichtbar ist. Da fängt das „Nebenbei" überall an zu florieren;
25 der Kot auf Napoleons Stiefeln wird, wenn es sich um den
großen Abdikationsmoment des Helden handelt, ebenso ängstlich
treu gemalt wie der Seelenkampf auf seinem Gesicht; denn Jam=
bus der Tragödie wird es als eine positive That angerechnet,
wenn er den Hiatus[1] zu vermeiden weiß, und die Wucht des Ge=
30 dankens wird ihm dafür erlassen; die Statue buhlt mit der
Nipsfigur um ihre Reize und unterscheidet sich zuletzt nur noch
durch die Dimensionen von ihr rc. Kurz, das Komma zieht den

---

[1] Das Zusammentreffen eines auslautenden Vokals mit einem anlautenden.

Frack an und lächelt stolz und selbstgefällig auf den Satz herab,
dem es doch allein seine Existenz verdankt.[1]

Es ist vollkommen hinreichend, die Erscheinung zu markieren,
und darum überflüssig, sie in allen Kreisen der Kunst im ein=
zelnen nachzuweisen; wir wollen sie daher nur in einer Branche
der Litteratur verfolgen, in der sie am schlagendsten hervortritt,
und hier den Moment aufzeigen, wo sie sich vermöge der sich
mit unausweichbarer Notwendigkeit ergebenden letzten Konse=
quenzen selbst wieder aufhebt. Daß sie vorhanden ist, wird nie=
mand leugnen, der sich an den Dorfgeschichtenschwindel unserer
Tage erinnert und sich dabei vergegenwärtigt, welch eine beschei=
dene Rolle die eigentlichen Schöpfer dieses Genre, Jung=Stilling[2],
Pestalozzi[3] und Ulrich Hegner[4], deren Leistungen ihre Zeitgenossen
doch auch zu würdigen wußten, gespielt haben. Unterstützt wird
sie durch eine Theorie, die das Ideal und das Abstrakte mit=
einander verwechselt und dem stumpfen Realismus, der die Warze
ebenso wichtig nimmt wie die Nase, auf der sie sitzt, eifrig das
Wort redet, weil sie nicht ahnt, daß jedes Bild ohne Ausnahme
ein hieroglyphisches Element in sich aufnehmen muß, welches
nach allen Seiten die Grenzen zieht. Dem Maler, der die per=
spektivischen Gesetze beobachtet und Vordergrund und Hinter=
grund durch Zeichnung und Kolorit gehörig auseinander hält,
wird nicht vorgeworfen, daß ihm bei den Figuren, die nicht in
greller Beleuchtung dastehen, die Linien mißraten und die Farben
ausgegangen seien; aber der Dichter, der nicht im Genre stecken
bleibt, muß diesen Vorwurf alle Tage hören. Darum stürzen
sich auch alle mittleren Talente Hals über Kopf in den Genre

---

[1] Vgl. dazu das Epigramm „Die alten Naturdichter und die neuen", Band I,
S. 160 unserer Ausgabe.
[2] Jung=Stilling (1740—1817); seine in mehreren Büchern erschienene Selbst=
biographie „Heinrich Stillings Leben" pries Freiligrath als die erste deutsche
Dorfgeschichte.
[3] Pestalozzi (1746—1827) kann hier genannt werden vor allem wegen seines
Volksromans „Lienhard und Gertrud".
[4] Ulrich Hegners (1759—1840) Romane „Salys Revolutionstage", „Die
Molkenkur", „Suschens Hochzeit" gelten als Vorläufer der Dorfgeschichte.

hinein, und die großen müssen ihren mühevollen Weg einsam
fortsetzen und werden um die rasche Wirkung gebracht. Als
Immermann die Dorfgeschichte, um endlich auf diese zurückzu=
kommen, durch seinen Hofschulzen wieder ins Leben rief, fand er
5 noch nötig, seinem markigen westfälischen Idyll ein allgemeines
Weltgemälde gegenüber zu stellen, das freilich in den forcierten
komischen Partien nicht besonders gelungen war, das aber doch
den Blick ins Weite und Freie offen ließ.[1] Seine nächsten und
bedeutendsten Nachfolger schlossen die Fenster schon zu und waren
10 auf den erstickenden Brodem, der sich bei dem Mangel an Luft=
zug nun in ihren Bauernstuben entwickeln mußte, nicht wenig
stolz. Sie hielten aber doch wenigstens noch den Menschen fest,
wenn auch nur auf höchst untergeordneter Stufe, und der her=
vorragendste von ihnen, Jeremias Gotthelf[2], knüpfte immer, wenn
15 auch nicht an Ideen, so doch an didaktische Gesichtspunkte an,
um der Stagnation vorzubeugen. Erst dem Mann der ewigen
Studien, dem behäbigen Adalbert Stifter[3], war es vorbehalten,
den Menschen ganz aus dem Auge zu verlieren, und in diesem
vollzog sich denn auch die Selbstaufhebung der ganzen Richtung,
20 die in seinem „Nachsommer" entschieden den letzten denkbaren
Schritt gethan hat. Denn dies Produkt ist schon bei Ersch und
Gruber[4] oder bei Junkers „Handbuch gemeinnütziger Kenntnisse"
angelangt, und selbst derjenige, der dem Verfasser noch durch
das Gebiet der Botanik mit Ruhe und Geduld gefolgt ist, muß
25 einsehen, daß die ästhetische That aufhört, wo die Rezepte an=
fangen. Es ist aber durchaus kein Zufall, daß ein Stifter kam,
und daß dieser Stifter einen „Nachsommer" schrieb, bei dem er

---

[1] Immermanns berühmte Dorfnovelle „Der Oberhof" ist in dem großen Zeit=
roman „Münchhausen" (1839) enthalten.
[2] Jeremias Gotthelf (Albert Bitzius, 1797—1854), gegenüber Auer=
bach der herbere, aber auch volkstümlichere Vertreter der Dorfgeschichte. Seine
bekannteste Erzählung ist „Uli der Knecht" (1841).
[3] Adalbert Stifter (1805—1868), der bekannte österreichische Novellist. Vgl.
Hebbels Epigramm „Die alten Naturdichter und die neuen" sowie seine Kritik über
Stifters „Nachsommer" in den „Litteraturbriefen" (VIII).
[4] Bekannte Encyklopädie.

offenbar Adam und Eva als Leser voraussetzte, weil nur diese
mit den Dingen unbekannt sein können, die er breit und weit=
läufig beschreibt. Darin liegt Folgerichtigkeit nach beiden Seiten.
Der ausartende Genre reißt sich mehr und mehr vom alles be=
dingenden, aber auch alles zusammenhaltenden Zentrum los und
zerfällt in demselben Moment in sich selbst, wo er sich ganz be=
freit zu haben glaubt. Und das überschätzte Diminutivtalent
kommt ebenso natürlich vom Aufdröseln der Form zum Zer=
bröckeln und Zerkrümeln der Materie, schließt damit aber auch
den ganzen Kreis vollständig ab.

5. Das deutsche Theater.

Wer über das deutsche Theater ein ernstes Wort zu sprechen unternimmt, der kommt den meisten so vor, als ob er über eine Kinderklapper philosophische Betrachtungen anstellen oder, wie 5 Swift[1], über einen Besenstiel predigen wolle. Die Zeiten sind vorüber, wo man mit Schiller übereinstimmte, wenn er in jugendlichem Enthusiasmus die Schaubühne für eine moralische Bildungsanstalt erklärte[2], und den Histrio, nachdem man ihm lange genug den Zutritt in anständige Gesellschaft verweigert, ja 10 das ehrliche Grab auf dem Kirchhof bestritten hatte, als den Hohenpriester der Humanität zu ehren anfing, von dem man die ästhetische Läuterung der Menschheit erwartete, da die ethische, trotz Mosen und den Propheten, mißglückt war. Auch die Zeiten sind vorüber, wo das Theater, wenn man ihm auch nicht mehr 15 einen erhöhten Mittelplatz zwischen Kanzel und Katheder anwies, doch noch für die illuminierte Uhr gehalten wurde, auf die man nur zu schauen brauchte, um genau zu erfahren, wie es mit der dramatischen Nationalproduktion stand, und wo man es besuchte, um sich an dem geistigen Ringkampf der hervorragendsten Dich= 20 terkräfte zu erfreuen. Ja sogar die Zeiten sind vorüber, wo das Theater doch wenigstens noch für die beste Unterhaltung galt, und wo ein neues Stück ein Stadt= und ein Familienereignis war, dem man mit Spannung entgegensah, und das man mit Behagen genoß oder mit Resignation hinnahm. Keiner sucht in

---

[1] Berühmter englischer Satiriker (1667—1745).
[2] In der Abhandlung „Die Schaubühne als eine moralische Anstalt betrach= tet", erschienen in der „Rheinischen Thalia" von 1785.

den Hallen noch Bildung, wo, so stolz sie auch dastehen und so
prahlerisch die Inschriften auch lauten mögen, die Bilder sinn=
und planloser durcheinander fliegen wie die Karten, mit denen
die Kinder spielen; jedermann weiß, daß der Dichter überall
eher anzutreffen ist als auf den Brettern, die bloß seinetwegen zu= 5
sammengezimmert sein sollen, und das muß ein ganz verlorener
Abend sein, den jemand noch ans Theater wendet, wenn ihn an=
ders nicht ein Virtuos oder ein sonstiger Nebenreiz hineinlockt.

Daß es so steht, ist gewiß. In Berlin gehen, wie die Zeitun=
gen melden, die Klassiker nur dann noch etwas häufiger in Szene, 10
wenn die Tantièmensumme[1] für die Novitäten zu hoch aufläuft,
d. h. wenn sie etwa den hundertsten Teil dessen zu betragen droht,
was für Toiletten und Dekorationen mit Vergnügen und im Ge=
fühl unabweislicher Notwendigkeit verausgabt wird. Und in
Wien werden Ausstattungsstücke gegeben, über welche die aller= 15
devotesten Tagesblätter mutig genug sind zu bemerken, daß die
Direktion, wenn sie eine Modenausstellung veranstalte, doch auch
die Kleiderkünstler zur Beurteilung einladen möge statt der Ästhe=
tiker. Berlin und Wien bilden aber in ihrer reichen Dotierung
die Pole des deutschen Theaterlebens; München und Dresden 20
entscheiden nicht, selbst wenn sie sich einmal zu einem selbständi=
gen Schritt versucht fühlen, und Weimar, Stuttgart u. s. w. kön=
nen nur experimentieren. Daraus folgt denn, daß eine Kontrolle,
die nicht darauf ausgeht, die sämtlichen Schnupfenfieber und
Heiserkeiten der Schauspieler zu Buch zu bringen, um allenfalls 25
Schlüsse über die klimatischen Verschiedenheiten der deutschen
Länder daraus abzuleiten, sich auf Wien und Berlin beschränken
darf und dennoch genau erfährt, wie es bei uns mit dem Musen=
dienst steht. Darnach also wollen wir uns verhalten, die ganze
Angelegenheit aber einer sehr ernsten und unausgesetzten Auf= 30
merksamkeit unterziehen.

---

[1] Anteil an der Einnahme. Nach dem Vorgang der Generaldirektion der
königlichen Schauspiele in Berlin und der Direktion des Burgtheaters in Wien
im Jahre 1847 ist die Tantième jetzt allgemein in Deutschland eingeführt.

Denn es ist ein ebenso wunderlicher als gewöhnlicher und weit verbreiteter Irrtum, daß derjenige, der das deutsche Theater für schlecht erklärt, sich auch nicht mit demselben befassen dürfe. Im Gegenteil, das Theater ist zu allen Zeiten, namentlich aber in der unsrigen, ein so wichtiges Institut, daß man es mit allen Mitteln wieder zu heben suchen muß, wenn es tief gesunken ist. Man mag über die ästhetische Erziehung des Menschen denken, wie man will, so viel ist gewiß, daß das Moment der Erhebung, dessen wir so nötig bedürfen wie der Selbstvergessenheit, die der Schlaf gewährt, uns in unserer Zeit nur noch durch die Kunst kommen kann. Die Religion bietet es nicht mehr dar, und der Patriotismus bietet es noch nicht dar; die Kirche, an der einst auch ein Zweifler wie Faust nur zitternd und zähneklappernd vorbeischlich, wenn Orgelton und Glockenklang zum Eintritt luden, vereinigt die verschiedenen Stände des Volkes nicht mehr in ihrem Schoß, und der Staat ruft sie noch nicht zusammen. Dies ist eine Thatsache, die man beklagen oder preisen, die man aber sicher nicht in Abrede stellen kann. Wir erinnern bloß an sie und lassen es ununtersucht, ob die Kirche durch Zwangsmaß= regeln, wie es in evangelischen Ländern z. B. die gebotenen Sonn= tagsfeiern sind, die ungeheure Kluft, die sich zwischen Glauben und Wissen aufgethan hat, wieder ausfüllen wird, und ob der Staat wohl thut, wenn er auf die Begeisterung seiner Bürger Verzicht leistet, um ihrem Vorwitz zu entgehen; sie beweist aufs unwidersprechlichste, daß das höchste Bedürfnis des Menschen nur noch in der Kunst seine Befriedigung findet, ja, daß Staat und Kirche selbst erst in ihr zur Verklärung gelangen, da nur sie in beiden das von allen Parteizerklüftungen und konfessionellen Streitigkeiten unberührbare Ideal erfaßt. Die Spitze der Kunst aber ist das Drama, und das Drama kommt freilich nicht erst durch das Theater zur Entfaltung, wie man gern behauptet, ob= gleich schon Aristoteles das Gegenteil sagt, wohl aber nur mittelst desselben zur ganzen und vollen Wirkung. Es kann daher nie gleichgültig sein, wie es beschaffen ist, denn wenn es, wie in un=

jeren Tagen, Charakter und Würde bis auf den Grad einbüßt,
daß die Bildung sich mit Ekel und Widerwillen von ihm ab=
wenden muß, so ist eben auch der letzte Tempel zertrümmert wor=
den, in dem man sich noch in schöner Gemeinschaft zusammenfand,
um das zu verehren, was „die Welt im Innersten zusammen= 5
hält"[1], und man hat nur noch die Wahl zwischen dem trivialen
Spaß, dem denn auch so viele nachrennen, und der tiefsten Ein=
samkeit.

Wir sind, um einen Ausdruck von dem alten Tieck zu ent=
lehnen, endlich ganz unten im Keller, wo die Ratten hausen, die 10
faulen Dünste ziehen und das schmutzige Wasser sickert, an der
Hand unserer Musageten[2] angelangt und müssen nach dem allge=
meinen Naturgesetz, das den Stillstand ausschließt, wieder hin=
auf. Dies wird selbst von der Seite zugegeben, die es gewiß
bis zum letzten Augenblick verhehlt und verheimlicht hat. Die 15
Theaterdirektoren haben in Dresden getagt und die Unhaltbarkeit
des jetzigen Zustandes offen vor ganz Deutschland bekannt. Nur
ist es ihnen dabei gegangen, wie es in der Beichte öfter gehen
soll. Sie haben sich länger bei den fremden als bei den eigenen
Sünden aufgehalten, sie haben uns erstaunlich viel von den Um= 20
trieben der Theateragenten erzählt, aber sehr wenig von dem
eigenen Schlendrian, durch den diese allein möglich wurden, und
sie schrieen doch in Wahrheit nur über das Schwert, das sie sich
selbst in die Brust gestoßen hatten. Nichtsdestoweniger trafen
sie den rechten Punkt, denn gerade diese Unterhändler mit ihren 25
schmutzigen Winkelblättern sind schuld daran, daß die Kluft
zwischen dem Dichter, der sie verachtete und verschmähte, und den
Bühnenvorständen, die ihrer nicht entbehren zu können glaubten,
allmählich so groß geworden ist. Die Faiseure[3], die Rollen schrei=
benden Schauspieler sowohl wie die „bearbeitenden" Übersetzer 30
und die vom Roman und der Reisenovelle zum Theaterstück her=

---

[1] Aus dem Eingangsmonolog des „Faust".
[2] Musenführer.
[3] Macher, Unternehmer.

überspringenden Litteraten erkannten sie willig als Patrone an,
und nun war das Kind des Hauses bald verdrängt, um dem Ba=
stard Platz zu machen. Denn nicht allein, daß die plattesten Mach=
werke den poetischen Produktionen den Zutritt versperrten, das
5 Publikum verlor auch die Empfänglichkeit für sie, und wenn sie
sich einmal bis zu den Lampen hindurch arbeiteten, so wurden
sie angestarrt wie der steinerne Gast¹, der auf der Maskerade er=
scheint, und dienten nur dazu, den Triumph der Gemeinheit zu
erhöhen und in gewisser Art als einen wohlberechtigten zu be=
10 stätigen. Man braucht die Kirche nur in einen Ballsaal zu ver=
wandeln, so will jedermann auch auf der Kanzel statt des Pre=
digers den Spielmann sehen, und man braucht nur fünfzigmal
die „Grille"² zu geben, um sicher zu sein, daß der „Prinz von
Homburg" nicht gefällt, wenn man ihn folgen läßt. Sobald das
15 ideale Drama aber auf dem Theater keinen Boden mehr findet,
hat dieses auch aufgehört zu existieren, und es ist ganz einerlei,
ob der Hund des Aubry, dem Goethe einst weichen mußte,³ seine
Künste darauf treibt, oder ob die Menschendaguerrotypie⁴ in
Schröders⁵ oder Ifflands Sinn darauf gepflegt wird. Man traf
20 in Dresden daher allerdings den rechten Punkt; ob man sich aber
auch über die rechten Mittel verständigt hat, und ob man diese
energisch zur Anwendung bringt, werden wir sehen, wenn wir
zur Prüfung der beiden großen Theater übergehen, die wir, in=
dem wir zunächst einen kurzen historischen Überblick des letzten
25 Dezenniums voranschicken, auf Schritt und Tritt zu begleiten
gedenken. Wir zweifeln stark daran, denn wir werden nichts

---

¹ Die vor allem aus Mozarts Oper bekannte Erscheinung in der Don Juan=
Sage.
² Ein viel gegebenes Stück der Birch=Pfeiffer (1800—1868).
³ Die Aufführung des Stückes „Der Hund des Aubry de Mont=Tibier, oder
der Wald bei Bondy", in dem ein dressierter Pudel die Hauptrolle spielt, war nur
gegen den Einspruch Goethes erfolgt. Das wurde dann der äußere Anlaß zu seiner
Entlassung als Leiter des Weimarer Theaters (1817).
⁴ Soviel wie Menschenphotographie.
⁵ Ludwig Schröder (1774—1816), der berühmte Schauspieler, beherrschte
durch seine bürgerlichen Rührstücke lange Zeit die deutsche Bühne. Über Iffland
siehe Anmerkung zu S. 337.

von einer Hebung und Läuterung des Repertoirs gewahr, von
der man doch ausgehen müßte, wir sind auch weit davon ent=
fernt, uns der Hoffnung zu ergeben, daß unsere Bemühungen
viel zur Verbesserung des miserablen Zustandes im ganzen bei=
tragen werden, aber wir glauben doch zur Abstellung manches 5
Detailunfuges, der in der Stille betrieben wird, durch schonungs=
lose Aufdeckung desselben das Unsrige thun zu können, und wir
wollen, nun wir nachgewiesen haben, daß die Bühne zuweilen
zwar sehr schlecht, aber nie gleichgültig ist, nicht ermüden, an das
zu mahnen, was der Nation früher oder später wieder zu einer 10
verhelfen kann.

Inhalt.

Die Nibelungen.

Ästhetisches.